Markus Wacket

Mehdorn, die Bahn und die Börse

Markus Wacket

Mehdorn, die Bahn und die Börse

Wie der Bürger auf der Strecke bleibt

REDLINE WIRTSCHAFT

Bibliografische Information der Deutschen Nationalbibliothek

Die Deutsche Nationalbibliothek verzeichnet diese Publikation in der Deutschen Nationalbibliografie.
Detaillierte bibliografische Daten sind im Internet über http://dnb.d-nb.de abrufbar.

ISBN 978-3-636-01572-3

Unsere Web-Adresse:
www.redline-wirtschaft.de

Lektorat: Brigitte Mues, lüra – Klemt & Mues GbR, Wuppertal
Umschlaggestaltung: ZERO Werbeagentur GmbH, München
Umschlagabbildung: Corbis, Düsseldorf
Satz: M. Zech, Landsberg am Lech
Printed in Austria

Inhalt

Einsteigen, bitte!

Willkommen im „Sonderzug zur Börse". Zum Verkauf steht das letzte große Unternehmen im Besitz der Bundesrepublik Deutschland. Jahrzehntelang das Schmuddel- und Sorgenkind der Politik, soll es herausgeputzt mit Milliarden des Steuerzahlers den gleichen Gang zum Kapitalmarkt antreten wie Post, Lufthansa oder Stromkonzerne vor ihm. Fast erscheint dieser inzwischen als natürlicher Weg aller Staatsbetriebe.

Doch der vorgezeichnete Weg ist holprig geworden. „Privat" gilt nicht mehr automatisch als besser als der „Staat". Nicht allein Linke, Globalisierungskritiker und Bundesbahnnostalgiker wehren sich, quer durch alle Parteien im Bundestag ist das Unbehagen gegen den Verkauf zu Widerstand geworden. Dazu hat der Mann an der Spitze der Deutschen Bahn seinen ganz eigenen Beitrag geleistet. Seit acht Jahren treibt Hartmut Mehdorn seine Vorstellungen und Pläne zum Börsenprojekt mit an Fanatismus grenzendem Elan voran, gegen alle Widerstände in Regierung, Parlament und im eigenen Konzern. Das hat ihn zugleich zum wohl bekanntesten wie umstrittensten Manager des Landes gemacht. Ganz nebenbei wird die Frage aufgeworfen, wo die Entscheidungen über die Zukunft der Eisenbahn getroffen werden. Im Bundestag, im Verkehrsministerium oder im Kanzleramt? Oder doch hoch oben in der gläsernen Konzernzentrale, von der aus Hartmut Mehdorn auf alle drei hinabblicken kann?

Aus der Suche nach einer Antwort auf diese Frage erwuchs die Idee zu diesem Buch. Es rückt Schwäche und Ohnmacht unserer Volksvertreter sowie Macht und Verbindungen eines Großkonzerns in den Blick – und dessen Grenzen. Es stellt die Verbündeten Hartmut Mehdorns vor und seine zahlreichen Feinde;

es zeichnet seinen Börsenkurs nach und das, was der Kunde dafür zahlt; es zeigt auf, wie der Bürger auf der Strecke zu bleiben droht – und wie dies vielleicht noch verhindert werden kann.

Hier geht es nicht um irgendein Unternehmen. In jedem der letzten Jahre haben wir Steuerzahler fast 20 Milliarden Euro in das System Eisenbahn gesteckt, pro Jahr werden fast zwei Milliarden kurze und lange Reisen auf Schienen gemacht. Es geht nicht allein um die Deutsche Bahn AG, sondern auch um deren Konkurrenten, die den Steuerzahler entlasten und die Eisenbahn besser machen könnten. Denn die Bahn schont die Umwelt, schützt das Klima und spart Energie – und das fast unfallfrei.

Selbst denjenigen, die sie als zu spät, zu teuer und zu langsam schmähen, ist sie tief ins Unterbewusstsein gerollt. Zahllose Bilder hat sie in Sprache und Vorstellungen geprägt, sodass ein Autor schnell auf „ausgefahrenen Gleisen“ unterwegs ist, wenn wieder einmal die „Weichen gestellt“ werden oder „ausrangierte Politiker“ „aufs Abstellgleis“ geschickt werden. Es ist „höchste Eisenbahn“, die „Notbremse zu ziehen“, bevor dem Leser und Bahnkunden die Gesichtszüge „entgleisen“.

Alle besseren Geschichten beginnen am Bahnhof, hat Kurt Tucholsky einst geschrieben, und so wird auch diese dort ihren Anfang nehmen.

1.
Der Zug zur Börse

„Im Grunde agieren wir bereits wie ein börsennotiertes Unternehmen, wir sind es nur noch nicht.
Diesen Schritt gilt es nun zu tun. Man muss sich an den Erfolgreichen orientieren."

Hartmut Mehdorn – die Lokomotive

Der Mann hat es eilig. Es geht um seinen Traum. Mit kurzen, schnellen Schritten durchquert er die Eingangshalle, die Rolltreppe lässt er links liegen, hastet die Treppe hinauf, dann nach rechts durch die Glastür. Alles scheint hier aus Glas zu sein. Blickt er hinaus, sieht er in seinen Bahnhof. Hell, modern, effizient, sauber, kein Obdachloser weit und breit. Nicht einmal ein Zug. Nur Geschäfte und Boutiquen. So mag er es. Eigentlich ist die „Austernbar" hier ein schöner Platz für eine Feier mit ein paar Kollegen aus dem Vorstand; man könnte in kleiner Runde auf die Aktie „B" anstoßen, auf das erfolgreiche Börsendebüt der Deutschen Bahn. Ein Börsengang ist so etwas wie die Krönung für einen Manager, der Ritterschlag der Welt des Kapitals.

Es ist November und es ist kurz vor 9 Uhr morgens. Morgens feiert man nicht. Für Träume ist es schon ein bisschen spät und um seinen steht es ohnehin schlecht. Hartmut Mehdorn ist jetzt 64 Jahr alt. Er setzt sich mit dem Rücken zu den Boutiquen und blickt in die Gesichter seiner gut 25 Gäste. Fast alle Journalisten sind gekommen, und er weiß, warum: Weil das Projekt Börsengang zu scheitern droht, weil sie darauf lauern, dass er in wenigen Minuten von seinem Traum Abschied nimmt. Viele glauben, Hartmut Mehdorn geht gleich mit.

Niemand wird ihm vorwerfen, er habe nicht alles getan. Sieben Jahre hat er gerackert, sein Job gilt als der härteste in der deutschen Wirtschaft. Die Deutsche Bahn, ein Staatsunternehmen und Milliardengrab, angeblich unsanierbar mit zehntausenden Beamten. Regelmäßig landet er bei Umfragen zu Deutschlands Topmanagern ganz unten. Und doch hat er getan, was ein Mann in dieser Position tun muss: Er hat Zehntausende von Arbeitsplätzen gestrichen, hat sich von Kunden, Gewerkschaften und Mitarbeitern beschimpfen lassen. Er hat Manager gefeuert und fast alle Vorstandskollegen ausgetauscht. Er hat Verräter aufgespürt, angeprangert und gefeuert.

Aber er hat noch mehr getan als das, was andere auch machen: Er hat Machtkämpfe mit seinem Chefkontrolleur aus dem Aufsichtsrat gewonnen und seine Kunden ermahnt, ihren Müll gefälligst nicht in seinen Zügen liegen zu lassen. Er hat den Verkehrsminister entmachtet und sich mit den Schwestern der Bahnhofsmission verkracht. Er hat eine Bundesministerin öffentlich als unfähig bezeichnet und eine Ausstellung über jüdische Kinder auf dem Weg ins KZ vorerst verhindert.

Er hat in sieben Jahren wenige Worte der Entschuldigung verloren und viele Feinde gewonnen.

Sicher, er muss viel einstecken in Deutschland, „wo die Menschen als erste Fremdsprache das Meckern lernen“: Die Züge spät, langsam oder zu teuer, die Schaffner muffelig oder die Bahn ist ein arroganter Monopolist. Und schuld daran ist natürlich sein Börsengang. Dann wird zurück gerempelt, gerauft, geschubst und geschimpft. Eine Lok unter Volldampf, der Kessel glüht und das Ventil muss auf.

Wohl nur solch ein Mann kann etwas so Schwerfälliges wie ein Staatsunternehmen mit 230.000 Beschäftigen, mächtigen Gewerkschaften und Politikern als Bremsklötzen voranbringen. Dahin, wo die Freiheit für das Unternehmen nach Überzeugung des Flugzeugingenieurs fast grenzenlos ist: Auf den weltweiten Logistikmarkt, mit milliardenschweren Investoren im Rücken, Asien und Amerika vor Augen und keine Politiker mehr im Weg, für die er seine ICE-Züge in Horb oder Siegburg zum Halten bringen muss, wie ein Kaufmann den Wagen im Mittelalter an jeder Zollstation. Wie er sie verachtet, diese sogenannten Verkehrsexperten, die überall mitreden wollen und am Ende doch nur seine Modellbahn im Maßstab 1:1 kaputt machen.

Er ist kein Nadelstreifenjurist, er ist Ingenieur und Hobbyschmied mit schwieligen Händen, fühlt sich im Lokschuppen wohler als im runden Saal des Verkehrsausschusses, wo doch eigentlich über den Börsengang entschieden werden soll.

Das alles darf er in der „Austernbar“ jetzt nicht sagen, jedenfalls nicht so offen: Stattdessen spricht er von einem hervorragenden Bahnjahr, dass das Unternehmen gut unterwegs ist, im Jahr 2006 richtig gutes Geld verdient habe und – natürlich – für die Zukunft „gut aufgestellt ist“. Diese Botschaft geht ihm leicht von den Lippen.

Aber dann muss er etwas sagen, das ihm – so hat es den Anschein – offenbar vorher aufgeschrieben wurde. Dass er nicht wisse, ob die Politik die Kraft für eine Entscheidung zum Börsengang habe. Und auf Nachfrage, ob es das dann gewesen sei mit seinem Projekt, entfährt ihm ein Satz, den er sich scheinbar selbst verboten hatte. „Das ist möglicherweise das Wahrscheinlichste“, sagt er. „Es wäre für uns sehr misslich, wenn wir fünf Meter vor dem Ziel abgewunken würden.“ Und er selbst? Aufgabe, Rücktritt, mit Frau ins Haus nach Südfrankreich?

Die Antwort: Zunächst ein leichtes Wippen der Füße, das setzt sich in den beiden kurzen Beinen fort, überträgt sich auf die kräftigen Arme, bis die erstaunlich breiten Hände mit der Handkante auf den Tisch donnern. Warum werde er das immer gefragt, gebe es da nicht andere? „Ich bin kein Handtuchwerfer!“, ruft er mit gepresster Stimme, als ob je jemand daran gezweifelt hätte.

Er hat gesagt, was er sagen musste.

Hartmut Mehdorn ist jetzt wieder ruhiger. Schweift sein Blick durch die Scheiben von „Austernbar“ und Bahnhofsfassade, bleibt er am Kanzleramt hängen. Dort wird jedes seiner Worte registriert, gespeichert, analysiert. Er hat zwar in den vergangenen Jahren schon viel getan, zuletzt aber hat er alles versucht: Er hat Angela Merkel einen Brief geschrieben, einen sehr langen Brief. Abgeschickt vor einer Woche. Der Bahnchef schreibt gern. Dieser an die „Sehr geehrte Frau Bundeskanzlerin“ klingt nicht so, wie er sich gewöhnlich ausdrückt. Deutlich ist er trotzdem: „Der politische Diskussionsprozess hat sich von dem Ziel, dem Unternehmen DB AG den Weg in eine erfolgreiche Zukunft zu bereiten, entkoppelt." Besonders das Verhalten der Union mache ihm in der Frage der Bahnprivatisierung Sorge, schreibt er der CDU-Vorsitzenden. Mit deren Verhandlungsführern habe er kürzlich erneut sprechen müssen. Solche Positionen „sollten nicht ernsthaft von einem verantwortungsbewussten Eigentümer vertreten werden", hat er die Kanzlerin belehrt. „Ich habe inzwischen große Zweifel, ob am Ende des politischen Prozesses überhaupt eine umsetzbare Privatisierungsentscheidung stehen wird."

Zwei Milliarden Euro brauche die Bahn dann statt des Börsengeldes erstmal aus der Staatskasse. „Ich bitte um Verständnis, dass ich mich in Sorge um unseren erfolgreich arbeitenden Konzern so klar und direkt an Sie wende...", hat er geschrieben. Die Bahn als gefräßiges Monster des Staatshaushaltes – das muss doch wirken, das ist doch seit Jahrzehnten der Schrecken aller deutschen Politiker.

Mehdorn gibt dem ZDF vor der „Austernbar" noch ein Interview. Dann steckt er die starken Hände in die Taschen, auf dem Weg zurück nimmt er die Rolltreppe.

Die Koalition der Unwilligen

Wenige Wochen vorher, am 21. September 2006, rollte an eben diesem Berliner Hauptbahnhof ein Zug ein, den der Bahnchef wohl gern gestrichen hätte: Unter rot-weißen und mit DB-Logo bemalten Bettlaken stoppt eine Truppe von Bahnfans auf dem Vorplatz, um anschließend von „Investoren" ausgeschlachtet zu werden. Versteigert mit einem überdimensionalen Pappham-mer gehen Filetstücke von Zug und Bahn scheibchenweise weg.

Aus dem Streckennetz der DB, aufgemalt auf einem Transparent, werden die attraktivsten Trassen herausgeschnitten. Zum Beispiel die Hochgeschwindigkeitsstrecke Frankfurt – Köln, mit Milliarden vornehmlich aus Steuergeld gebaut. Junge Männer mit Haaren voller Gel stecken sie sich gierig ein – ganz offenkundig Heuschrecken in schwarzen Anzügen.

Das Happening der Globalisierungskritiker um „attac" bleibt keine Einzelaktion. Wenig später treffen sich die Privatisierungsgegner zum Kongress in Berlin, mehrere Hundert füllten einen Kinosaal zur Premiere des Films „Bahn unterm Hammer" – eines Plädoyers gegen den Verkauf und für die Staats- oder Bürgerbahn. In den Sesseln Kommunisten, PDS-Anhänger, Ex-Bundesbahner, verärgerte Bahnkunden. Aber nicht nur: Im Bündnis „Bahn für Alle" machen mehr als ein Dutzend Organisationen einschließlich der Umweltschützer vom BUND, des Verkehrsclubs Deutschland (VCD) und der Gewerkschafter von IG Metall und Verdi mobil. Im Rahmenprogramm heizen linke SPD-Abgeordnete die Stimmung gegen die Verschleuderung öffentlichen Eigentums an. „Reisepläne" im DB-Design wandern durch die Reihen mit der Parole „Höchste Eisenbahn – stoppt den Börsenwahn". Eine erste Station für das Jahr 2007 weist der Plan hoffnungsvoll aus: „Der Bundestag verschiebt die Entscheidung um ein Jahr und prüft Alternativen zur Privatisierung der Bahn."

Hier wird nicht über die Form einer Bahnprivatisierung debattiert – hier steht der Kapitalismus am Pranger und an diesem Abend hat er das Gesicht von Hartmut Mehdorn. Den größten Applaus im Saal gibt es, als sein sofortiger Rücktritt gefordert wird.

Die Organisatoren wissen, dass sie bestenfalls ein Kräuseln an der glatten Oberfläche des Projekts bewirken; aber sie setzen auf eine Welle im Land, die sich allmählich aufbaut und auf der sie eines Tages zu reiten hoffen: eine Welle des Widerwillens gegen den Verkauf von Lebensadern der öffentlichen Hand. Auf die Angst vor anonymen Fonds aus Übersee, einem massenhaften Verlust von Arbeitsplätzen und vor einem privat kontrollierten Monopol, das etwa in der Energiebranche durch überhöhte Strompreise genauso unbeliebt wie reich wurde. Eine Bürgerinitiative formt sich, eine außerparlamentarische Opposition gegen die Koalition von Bahn-Privatisierern.

Eine Bewegung mit unbequemen Fragen in jenem Herbst 2006: Wurde in den Parteien je ein Beschluss zum Bahn-Verkauf gefällt? Wurden Alternativen geprüft? Rechnet sich das Projekt für den Steuerzahler? Wer profitiert vom Börsengang? Was wird aus dem Schienennetz jenseits der Vorzeigestrecken und an welchen Bahnhöfen lassen Finanzinvestoren noch Züge halten? Wie viele Mitarbeiter verlieren ihren Job?

Für die Gegner des Börsengangs sind dies nur rhetorische Fragen, ein ideologisches Projekt, Ausdruck einer Modestimmung zur Privatisierung öffentlicher Infrastruktur. Sie glauben, dass Volksvermögen in kaum zu bezifferndem Ausmaß vernichtet wird: In den vergangenen über hundert Jahren hätten fünf Generationen von Deutschen diese Bahn aufgebaut und ein so dichtes Schienennetz geknüpft, dass es eine Bahn für alle möglich mache. Werte zwischen 100 und 200 Milliarden Euro seien geschaffen worden, die jetzt in der Hoffnung auf schnellen Gewinn verzockt würden.

Ihre Furcht: Die öffentliche Hand zieht sich aus dem letzten Großunternehmen im Dienst des Allgemeinwohls zurück. Private Investoren achten auf Rendite – aber Verkehrspolitik, die Umwelt und der Klimaschutz sind keine Kategorien für Beteiligungskapital. Die neuen Herren der Bahn werden die von Mehdorn ausgerufene Strategie zu einem weltweiten Logistikunternehmen vorantreiben, einem Mega-Konzern, in dem die Sonne nicht untergeht und die gute alte „Eisenbahn“ eine Randerscheinung sein wird. Die Bürgerbahn verfällt dem Börsenwahn, der

„Global Player“ wird zum „Local Loser“, die Hafenterminals in China sind wichtiger als die Regionalbahn nach Cottbus.

Der Privatisierungszauber, demzufolge alles besser, kundenfreundlicher, billiger und flexibler sein soll, hat bei ihnen nie gewirkt. Wasser, Strom, Gas – das alles sind für sie Beispiele, wie sich vermeintlicher Zauber in einen Fluch wandelte. Bürgermeister bedauern öffentlich, dass sie Stromversorger verkauften und andere mühen sich, das Wasser wieder in eigener Regie fließen zu lassen.

Gefährlich ist die bunte Truppe damals noch nicht für Mehdorns Pläne, es sind Randfiguren im politischen Berlin, weit weg von den Hebeln der entscheidenden Stellwerke in Bundestag, Fraktions- und Parteispitzen und Regierung. Doch sie sprechen aus, was viele Abgeordnete in den Wahlkreisen an den Rändern der Republik wegen der Zwänge der großen Koalition nicht sagen dürfen. Es ist die Angst, abgehängt zu werden vom Netz einer Privatbahn und ein für alle Mal die Mitsprache zu verlieren.

Hans-Peter Friedrich ist keiner von ihnen. Nicht nur das CSU-Parteibuch trennt den Franken von attac-Aktivisten, der PDS oder Verdi. Er ist stellvertretender Fraktionschef, Mitglied einer Regierungspartei und Verhandlungsführer für die Union in Sachen Bahn. Er ist kein Privatisierungsgegner, sagt er. Er halte große Stücke auf den Bahnchef, sagt er auch.

Vielleicht galt er deswegen lange als dessen gefährlichster Gegner. Friedrich will die 34.000 Kilometer Schienen, die Bahnhöfe und die Stromversorgung der Züge – kurz „das Netz“ – verteidigen. Jenes Eigentum des Staates, in das der Steuerzahler jedes Jahr Milliarden fließen lässt. Wie für Autobahnen oder Kanäle. Und er wird weiter zahlen müssen, selbst wenn bei der Bahn Investoren aus Russland, Dubai oder China das Sagen haben. Für den Franken bleibt das Netz das Kerngebiet des Staates, besonders in der Marktwirtschaft. Friedrich kämpft wie Mehdorn – aber anders: Er ist ruhig, verbindlich im Ton, beweglich, ein Taktiker. Er weiß, er darf nicht nur dagegen sein, er muss auch für etwas sein, muss Kompromisse vorschlagen oder zumindest mittragen. Vom Zug der großen Koalition aus SPD und Union dürfen nicht zu viele abgekoppelt werden, das wird im Kanzleramt von ihm erwartet. Als letzten Ausweg kann er höchstens auf Zeit spielen.

Denn nach den Spielregeln der Regierenden in Berlins Mitte ist sein Verhandlungsmandat im Koalitionsvertrag klar geregelt. Dort steht, dass die Bahn verkauft wird – offen blieb nur das Wie. Das Papier sorgte im Herbst 2005 für Erstaunen unter Verkehrsexperten. Denn vorhergehende Entwürfe für den Vertrag sahen dies mitnichten vor. Das konnte den Herren im großen gläsernen Turm am Potsdamer Platz 2, dem Sitz der Bahnzentrale, nicht gefallen.

Wie der Privatisierungsauftrag seinen Weg in letzter Minute in den Regierungsfahrplan fand, darüber gehen die Darstellungen auseinander. Übereinstimmend wird jedoch berichtet, dass die Wortwahl Börsengang maßgeblich von zwei Politikern bestimmt wurde, die die Konsequenzen nicht mehr verantworten müssen: Der eine heißt Gerhard Schröder, damals Bundeskanzler und Duzfreund von Hartmut Mehdorn, den er auf seinen Posten gebracht hatte. Schröder war wenig später nicht nur Ex-Kanzler, sondern auch Ex-Parlamentarier. Doch selbst als Kanzler hätte er eine solche Formulierung nicht allein durchdrücken können, er brauchte Partner bei der Union und fand sie unter anderem in Otto Wiesheu, dem Verkehrs- und Wirtschaftsminister Bayerns. Wenige Wochen nach den feierlichen Unterschriften unter den Koalitionsvertrag gab Wiesheu seine politischen Ämter auf und wechselte für ein Millionengehalt in die Führung des größten Staatskonzerns der Republik – seitdem versucht er als rechte Hand Mehdorns und als Vorstand für politische Beziehungen den Börsengang nach den Wünschen seines Chefs durchzudrücken.

Im Reichstagsgebäude kennt die Börsen-Opposition längst keine Parteien mehr: Ob Friedrich oder die Linke der SPD – sie sind heimliche Mitglieder der Anti-Mehdorn-Fraktion, die ihre inoffiziellen Unterstützer überall hat. Bei der FDP, der Linkspartei oder den Grünen. Vor allem bei den zerrissenen Sozialdemokraten. Dort sehen sich viele zur Loyalität mit ihrem Minister Wolfgang Tiefensee gezwungen, der so schnell ins Lager Mehdorns wechselte. Nein, diese Bahnprivatisierung ist in Volk und Verkehrsausschuss so populär wie eine Steuererhöhung. Fast drei Viertel der Deutschen sprechen sich in Umfragen gegen sie aus. Zwischen den konkurrierenden Parteien zirkulieren vertrauliche Dokumente, Informationen werden ausgetauscht und an die Presse lanciert. Es ist eine kuriose Koalition aus attac-Aktivisten, PDSlern, Umweltbewegten, Fahrgastverbänden, Betriebsräten, SPD-Linken, FDP-Wirtschaftsliberalen, Industrievertretern sowie Konservativen und selbst Ministern – geeint in der Überzeugung, dass diese Privatisierung à la Mehdorn gestoppt werden muss.

Wie konnte unter diesen Vorzeichen ein solches Projekt Erfolg haben? Wer konnte es gegen diese Riesenkoalition der Gegner so weit vorantreiben, dass es nur noch eine Frage von Monaten schien, bis die erste Notierung der Aktie „DB“ an der Frankfurter Börsentafel leuchtete? Hartmut Mehdorn hat in diesem Spiel ein Gesicht und eine Meinung und die äußert er auch. Wolfgang Tiefensee vertritt als Bundesverkehrsminister die Regierung. Weitere Befürworter erkennt man kaum und hört sie selten, sie werden an den Spitzen von Ministerien, Fraktionen oder im Kanzleramt vermutet, ebenso bei großen internationalen Investmentbanken wie an der Gewerkschaftsspitze. Kaum jemand von ihnen spricht über dieses Thema gern öffentlich und schon gar nicht offen. In Arbeitsgruppen oder Fraktionssitzungen gibt es allenfalls Andeutungen. Halbsätze der Kanzlerin werden auf den Fluren analysiert, gedreht, gewendet und interpretiert. Ist der Bahnbörsengang nur eine Karte im großen Poker in Berlin, wo Arbeitslosenversicherung und Mindestlohn gegen Gesundheitsreform und Online-Durchsuchungen getauscht werden? Dieses Pokerspiel wird meist zwischen drei oder vier Mächtigen gespielt, keiner legt seine Karten offen. Die Privatisierung der Bahn kann eine aufschlussreiche Antwort auf die Frage geben, wer in diesem Land Entscheidungen trifft.

Die Bahn wird verkauft, so steht es im Koalitionsvertrag. Ein Bibeltext ist dies nicht, die Stimmung kann sich drehen – hoffen die einen und fürchtet der andere. Deshalb macht Hartmut Mehdorn hoch oben in der 25. Etage im Bahntower am Potsdamer Platz Druck.

Wie viel Bahn kann sich der Staat leisten?

Vermutlich hätte niemand Hartmut Mehdorn für den diplomatischen Dienst empfohlen. Doch wenn es eng wird, weiß er, welchen Nerv er treffen muss.

Er weiß, dass Angela Merkel viele Sorgen hat und die Bahn selten als Erstes in der wöchentlichen Kabinettssitzung behandelt wird. Es gibt die verfahrene Gesundheitsreform, die Pflegeversicherung, die Bildungsmisere und die fehlende Betreuung für Kleinkinder. Die Kanzlerin will das wichtigste Vorhaben der zweiten Phase ihrer Kanzlerschaft bis zu den Wahlen 2009 durchziehen – sie will nicht als Verliererin dastehen. Den Verkehrsminister weiß Mehdorn seit Ende 2006 an seiner Seite und es gibt keine Anzeichen dafür, dass die Aktivisten um attac, die SPD-Parteibasis oder gar die Linkspartei in der ausgefeilten Börsenstrategie eine Rolle spielen könnten. Und doch ist das Projekt Börsengang wieder einmal kurz vor der Ziellinie ins Stocken geraten, der Widerstand im Parlament und vor allem in Merkels Union verhärtet sich.

Mehdorn braucht die Kanzlerin jetzt. Er schreibt ihr daher einen Brief, der eher ein Gemälde mit zwei Motiven ist. Eines zeigt etwas Bedrohliches in düsteren Farben und deutlichen Worten, darüber liegt ein Beruhigendes: Es gibt ja ein Regierungsgutachten, das dem Bund beim Verkauf der Bahn Einnahmen von bis zu neun Milliarden Euro verspricht – auf einen Schlag – wenn sie nach dem Modell Mehdorn privatisiert wird. Und dies alles, ohne den Konzern umzukrempeln, ohne Unruhe im Betrieb zu schaffen und sogar mit Billigung der Gewerkschaft. Eine scheinbar verlockende Chance für jeden Regierungspolitiker, ein jahrzehntelanges, unkalkulierbares Risiko für den Haushalt auf stille Weise loszuwerden. Das scheint Mehdorns Ass im Ärmel zu sein.

Darunter schimmert das düstere Bild durch, das die andere Bahn zeigt, einen Betrieb in prekären Verhältnissen und vor allem einen, der ganz dringend Milliarden aus dem Bundeshaushalt braucht. Mehdorn lässt das alte Gespenst im Kanzleramt anklopfen, das dessen Bewohner seit Jahrzehnten immer wieder erschreckt hat.

„Wir können uns nur noch eines leisten – die Bundeswehr oder die Bundesbahn“, hatte schon Ex-Kanzler Helmut Schmidt einst gestöhnt. Und das hatte seinen Grund: Nachdem die Eisenbahn seit der zweiten Hälfte des 19. Jahrhunderts einen weltweiten Boom erlebte und praktisch konkurrenzlos Kohle, Stahl und Menschen für die industrielle Revolution transportierte, änderte sich das nach dem Zweiten Weltkrieg dramatisch: Die Menschen des Wirtschaftswunders wollten Autofahren, der Lastwagen transportierte ihre Kühlschränke und folglich baute der Staat in erster Linie Straßen.

Im Osten ist es noch schlimmer: Zwar gibt es weder Wirtschaftswunder noch Autoboom, doch die Sowjets demontierten Gleise und transportieren sie als Beute ab. Wo früher zwei nebeneinander lagen, war plötzlich nur noch eins da. Der geplante Bau eines Hochgeschwindigkeitsnetzes in der DDR wird nie umgesetzt, die Züge zuckeln weiter durch den Arbeiter- und Bauernstaat; im Zweifel hat der Gütertransport für die volkseigenen Betriebe Vorrang.

Noch in den 20er-Jahren des vorigen Jahrhunderts beförderte die Eisenbahn in Deutschland rund 70 Prozent aller Güter, seit den 90er-Jahren sind es weniger als 20 Prozent. Auch im Personenverkehr dominiert das Auto mit über 80 Prozent. Während sich das Fernstraßennetz der Bundesrepublik zwischen 1949 und 1989 verdoppelt, schnurrt das DB-Netz von über 30.000 Kilometer auf noch 27.000 Kilometer zusammen.

Noch schneller als das Netz schrumpft, wachsen die Schulden der Bundesbahn: 1994 steht sie mit 34 Milliarden Euro in der Kreide und droht den Bundeshaushalt aufzufressen. Auf den ausgefahrenen Gleisen rumpeln Züge mit mehr als 40 Jahre alten Waggons verspätet in schmuddelige Bahnhöfe, wo nur noch der Drogenhandel blüht und immer weniger Reisende auf lustlose Schalterbeamte treffen. Die Bahn wird immer schlechter, weil sie immer schlechter wird. „Ein Dinosaurier im Schuldenmeer“, macht der damalige Bahnchef Heinz Dürr aus.

Nun kann ein Staat zwar ein sehr geduldiges Wesen sein, besonders wenn es um seine Behörden geht. Obwohl täglich Millionenbeträge auf unheimliche Weise auf Fluren und Gängen nahezu ohne Spuren ihre Nullen verlieren. Solche Haushalte des Bundes haben jedoch die Eigenschaft, dass ihre Schatten immer länger werden und es eines Tages den Finanzminister fröstelt. Bei der Bundesbahn wurde ihm eiskalt: Der Fehlbetrag des Jahres 1988 stieg auf fast vier Milliarden Mark, die Verschuldung betrug 43 Milliarden Mark. Mit den Einnahmen konnten nicht einmal die Löhne der Eisenbahner gezahlt werden.

Es war Zeit für eine Notoperation: Als 1989 im Auftrag der Regierung Experten zusammentraten, konnten sie auf der Intensivstation gleich einen weiteren Patienten mitbehandeln. Die deutsche Einheit brachte mit der Deutschen Reichsbahn zum verarmten Sorgenkind noch ein Geschwisterchen, dem es noch schlechter ging: Die Reichsbahn betrieb mit mehr Personal ein halb so großes, verschlissenes Netz mit halb so vielen Zügen wie die Bundesbahn.

Dabei war die Lage der Bundesbahn allein schon dramatischer als in offiziellen Papieren zu lesen war. Die Fachleute machten eine „kreative Buchführung" mit einer systematischen Überbewertung aus. „Nach üblichen kaufmännischen Usancen bewertet, hätte die DB schon längst Konkurs anmelden müssen", stellten sie in ihrem Abschlussbericht fest. Für Bundesbahn und Reichsbahn müsse der Bund für die nächsten zehn Jahre einen Finanzbedarf von über 400 Milliarden Mark einkalkulieren.

Tatsächlich beschloss die unionsgeführte Bundesregierung erschrocken mit Unterstützung aller Parteien – bis auf die PDS – 1993 den Bruch mit der Beamtenbahn. Die hoheitlichen Aufgaben der Behördenbahn wurden abgetrennt. Zurück blieb ein Unternehmen, das in vier Geschäftsbereiche gegliedert wurde: Fern-, Nah- und Güterverkehr sowie den Fahrweg, wie das Netz damals auch hieß, die später in einzelne Aktiengesellschaften unter dem Dach des Konzerns gewandelt wurden. Festgeschrieben wurde im Grundgesetz, dass das Netz – das wie die Straßen auf Dauer auf staatliche Hilfen angewiesen war – mit über 50 Prozent im Bundesbesitz bleiben muss. Damit sollte das ebenso teure wie entscheidende Instrument für die Verkehrspolitik unter Kontrolle des Staates bleiben.

Deutsche Bahn Holding			
Nahverkehr DB Regio AG	Fernverkehr DB Fernverkehr AG	Güterverkehr Railion (DB Schenker)	Fahrweg DB Netz AG

Der Aufbau der DB nach den Beschlüssen der Bahnreform 1994

Befreit war die neue DB AG mit der Bahnreform nun von Pflichtaufgaben für das Gemeinwohl, die keine Rendite bringen und die der Staat künftig direkt subventionierte – also in erster Linie das Netz sowie den Nahverkehr, der für die Bürger erschwinglich bleiben musste. Mehr Klarheit sollte herrschen zwischen dem, was das Unternehmen selbst leisten konnte und dem, was der Staat für seine Bürger tun wollte. Am 5. Januar 1994 wurde das Neugeborene am Amtsgericht Berlin-Charlottenburg unter der Nummer 50 000 in das Handelsregister eingetragen. Die Deutsche Bahn ist damit eine Aktiengesellschaft, wenn auch zu 100 Prozent im Staatsbesitz. Ihre Aufgabe ist es, effektiv zu arbeiten und Gewinn zu machen. Ein Börsengang schwingt als langfristige Möglichkeit mit.

Als Starthilfe wurden dem neuen Unternehmen schwere Hypotheken abgenommen: Schulden von 34 Milliarden Euro – schulterte der Bund. Die Modernisierung der Reichsbahn – zahlte der Steuerzahler. Die höheren Bezüge der Beamten gegenüber Angestellten der Deutschen Bahn – finanziert der Bürger ebenso wie den Nahverkehr. „Mit der Bahnreform kam eine neue weiße Decke auf den Tisch“, fasst das Hartmut Mehdorn zusammen.

Ziel ist es vor allem, mehr Verkehr auf die Schiene zu holen, die der Bürger so teuer finanzierte. Das sollte in erster Linie die neue Deutsche Bahn AG schaffen, die nun entlastet und beweglicher in die Offensive gehen sollte. Aber das war nicht alles. Die Schiene wurde für alle geöffnet.

Der Nahverkehr, mit dem mehr als 90 Prozent aller Bahnreisenden unterwegs ist, zum Beispiel die Berufspendler, sollte günstiger und besser werden, indem die DB auf den eigenen Gleisen Konkurrenz bekam. Die Bundesländer schrieben Strecken und Verbindungen aus, um die sich dann verschiedene Eisenbahnen bewarben. Die beste Bahn erhält den Zuschlag, lautete das Konzept. Das konnten, mussten aber nicht die rot-weißen Züge der

DB sein. Angelegt war darin einer der großen Streitpunkte der nächsten Jahre: Welches Unternehmen – zudem mit dem Ziel Börse – lässt schon gern Konkurrenten auf seinem eigenen Hof – dem Netz – Geschäfte machen?

In den Schattenhaushalt des Bundes fiel mit der Bahnreform zwar ein greller Lichtschein – billiger wurde es für den Steuerzahler jedoch erst einmal nicht. Im Gegenteil: Die Jahre 1994 bis 2004 sollten die bislang teuersten werden. Rund 200 Milliarden Euro wurden in die das System Bahn gepumpt – das ist fast jeder zehnte Euro des Bundeshaushaltes.[1] Langfristig aber, so hatten die Konstrukteure der Reform gehofft, bekomme der Bürger eine effizientere und billigere Eisenbahn.

Zwar wies die Deutsche Bahn in den nächsten Jahren keine Verluste mehr aus, die Schulden jedoch stiegen, die große Wende in der Verkehrspolitik blieb aus, an der Dominanz der Straße änderte sich nichts. Die Hoffnung, mit der Reform einen gleich starken Konkurrenten für Auto und Lastwagen geschaffen zu haben, zerstob schnell als Illusion. Der Konkurrenzkampf zwischen Auto- und Bahnlobby um das immer knappere Geld des Staates tobte indes weiter: Ist es nicht für die Straße viel effektiver eingesetzt, zumal der Autoverkehr schier unaufhaltsam zu wachsen scheint, der Verkehrsinfarkt verhindert werden muss und die Zeit der Eisenbahn doch wohl endgültig vorbei ist?

Andererseits: Zeigen nicht gerade die verstopften Straßen, dass der Staat gar nicht so schnell so viel Geld verbauen kann, wie der Verkehr weiterwächst? Die Mobilität von Menschen und Maschinen entwickelt sich vor allem seit den 80er-Jahren rapide: Lastwagen werden zu rollenden Lagern, um Bauteile oder Rohstoffe „just in time“ in die Fabriken zu bringen. Aber

1 Müller, Hans-Peter; Wilke, Manfred: „Gestaltend Einfluss nehmen“ – Bahngewerkschaft und Bahnreform 1993 – 2005, Berlin 2006, S. 44

erst als sich in den 90er-Jahren die Grenzen nach Osten öffnen, werden die Schranken des Verkehrswachstums unübersehbar: Vor Frankfurt an der Oder warten über 60 Kilometer hinweg aufgereiht Stoßstange an Stoßstange Laster mit den Kennzeichen Litauens, der Ukraine oder Weißrusslands. Auf der Autobahn parken sie auf der rechten Fahrspur, denn Standstreifen sind noch nicht gebaut. Die Staumeldungen im Radio sind länger als die Nachrichten.

Dazu kursieren Studien, die Politikern den Schweiß auf die Stirn treiben: Bis zum Jahr 2015 soll der Personenverkehr im Vergleich zu 1997 noch einmal um ein Fünftel wachsen. Der Güterverkehr im Transitland der Mitte Europas lege gar um 64 Prozent zu. Selbst Vertreter der Autoindustrie räumen ein, dass die Straße dies nicht bewältigen kann.

Zudem rücken zur Jahrtausendwende weitere Fakten ins Blickfeld der Öffentlichkeit, die früher hauptsächlich in Nischen der Umweltbewegten diskutiert wurden: Das Weltklima erwärmt sich und dafür ist das Treibhausgas Kohlendioxid verantwortlich. Autos und Lastwagen stoßen davon jedes Jahr Millionen Tonnen aus und bringen Deutschland in Schwierigkeiten, seine Zusagen beim Klimaschutz einzuhalten. Bahnfahren verursacht nur etwa ein Drittel des Kohlendioxids, das ein Autofahrer in die Luft bläst. Beim Energieeinsatz ist das Verhältnis ähnlich. Neben Kraftwerken und Heizungen sind es Autos und Laster, die in Deutschland den größten Beitrag zum Aufheizen der Atmosphäre liefern. Aus den Auspuffrohren der Diesel entweichen feine Rußpartikel, die sich in der Lunge festsetzen und Krebs auslösen. Und schließlich wird die deutsche Abhängigkeit vom Öl nirgends so deutlich wie an den Zapfsäulen.

Doch wie können zugleich die verkehrs- und klimapolitischen Ziele erreicht, Schienen und Straßen gebaut, die Bahn saniert und das Ausbluten der Staatskasse gebremst werden? Auf der Suche nach der Antwort tritt 1999 eine Kommission zusammen: Vorsitzender wird Wilhelm Pällmann, ehemaliger Vorstand der Staatsunternehmen Bundesbahn und Bundespost. Hartmut Mehdorn tritt seinen Chefposten bei der Bahn erst zwei Monate später an, er ist nicht dabei. Er wird das bereuen.

Seinen Auftraggeber Bundesregierung zu schonen, plant Pällmann nicht. Im Sommer 2000 legt er seinen Bericht vor, der ebenso radikal wie konsequent ist.

Die Diagnose für den Patienten Bahn und damit der wenige Jahre alten Reform fällt vernichtend aus: Alle Sanierungsversuche seien bisher gescheitert, heißt es, die Verkehrsleistungen erbärmlich. „Der Personenfernverkehr zeigt nur bescheidene Wachstumsraten, der Güterverkehr bewegt sich auf einer Talfahrt in Mengen und vor allem in Erträgen." Die Lage ist ernst: „Die finanzielle Situation der DB AG ist infolge der Ertragsschwäche und darüber hinaus erheblicher Kostensteigerungen bei Neubauvorhaben sehr angespannt."

Allein mit den seit der Bahnreform fälligen Gebühren der DB-Töchter oder ihrer wenigen Konkurrenten für die Nutzung der Schienen – sozusagen die Maut der Eisenbahn – sei das dichtmaschige deutsche Schienennetz nicht zu bezahlen, geschweige denn auszubauen. Es müsse weiter Steuergeld fließen, macht Pällmann klar. Die Frage stelle sich also: „Wie viel Bahn will sich die Bundesrepublik leisten?" Und: „Wie muss die Bahn aussehen, die sie sich leisten will?"

Die Antwort an seine Auftraggeber in der Bundeshauptstadt ist drastisch: Pällmann fordert nichts anderes als deren Zerschlagung. Das Schienennetz der DB muss aus dem Konzern gelöst und dem Staat direkt unterstellt werden. Schließlich müsse es der Steuerzahler ohnehin im Wesentlichen bezahlen. Dies sei die „klarste und ehrlichste Lösung". Auf dem neutralen, staatlichen Netz sollen sich mehr Privatbahnen gründen, den Wettbewerb beleben, Arbeitsplätze schaffen, die DB in Schwung bringen und vor allem mehr Verkehr auf die Schiene bringen.

Nur mit dieser Trennung könne man der Bedeutung des Netzes für die deutsche Volkswirtschaft gerecht werden, betont Pällmann: „Sie trägt dem staatlichen Willen Rechnung, auch in Zukunft über das Schienennetz Verkehrs-, Struktur und Regionalpolitik zu betreiben und seine Schrumpfung auf eine betriebswirtschaftlich in vollem Umfang tragfähige Konstellation nicht zuzulassen." Im Klartext: Züge sollen nicht nur zwischen dicht besiedelten Ballungsräumen fahren, wo es genug Passagiere gibt und der Verkehr sich von vornherein rechnet. Es kann aus volkswirtschaftlicher Sicht sinnvoll sein, Regionen an die Schiene anzuschließen, damit sie sich entwickeln können. Die DB würde so zugleich von der Last befreit, ein Netz zu unterhalten, das sich an vielen Stellen nicht für sie rechnet.

Der Gedanke, das Schienennetzes als Herzstück der Eisenbahn zu sehen, war nicht völlig neu und hat in Politik und Wissenschaft zahlreiche Sympathisanten. Diese über fast zwei Jahrhunderte gezogenen Lebensadern des Systems Bahn sollten dem Zugriff renditehungriger Investoren entzogen werden. Das aber entsprach so gar nicht der Vision Hartmut Mehdorns.

Pällmanns Bericht hatte für den Bahnchef daher noch eine Sonderbotschaft verpackt, sozusagen eine Spitze an die Spitze der Bahn. Der Versuch der Bahnführung, das Unternehmen in wenigen Jahren börsenfähig zu machen, sei zwar verständlich, schrieb er. Die Frage stelle sich aber, ob dies mit Netz überhaupt möglich sei. „Die Antwort der Kommission ist ein klares Nein." Grund sei auch, dass das Netz nie ohne Zuschüsse des Bundes auskommen könne. „Die Annahme, der Staat werde im Voraus auf Jahrzehnte hinaus hohe Staatszuschüsse für das Netz verbindlich festlegen, um der DB AG inklusive Netz den Weg zur Kapitalmarkt- bzw. Börsenfähigkeit zu ebnen, scheint der Kommission utopisch", schreibt Pällmann im September 2000.

In Berlin sitzt zu der Zeit in seinem Büro am Potsdamer Platz ein Mann, der mit fünf Stunden Schlaf auskommt, und arbeitet besessen an diesem Ziel: Aus dieser Utopie Realität zu machen.

Mit Netz und doppeltem Boden

Im Herbst 1999 fährt auf dem Münchener Flughafen eine schwarze Limousine auf dem Rollfeld vor. Gleich an der Gangway der gelandeten Maschine begrüßt der Chauffeur den überraschten Grünen-Politiker und bringt ihn zügig direkt zur VIP-Lounge des Flughafengebäudes. In einem abgetrennten Raum wartet Hartmut Mehdorn auf seinen Gast. Es geht um das „Unternehmen Zukunft", die Rolle der Bahn in Deutschland.

Albert Schmidt, Verkehrsexperte der Grünen im Bundestag, ist wohl ein wenig geschmeichelt von der Aufmerksamkeit des künftigen obersten Eisenbahners der Republik. Hartmut Mehdorn ist ihm zunächst auch ganz sympathisch, wie so vielen bei der ersten Begegnung. Nicht allein, weil der World Wild Fund for Nature (WWF) Mehdorn gerade zum Ökomanager des Jahres gekürt hatte und er dabei unter den Augen von Kanzler Gerhard Schröder grüne Sätze wie „Umweltschutz und Rendite passen zusammen" sagte. Es eilt ihm ein Ruf voraus, er gilt als Mann, der mit Gewerkschaften und Arbeitnehmern gut kann. Und er scheint geradeheraus.

Vor allem aber sei man sich damals in vielem weitgehend einig gewesen, erinnert sich Schmidt, der später als einer der Aufsichtsräte des Bahnchefs einer seiner schärfsten Widersacher werden sollte. Selbst in der Frage des Netzes: „Mehdorn machte sich eifrig Notizen, malte ein Symbol für das Schienennetz auf und strich es dann mit mehreren dicken Strichen durch", staunte Schmidt, der wie Pällmann die Trennung von Netz und

Betrieb verfocht und darin einen Schlüssel für die Zukunft der Bahn sah. Für den Mann der Wirtschaft, der die Bahn sanieren und an die Börse bringen wollte, war es offenbar logisch, dass das Netz in neutrale, staatliche Hand gehörte.

Ein knappes Jahr später bekommt Hartmut Mehdorn die Ergebnisse der Pällmann-Kommission auf den Tisch, die nichts anderes fordert, als eben diese Zerlegung seines Unternehmens. Seine Reaktion ist ebenso eindeutig wie in der Flughafen-Lounge – nur völlig anders: „Ich unterstelle, Sie wollten mit Ihren Thesen wider den Stachel löcken. Sie übersehen, dass Sie so nur den derzeit in Deutschland vorherrschenden Zeitgeist treffen: Destruktion zum Primat zu erheben", schreibt er Pällmann später. Rad und Schiene gehören für ihn zusammen wie Hammer und Amboss.

Die Weichen für die hitzige Debatte der nächsten Jahre sind damit gestellt: „Wie hältst du es mit dem Netz?" ist die Frage, nach deren Antwort Mehdorn die Menschen in zwei Gruppen teilt: Diejenigen, die er mag oder die er bekämpft. Gleich wann, gleich wo. Zum Beispiel im kleinen Slowenien.

Dort machte er 2003 einen Deutschen aus, Herrn K., der von der EU gesandt das Beitrittsland in Sachen Eisenbahn beriet. Dabei spreche K. sich für die Abtrennung der Infrastruktur aus, meinte der Bahnchef den Staatssekretär im Verkehrsministerium informieren zu müssen. Der Mann sei ein ehemaliger Direktor der Bundesbahn („Dort ist er auch in seiner Entwicklung stehen geblieben") und habe festgestellt, dass es wegen der fehlenden Trennung in Deutschland keinen richtigen Wettbewerb zugunsten von freier Wirtschaft und Benutzern gebe. „Ich werde versuchen herauszufinden, wo man ihn finden kann – obwohl ich nicht den Eindruck habe, dass sich ein Gespräch mit ihm lohnt." Vermutlich gehöre Herr K. zum Eisenbahnbundesamt, einer Behörde des Verkehrsressorts. „Insofern dachte ich, dass Sie dieser Vorgang vielleicht interessiert", legte er dem zuständigen Staatssekretär nahe, sich einmal um Herrn K. zu kümmern.

Es scheint paradox: Warum kämpft ein Sanierer verbissen gerade um jenen Unternehmensteil, der als Grundproblem schon der Bundesbahn galt? Wieso soll die Deutsche Bahn auf dem Weg zur Börse ein Netz mitschleppen, dem alle Experten absprechen, je Ertrag abzuwerfen? Jeder weiß doch, dass die Bahn viel zu viele Menschen an Bord hat – und die arbeiten zu großen Teilen am Netz. Ja, schlimmer noch: Wer mit Netz an die Börse will, der wird den Staat als Mehrheitsgesellschafter mit mindestens 51 Prozent auf Dauer an Bord haben – so bestimmt es das Grundgesetz. Regelmäßig schimpft Mehdorn doch auf Politiker und den Staatseinfluss bei seiner Bahn: „Damit ist jetzt Schluss" – lautete seine Kampfansage an alle, die weiter mitreden wollten.

Rund 2,5 Milliarden Euro allein an Bundeszuschüssen saugt das Netz jährlich auf, um einigermaßen in Schuss zu bleiben. 79.000 Weichen, rund 5.700 Bahnhöfe, 28.000 Brücken und 800 Tunnel – viele noch aus dem 19. Jahrhundert – müssen in einem der dichtesten Systeme der Welt ausgebessert oder erneuert werden. Sie sollen den Blutkreislauf der Volkswirtschaft in Gang halten, den Verkehrsinfarkt vermeiden. Trotz dieser Summen altert das Netz weiter, im Schnitt sind die Gleise fast 20 Jahre alt, die Weichen knapp 17. Die tagtägliche Wartung, der Mann mit der Ölkanne und dem Rostschutz für die Signale, ist mit dem staatlichen Zuschuss noch gar nicht bezahlt. Auch ist damit noch kein Kilometer Schiene neu gebaut.

Und doch ist sich Mehdorn mit Pällmann in diesem Punkt einig: Das Netz entscheidet. Denn es ist einzigartig und damit ein natürliches Monopol – der Wunschtraum eines Unternehmers, ob in Sachen Bahn, Strom, Gas oder Wasser. Kein Konkurrent würde je auf die Idee kommen, auf eigene Rechnung Schienen zu legen und Bahnhöfe zu bauen. Das wäre viel zu teuer und volkswirtschaftlich unsinnig.

In der Vorstandsetage am Potsdamer Platz in Berlin können die Bahnmanager auf einer riesigen elektronischen Tafel den Weg der ICE-Züge verfolgen. Täglich pulsieren 28.000 DB-Züge im Nah- und Fernverkehr mit fünf Millionen Passagieren über die Gleise und kleine Lämpchen signalisieren, wo es gerade hakt im Kreislauf. „Ohne Netz ist die Bahn nichts", sagt Mehdorn. Er wäre ein Herrscher ohne Reich. Wer das Netz hat, hat die Macht – über Fahrpläne, Trassenpreise, Engpässe und Stilllegungen. Er kann die Regeln auf dem Spielfeld auslegen, Konkurrenten gängeln oder vergraulen. Er hält Tausende von Grundstücken, teils in bester Innenstadtlage. Neben den Kirchen ist die DB der größte Immobilienbesitzer Deutschlands. Dazu fließen jedes Jahr Milliarden an Steuergeldern über das Netz in seinen Konzern: Pleite praktisch ausgeschlossen.

Es ist ein bequemes und gut gepolstertes Sofa auf dem Markt des Kapitals: Wer Staat und Steuergeld im Rücken hat, dem leihen Banken und Investoren Milliardensummen gern und billig. So, wie der Beamte sein Häuschen weit günstiger finanzieren kann, als ein Angestellter oder gar Selbstständiger auf dem freien Markt. Deshalb kämpft Mehdorn um das Netz wie ein Fischer um seinen Fang.

Der Bund gewährleistet das Wohl der Allgemeinheit beim Ausbau des Schienennetzes, heißt es im Grundgesetz der Bundesrepublik Deutschland. „Netz und Betrieb bleiben zusammen!", setzt Mehdorn sein Grundgesetz der DB AG daneben, das er selbst ausdrücklich so nennt. An der Wand seiner Vorstandsetage prangt das „Commitment der Konzernführungskräfte", das 79 von ihnen mit einer Unterschrift mit dickem Filzstift einzuhalten geloben. Sie wollen alles dafür geben, „uneingeschränkten Zugang zu den Kapitalmärkten" zu bekommen – mit dem ganzen Konzern.

Dafür fehlt ihm noch das Ja der Volksvertreter: Denn das Geld des Steuerzahlers muss dauerhaft fließen – und er darf dafür nicht zu viel Einfluss haben. Mit dem Börsengang gewinnt die Frage entscheidende Brisanz. Bislang blieb das Geld – wo genau auch immer – bei einem Bundesunternehmen. Künftig aber sollen Privatinvestoren ihre Hände aufhalten können und über üppige Dividenden Gewinn abschöpfen können.

Bis zu 45 Milliarden Euro für die nächsten 18 Jahre – diese Zusage sieht der Gesetzentwurf der Bundesregierung vom Sommer 2007 für Bahn und damit deren Investoren vor. Das sollen die Volksvertreter abnicken. Noch nie haben sich Haushälter im Bundestag auf solch langfristige Verpflichtungen mit einem solchen Betrag eingelassen. Und dies für ein privatisiertes Unternehmen. Es wäre ein Novum in der Geschichte der Bundesrepublik. Es würde Pällmanns Prophezeiung widerlegen, dass kein Parlamentarier seinen Arm für einen solchen Scheck heben werde.

Bahn und Lufthansa – ein himmelweiter Unterschied

Schaut ein Unternehmensberater heute auf den Standort Deutschland und seine Bahn, so mag er sich fühlen wie der Meeresforscher, der den ausgestorben geglaubten Quastenflosser in den Tiefen des Indischen Ozeans entdeckte. Eine Spezies, die noch Anfang des dritten Jahrtausends existiert, obwohl fast alle ihre Verwandten verschwunden sind – die volkseigenen Betriebe im Osten abgewickelt und im Westen von der Privatisierungswelle fortgespült. Ein Nachzügler der Industriegeschichte, mit 230.000 Beschäftigten darunter 40.000 Beamten, der nur dank seiner fehlenden wirtschaftlichen Erfolge am Tisch von Vater Staat geblieben ist. Das hässliche Entlein, das keinen privaten Partner abbekam, obwohl es vor mehr als zehn Jahren in die Deutsche Bahn Aktiengesellschaft umgetauft wurde. Offenbar kaum bemerkt – und so spricht heute noch mancher Politiker von der Bundesbahn. Hat Hartmut Mehdorn daher nicht Recht, wenn er sagt, es sei höchste Zeit, dass die Bahn gleichberechtigt neben anderen internationalen Transport- und Logistikkonzernen auf den Börsenzetteln stehe und den Regeln des Kapitalmarktes gehorche?

Tatsächlich ist die Eisenbahn anders. Sie scheint den Deutschen näher zu sein und sogar jenen am Herzen zu liegen, die sie nie benutzen und als Verkehrsmittel in Wahrheit „ausrangiert" haben. Fest verankert ist die Bahn aber nicht nur sprachlich im Volk, auch politisch hat sie einen Sonderstatus und gehört in die Reihe von Dienstleistern der sogenannten Daseinsvorsorge in Deutschland, eine traditionelle Aufgabe der öffentlichen Hand, die im Wesentlichen Schulen, Krankenhäuser, Wasser- und Energieversorgung sowie Kommunikation und Verkehr umfasst. Auch die Sparkassen werden bisweilen dazugezählt. Die Daseinsvorsorge – ein in den 30er-Jahren des vergangenen Jahrhunderts geprägter Begriff – sollte allen Bürgern den erschwinglichen Zugang zu Bildung, Wasser, Strom und Mobilität ebnen. Inzwischen gilt in Deutschland das Subsidiaritätsprinzip, das besagt, dass die öffentliche Hand nur übernehmen soll, was die private Wirtschaft nicht ausführen kann. Das Schienennetz allerdings nimmt das Grundgesetz neben wenigen anderen Leistungen davon aus.

Getrieben vom Motto der britischen Premierministerin Margaret Thatcher „Privat ist besser als Staat" setzte in Deutschland vor allem seit den 80er-Jahren ein Verkauf von Staatseigentum ein. Zunächst folgte man der liberalen Überzeugung, dass der Staat sich aus der Wirtschaft so weit wie möglich heraushalten solle, weil Privatunternehmen effizienter wirtschafteten. Man gedachte das Volksvermögen zu mehren, indem man die Arbeitnehmer etwa über Belegschaftsaktien am Kapital beteiligte und sie nebenbei eng an den Betrieb band. Seit den 90er-Jahren verhehlten die Kassenwarte der öffentlichen Hand gar nicht mehr, dass es zuerst um Finanzspritzen für den klammen Staatshaushalt ging. Im Laufe der Jahre wurden so die Energieversorger verkauft, die Bundespost mit Postbank, Telekom und Deutscher Post. Eine der ersten war die Deutsche Lufthansa, die schon seit den 60er-Jahren der Privatwirtschaft und der Börse überlassen wurde.

Die Lufthansa ist das Vorbild für Hartmut Mehdorn, sie ist so etwas wie der große Bruder, der es hinaus in die weite Welt geschafft hat. „Wenn die Lufthansa nicht privatisiert worden wäre, gäbe es sie heute gar nicht mehr", sagt der, der einen der ältesten Kinderträume träumte und Pilot werden wollte. Angesichts des drohenden europäischen Wettbewerbs auf der Schiene könne auch die Bahn ihre Rolle nur mit Geld vom Kapitalmarkt spielen und ihren Auftrag erfüllen. Seine Botschaft ist klar: Die Bahn könnte die Erfolgsgeschichte am Boden und an der Börse wiederholen.

Hartmut Mehdorn ist in Berlin als Sohn eines kleinen Fabrikanten aufgewachsen und nach eigenen Worten sehr verwöhnt worden. Er studierte Maschinenbau, stieg in die Flugzeugindustrie ein und arbeitete eine zeitlang für Airbus in Frankreich. Dort lernte er auch seine spätere Frau kennen. Als die Laufbahn ins Stocken geriet, wechselte er zum Druckmaschinenhersteller Heidelberger Druck, den er 1997 an die Börse brachte. Der Abstecher änderte ebenso wenig an seiner Begeisterung für die Fliegerei wie seine spätere Aufgabe bei der Bahn. Eine Reihe von Managern warb er von der Airline mit dem Kranich ab. Das Flaggschiff seiner Züge, den Intercityexpress, zieren seit einigen Jahren Städtenamen – wie auch die Lufthansa-Jets. Als die Industrie der Bahn wiederholt unausgereifte Züge lieferte, schimpfte Mehdorn, die Lufthansa hätte dem Lieferanten Airbus solche Exemplare gleich wieder auf den Hof gestellt.

Langfristig könne es sogar sein, sagt Hartmut Mehdorn, dass man sich selbst eine Fluglinie zulege. Geplant ist erst einmal ein Verbund europäischer Bahnen nach dem internationalen Vorbild der „Star Alliance" der Lufthansa. Auch nach dem Berliner Flughafen Tempelhof wollte die Bahn schon greifen.

Und als man nach einem neuen, börsengerechten Namen suchte, stichelten Journalisten über die „Erdhansa". „Mir hat's gefallen, ich fand's lustig", bekannte Mehdorn. Was am Himmel funktioniert, könnte auf der Erde allerdings böse abstürzen ....

Die Lufthansa Vorbild für die Bahn als Mobilitätsunternehmen? Richtig ist, dass beide Firmen Menschen und Fracht von A nach B transportieren. Doch fragt man, ob das Unternehmen dem öffentlichen Allgemeinwohl oder der Daseinsvorsorge dient, entdeckt man schnell Unterschiede. Im Jahr 2007 flogen mit der Lufthansa gut 56 Millionen Menschen, davon ein großer Teil ausländischer Passagiere auf Fernstrecken zwischen den Kontinenten. Die bringen als Geschäftsreisende das meiste Geld in die Kasse. So viele Menschen fahren in Deutschland in nicht einmal zwei Wochen Bahn. 2006 saßen 1,85 Milliarden Menschen, also mehr als das Dreißigfache, in den Zügen, vor allem Pendler auf dem Weg zur Arbeit und zurück. Aber auch Schüler oder aber Behinderte, die in vielen Regionen auf die Bahn angewiesen sind.

Zudem wurde die Lufthansa ohne ihr „Netz" verkauft, also ohne die Flughäfen in Deutschland. Frankfurt und München sind das Rückgrat der Entwicklung für die Branche und deren Wettbewerb, Beschäftigungsmotor einer boomenden Branche. Ein Motor, der aber nicht dem Zugriff einzelner Fluglinien ausgesetzt wurde. Möglicherweise stünde die Lufthansa heute besser da, wenn sie die Kontrolle über die Luft-Drehkreuze hätte, dem Luftverkehr in Deutschland wäre es wohl kaum zuträglich.

Wie attraktiv Flughäfen für die Lufthansa sind, zeigte sich 2005. Damals trennte sich der Bund von seinen Anteilen an der Flughafengesellschaft Fraport. Die Lufthansa griff sofort zu und sicherte sich einen Teil. In den Monaten zuvor lag das Unternehmen mit Fraport über Landegebühren und die Abfertigung der Passagiere über Kreuz. „Ich kann sehr gut verstehen, dass die Lufthansa ein Interesse daran hat, sich an der Fraport AG zu beteiligen", kommentierte der Kölner Flughafenchef Michael Garvens. „Die Infrastruktur wird ein immer wichtigerer Wettbewerbsfaktor für die Luftverkehrsgesellschaften." Flughäfen sollten aber neutrale Marktplätze bleiben, wandte er ein. „Wenn ein Kunde einen zu starken Einfluss auf die Unternehmenspolitik eines Flughafens ausübt, kann das schnell zu Interessenkonflikten führen." Das gelte auch für die Deutsche Flugsicherung (DFS), fügte er hinzu.[2]

Diese dritte Komponente des Luftverkehrs, die Flugsicherung mit ihren Lotsen, weckte ebenfalls das Interesse der Lufthanseaten. Mit dem Zuschlag wurde es wohl nur nichts, weil Bundespräsident Horst Köhler in letzter Minute seine Unterschrift unter das fertige Gesetz verweigerte und der SPD-Parteitag 2007 eine Privatisierung ganz ablehnte. Köhlers Begründung: Die Flugsicherung gehöre laut Verfassung zu den Kernaufgaben des Staates, es sei zweifelhaft, ob eine Privatisierung in der geplanten Form damit in Einklang stünde. Der Bund würde zu wenig Einfluss auf die neue von Privatinvestoren dominierte Gesellschaft haben.

---

2 Interview in „Touristikreport", 29.06.2006

2.
Zwischen Bahntower und Kanzleramt

„Führung ist Führung. Sie müssen, wenn es sein muss, auch mal jemand kräftig auf die Schienen heben, der ständig neben der Spur läuft."

Hartmut Mehdorns Macht

Das Treffen in Düsseldorf auf der Königsallee, der Kö, an diesem Sommertag des Jahres 1999 ist etwas haarig: Zwei Männer haben sich angekündigt, die sich auf keinen Fall begegnen sollten. Johannes Ludewig wurde vom Aufsichtsratschef der Bahn, Dieter Vogel, schon nach gut zwei Jahren wieder verabschiedet. Sein Nachfolger wurde deshalb erst einmal mit einem engen Mitarbeiter Vogels zum Essen geschickt. Der Antrittsbesuch konnte erst stattfinden, nachdem Ludewig die Tür hinter sich geschlossen hatte.

Auf Ludewigs kurze Amtszeit war der Schatten einer niedersächsischen Kleinstadt gefallen. Das Jahrhundert – an dessen Anfang die Eisenbahn ihren Höhepunkt erlebte – war für die DB mit der ICE-Katastrophe von Eschede und 101 Toten zu Ende gegangen. Damit drohte sogar der – neben der Umweltfreundlichkeit – große Pluspunkt „Sicherheit“ in der öffentlichen Wahrnehmung verloren zu gehen.

Er sei ein geduldiger Zuhörer gewesen und einer, der das Dienen gelernt habe, urteilten freundlich Gesonnene später über Ludewig. In erster Line gab der Ex-Staatssekretär aus dem Wirtschaftsministerium damit ein gutes Kontrastbild für seinen Nachfolger ab. Mitarbeiter sprachen erleichtert vom Ende einer „bleiernen Zeit“, als Ludewig seinen Posten an einen Mann von ähnlicher Körpergröße, aber anderer Statur abgab. Als Kämpfer wurde Hartmut Mehdorn angekündigt. Mit ihm kam das Wort „Börsengang“ auf die Flure der Bahn, sein Ehrgeiz und mehr noch seine kernigen Worte sollten eine Ära einleiten: „Ich bin hier, um das Unternehmen nach vorn zu bringen, und da fallen dann schon mal ein paar Späne. Denn Sie können ein Unternehmen nicht mit Wattebäuschchen an den Händen sanieren.“[3]

3 Mehdorn, Hartmut: „Diplomat wollte ich nie werden“, Ein Gespräch mit Hugo Müller-Vogg, Hamburg 2007, S. 19

Dieter Vogel selbst ist da erst seit Kurzem Chefaufseher der Bahn. Der ehemalige Thyssen-Chef gilt unter Deutschlands Topmanagern als SPD-freundlich. Die Aufgabe Vogels ist vom Aktienrecht klar umrissen. Er soll dem Vorstand im Namen des Eigentümers der Deutschen Bahn, also der Bundesrepublik Deutschland, auf die Finger schauen. An seiner Seite weiß Vogel die Staatssekretäre aus Finanz-, Wirtschafts- und Verkehrsministerium. Die Machtverhältnisse scheinen somit klar: Gegen den Willen des Aufsichtsrats und dessen Vorsitzenden sind keine grundlegenden Entscheidungen im Konzern zu treffen. Wer es trotzdem versucht, riskiert seinen Job. Das Fingerspitzengefühl des Vorstandschefs ist gefragt – so sind die Spielregeln.

Hartmut Mehdorn ist kein Mensch, der dies als gegeben hinnimmt. Wie viel Gefühl in den kurzen, kräftigen Fingern steckt, trainiert an Hammer und Amboss in der Hobbyschmiede im französischen Ferienhaus, wird Vogel vielleicht nach dem ersten Händedruck erahnt haben. Dieses erste Gespräch soll noch recht freundlich verlaufen sein. Wenn man sich mit dem Steuermann an Bord versteht, schadet das nicht. Doch den Kurs bestimmt der Kapitän, weiß der Hobbysegler Mehdorn, der ein feines Gespür dafür hat, wie der Wind bläst und wann er beidrehen muss. Eigentlich nur dann, wenn aus dem Kanzleramt Gegenwind kommt. Und da sitzt Gerhard Schröder, der Mann, der ihn an Bord geholt hat. Vom Potsdamer Platz aus liegt das Kanzleramt einfach näher als das Verkehrsministerium, der Weg dahin führt den Bahnchef häufig direkt bei Schröder vorbei.

Den Kanzler kennt Mehdorn noch aus Niedersachsen, als er beim Flugzeugbauer Deutsche Aerospace (DASA) Vorstand war. Schröder rettete 1994 als Ministerpräsident in Verhandlungen mit der DASA die Flugzeugwerft Lemwerder vor dem Aus, was zunächst einige hundert Arbeitsplätze sicherte und ihm kurz darauf mit zum Sieg bei der Landtagswahl verhalf. Wichtiger war wohl, dass beide als hemdsärmelige Typen eine gemeinsame Sprache fanden. Als Hartmut Mehdorn seinen Job – laut Schröder den „zweitverrücktesten", der im Land zu vergeben sei – antrat, konnte er auf Rückendeckung bei unangenehmen Botschaften setzen; wovon er kurz nach Amtsantritt gleich eine ganze Reihe öffentlich machte.

„Wenn nicht das Gefühl für die Krise da ist, bleibt jeder ganz ruhig. Da können Sie dann als Vorsitzender des Vorstands eine Riesenwelle turnen oder Liegestütze machen, das rührt die anderen nicht", sagt Hartmut Mehdorn, bestreitet aber, ins inoffizielle Handbuch für neue Manager geschaut zu haben. Dieses Handbuch, das nicht existiert, das aber jeder kennt, beschreibt einen hübschen Kniff: Beim Blick in die Konzernbücher muss alles ganz schlimm aussehen, schlimmer jedenfalls, als es um das Unternehmen wirklich steht. Das erschüttert die Öffentlichkeit und bringt eine Vielzahl Vorteile: Für die Sünden der Vergangenheit kann einen niemand haftbar machen, harte Schnitte im Haus sind leichter durchzusetzen, der Eigentümer öffnet eher die Schatulle, die Gewerkschaften fürchten um Jobs und sind zu Zugeständnissen bereit. Sollte der Tunnel am Ende doch nicht so lang sein, so steht der Chef in umso hellerem Lichte.

Mehdorn ließ also rechnen und holte sich dazu die Berater von McKinsey ins Haus, was vor allem Gewerkschafter beeindruckt. Die im November 2000 präsentierten Zahlen der Bestandsaufnahme sollten ganz Deutschland erschrecken: „Das Ergebnis ist dramatisch und bestätigt, dass wir uns jetzt an einem kritischen Punkt der Bahnreform befinden", verkündete Mehdorn. Die teuren Großprojekte seiner Vorgänger und das im Gegenzug vernachlässigte Schienennetz lasteten schwer auf dem Unternehmen. Statt des geplanten Aufwärtskurses in die Gewinnzone mit über zwei Milliarden Euro Plus jährlich, war nun von einem erneuten Abtauchen in die roten Zahlen die Rede. Bis 2005 werde man wohl um zehn Milliarden Euro unter

Plan bleiben. McKinsey sehe sogar noch weitere Risiken von fünf Milliarden Euro.

Die Konstrukteure der Bahnreform von 1994 mochten sich an die Modellbahnen in den Glaskästen der Bahnhöfe erinnert fühlen, wo man Züge mit reichlich Münzen auf die Reise schickt und bald darauf stehen sie wieder an der Station, wo sie starteten.

Befreit von Schulden, Milliardenlasten und vom Einfluss der Politik hatte der damalige Bahnchef Heinz Dürr die dringend nötige Modernisierungsoffensive gestartet. Milliarden flossen in neue Loks und Waggons des „Unternehmens Zukunft". Weit mehr strömte allerdings mit dem Wohlwollen des Bundes in Prestigeprojekte, die das Markenzeichen von Dürrs Amtsperiode werden sollten. Die Euphorie der Wiedervereinigung Deutschlands hatte die Bahn angesteckt.

Geplant und gebaut wurden neue Hochgeschwindigkeitsstrecken wie München-Nürnberg oder Frankfurt-Köln, wo jede Minute Fahrzeit mit einem Aufwand von rund 100 Millionen Euro gewonnen wurde. Mit dem Projekt von Superbahnhöfen wagte sich die gute alte Eisenbahn auf das Terrain der Kunst gepaart mit einem Hauch von Mystik und Religiosität. Die Architektur-Biennale in Venedig bildete die Kulisse für Visionen weit jenseits der ausgefahrenen Gleise der alten Bundesbahn. „Hallen voll sakraler Majestät" oder „Kathedralen der Mobilität" taufte die DB ihre Haltepunkte des 21. Jahrhunderts. In Stuttgart, München oder Frankfurt sollten die Stationen kurzerhand unter die Erde verlegt werden, was die unpraktischen Kopfbahnhöfe beseitigen und gleichzeitig wertvolles Bauland freigeben würde. Mit diesen Erlösen – so die Idee – könnten die tiefgelegten Bahnhöfe zum großen Teil finanziert werden, die ohnehin Kaufhäuser mit Gleisanschluss werden sollten.

Unter die Erde kamen die Projekte bald, sie wurden reihenweise beerdigt. Überlebt haben nur der nach wie vor höchst umstrittene Bahnhof Stuttgart 21, mit massiver Hilfe der Landes Baden-Württemberg, sowie der Berliner Hauptbahnhof. Fast zehn Jahre dauerte es, bis dieser mit gekürztem Glasdach in Betrieb gehen konnte. Der Bau verteuerte sich in dieser Zeit von geplanten 700 Millionen auf weit über eine Milliarde Euro. Zusammen mit Tunneln und Zufahrtstrecken wird der Knoten Berlin über 5,7 Milliarden Euro kosten. Obwohl hier in erster Linie Geld des Bundes vergraben wurde, drohten allein der Anteil an den Baukostenüberschreitungen eine Gefahr für die Planungen des Konzerns zu werden. „Wir haben einen Bahnhof bestellt, keine Kathedrale", grollte Mehdorn, der lange Zeit von seiner Vorstandsetage im gläsernen Bahntower auf die Bauarbeiten hinabblicken konnte.

Weitere Baustellen der ehrgeizigen Planungen zu Beginn der 90er-Jahre sind am Thüringer Wald zu besichtigen. Die ICE-Trasse Berlin – München sollte schon lange fertig sein, mittlerweile wird von 2016 oder 2017 geredet. Wegen mehr als 40 Kilometern Tunnel wird die Strecke gern als Thüringer U-Bahn bespöttelt. Aus Geldmangel wurde daran zeitweise nur noch so viel gearbeitet, dass das Baurecht nicht verfiel. So gelangte etwa die „Soda"-Brücke zur Berühmtheit, weil sie im Itztal einfach nur „so da" steht, ohne Anschluss. Allein die Verbindung Nürnberg – Erfurt wird auf knapp fünf Milliarden Euro geschätzt, das Risiko der Kostensteigerungen trägt hier allerdings der Bund fast allein.

Die Kredite des gerade entschuldeten Konzerns waren jedoch auch ohne diese Baustelle bis 1999 wieder auf rund 14 Milliarden Euro angewachsen. Wie Reisende auf dem Bahnsteig, die ihre Augen immer wieder auf die Anzeigetafel mit wachsender Zahl der Verspätungsminuten richteten, blickten Verkehrs- und Haushaltspolitiker auf die Bilanzen der Bahn. Doch der von ihnen flottgemacht geglaubte Zug fuhr nicht. Und die staatlichen Zuwendungen für die Schienen ebbten ebenso wie die Euphorie der Wiedervereinigung schnell wieder ab.

Was da vor ihm lag, konnte auch Hartmut Mehdorn anfangs nicht recht einschätzen, wie er später zugab: „Man kommt auch mit der kühnsten Phantasie nicht dahinter, welche Probleme sich hinter dem Wort ‚Bahn' verbergen: Die Größe des Unternehmens, seine Ausbreitung bis in jede Ecke Deutschlands, das können Sie nicht studieren, nicht lernen, nicht üben."

Er brachte die Aufgabe erst einmal auf einen einfachen Nenner: „Die Bahn macht nur noch, was sich rechnet", kündigte er gleich nach Amtsantritt an und konnte angesichts der Ratlosigkeit der Politiker zunächst auf Unterstützung bauen. Das gelte auch für Strecken und Verkehre, sagte er und schickte in seiner Bestandsaufnahme ein hübsch verpacktes Sanierungspaket aus Drohung und Forderung hinterher: Man brauche jetzt einen Kraftakt, um „wirtschaftlich" zu werden. Wirtschaftlich hieß: Reif für einen Börsengang. Man brauche einen Kraftakt von Bund, Ländern, Gewerkschaften und Bahn. Das Bemerkenswerte an der Aufzählung war dessen Reihenfolge. Dies fiel auch Aufsichtsratschef Vogel auf, aus dessen Faxgerät in seinem Haus in Meerbusch bei Düsseldorf die Horrorzahlen drei Tage lang hervorquollen. Denn dort stand, wie Mehdorn die Bahn sanieren wollte und noch will.

„Der Absturz der Bahn in tiefrote Zahlen wird in dem Maße reduziert, wie ...." hieß es zur Einleitung, worauf ein Stakkato von Punkten folgte: Steuergelder als Baukostenzuschüsse statt Krediten eingesetzt werden könnten, Steuergelder in signifikantem Umfang zur Abdeckung der Mehrkosten der Dürr-Projekte flössen, Steuergeld bei der Bahnhofssanierung helfe und Steuergeld für den Personalabbau über den Vorruhestand fließe. Außerdem: „Der Arbeitnehmerseite werden wir, obwohl schon vieles getan wurde, noch weitere erhebliche Belastungen in der zweiten Verhandlungsrunde in 2001 zumuten müssen", fügt der Absender an. Und: „Wir werden Abstriche hinsichtlich der Größe des Netzes machen müssen." Dieses werde „insbesondere wenig befahrene Nebenstrecken mit hohem Instandhaltungsrückstand nicht mehr enthalten!" Dazu sollten 2.000 Umschlagplätze für den Güterverkehr sowie im Fernverkehr Interregio-Verbindungen gestrichen werden.

Das Konzept „Streichen (Arbeitsplätze, Strecken, Gleisanschlüsse) und Einstreichen (Steuergeld)", tuschelten Beamte im Verkehrsressort hinter vorgehaltener Hand, während Minister Reinhard Klimmt mäkelte: „Es kann nicht sein, dass immer, wenn die Bahn wirtschaftliche Schwierigkeiten hat, nach dem Bund gerufen wird."

„Die Bahn wird schlanker, effizienter, qualitativ besser ...", hielt das Unternehmen in seinem Papier dagegen. Um zugleich bedauernd hinzuzufügen, dass es mit dem großen verkehrspolitischem Ziel trotz allem nichts werde: Marktanteile würden so weder dem Auto noch dem Lastwagen abgejagt.

Mehdorns Pläne hätten es wohl trotz aller Dramatik und dem Wohlwollen des Kanzlers beim Finanzminister schwer gehabt, wären dem Bahnchef nicht drei Zufälle zu Hilfe gekommen. Zum einen war der frühere saarländische Ministerpräsident Klimmt Verkehrsminister, ein Typ mit dem Mehdorn trotz oder wegen klarer Worte auf Anhieb konnte. Klimmts mit französischem Rotwein gut bestückter Weinkeller zog den frankophilen Bahnchef oft nach Saarbrücken. Klimmt nervte nicht mit Grundsatzdebatten über das Netz und so gilt es bei Insidern als logisch, dass die Hochgeschwindigkeitsstrecke nach Paris nicht nur über Straßburg führte, sondern auch eine Spange mit Stop in Saarbrücken erhielt.

Zudem half, dass Deutschland im Zuge des New-Economy-Booms eine kurze Wirtschaftsblüte erlebte, die die Haushälter großzügig agieren ließ. Zum anderen sprang die Telekommunikationsbranche der Bahn unfreiwillig zur Seite als der Bund die UMTS-Mobilfunklizenzen für 50 Milliarden Euro versteigerte, mit denen Staatsschulden getilgt werden sollten. Die ersparten Zinsen in Milliardenhöhe spendierte der Finanzminister. Klimmt sicherte für die Bahn und Mehdorn einen Großteil davon. Später stand der Ex-Minister als einer von vielen Beratern und Beauftragten auf der Gehaltsliste der Bahn, die den Börsengang nach Mehdorns Vorstellungen durchfechten sollen.

Hartmut Mehdorn hält sich nicht mit den akuten Problemen seines Konzerns auf. Im Börsengang sah er von Anfang an das Ziel seiner Aufgabe. Schon drei Monate nach offiziellem Amtsantritt überrumpelt Mehdorn seinen Aufsichtsrat mit einem Positionspapier, das den Fahrplan für die Börse, aber auch alle Streitfragen der nächsten Jahre auf den Tisch bringt. Sollten die Vertreter von Arbeitnehmern und Regierung ihn noch nicht richtig eingeschätzt haben, nun kann sich niemand mehr einer Täuschung hingeben. Keine Rücksicht auf Gepflogenheiten, schon gar nicht derer von Beamten oder Politikern. Es gilt die Ordnung für die Dinge, die er vorgibt, was selbst die Aufsichtsratssitzung einschließen kann, wo er als Vorstandsvorsitzender eigentlich Bericht zu erstatten hat.

Einige Tage später schreibt daher Chefaufseher Vogel an den „Sehr geehrten Herrn Mehdorn“ und schickt ihm mit den ersten Zeilen eine kaum kaschierte Abmahnung: „Abgesehen von der unabgestimmten Verfahrensweise scheint mir das Papier keine hinreichende Aufarbeitung der gesamten Problematik zu sein.“ Dann nimmt Vogel sich Mehdorns Thesen vor. Sie markieren eine Schlucht zwischen den beiden Managern, die nie zu überbrücken sein wird. Es liegt nicht daran, dass Vogel als Anwalt des Steuerzahlers auftritt. Er argumentiert nicht mit dem Gemeinwohl, nicht mit mehr Verkehr auf der Schiene.

Übereinstimmung besteht allein über die Bedeutung der Schienenwege für das Wohl des Konzerns. Wer das Netz steuern kann, entscheidet über den Erfolg der Bahnen, die darauf fahren. Weil die Netztochter der DB aber trotz der Staatshilfe über Jahre nur Verluste brachte, war die Konsequenz für Vogel klar:

Diesen Bremserwagen, der den gesamten Unternehmenszug von der Gewinnzone fernhält, muss die Bahn abkoppeln. Lkw-Speditionen und Autofahrer müssen die Kosten der Straßen ja auch nicht in ihre Kalkulation einfließen lassen. Mehdorn aber will beides: Das Netz behalten und kontrollieren und damit die Milliarden des Staates auf lange Sicht garantiert bekommen, selbst wenn der Konzern saniert und profitabel ist.

Damit bei Ministern oder im Haushaltsausschuss des Bundestages durchzukommen, das hält Vogel wie so viele andere für unmöglich. Der Aufsichtsratschef drückt sich gewählter aus: „Es wäre politisch und haushaltsrechtlich nicht darstellbar, in das private Schienennetz eines Konzerns öffentliche Gelder in Milliardenhöhe zu investieren, wenn dieser Konzern auf diesem Schienennetz börsenreife Gewinne erwirtschaftet."

Hartmut Mehdorn – der sich selbst ein „robustes Kerlchen" nennt – ficht das nicht an. Das Netz, diesen Schatz, will er unbedingt in seinem Reich halten. Im Finanzdeutsch spricht er von der „Anlagensubstanz" der Netztochter, die die Bonität des Konzerns sichere. Gemeint ist damit letztlich der über Generationen mit Steuergeld geschaffene Besitz, der sich auf über 100 Milliarden Euro bemisst. Dazu die riesigen Grundstücke, deren Wert nur schwer zu beziffern ist. Das alles mache die Bahn zu einem vorbildlichen Schuldner, dem die Banken billig leihen, argumentiert Mehdorn. Für ein privatisiertes Unternehmen auf Expansionskurs ein kaum zu überschätzender Vorteil.

Zu eigen macht sich der Neueisenbahner das traditionsreiche Argument, dass Rad und Schiene zusammengehören. Der Draht zwischen Zug und Schienen sei so eng, dass ein Kappen verheerend wirken werde. Die Reibungsverluste zwischen den Transportgesellschaften der DB und einem eigenständigen Netz stünden einer schnellen Sanierung im Wege, so Mehdorns These. Das wird in den nächsten Jahren einer seiner Dauerbrenner beim Werben für einen Börsengang mit Netz sein.

Vogel hält dieses Argument in einer freien Marktwirtschaft nicht nur für widersprüchlich, sondern sogar für gefährlich, wie er Mehdorn schreibt: „Was soll ein konzernexterner Wettbewerber einer DB Transportgesellschaft dazu sagen: Gibt es für ihn die Synergieeffekte nicht? Das dürfte wettbewerbsrechtlich problematisch sein." Man könne eben nicht einerseits behaupten, die Verbindung von Netz und Betrieb sei zwingend notwendig und andererseits erklären, Konkurrenten ohne diesen Vorteil seien auf den DB-Schienen gleichberechtigt. Glaubt man Mehdorn, ist dieser Widerspruch auf Dauer eher theoretischer Natur. Konkurrenten ohne Netz würden eh „plattgemacht", sagt er schließlich mitten in der heißen Privatisierungsdebatte im Jahr 2007 ganz öffentlich.

Als reiche es nicht, seinen Aufsichtsratschef zum Gegner zu haben, scheinen Mehdorns Widersacher in diesem Jahr 2000 wie einem Drachen Köpfe nachzuwachsen: Wilhelm Pällmann stellt seinen Bericht im September 2000 vor, der Vogel in die Hände spielt und im Bundestag – besonders bei den mitregierenden Grünen – Beifall findet. Dann stolpert im November noch Reinhard Klimmt über eine Affäre um seinen Fußballclub 1. FC Saarbrücken und muss sich schon nach einem Jahr von seinem Ministersessel erheben.

Zum Jahresende 2000, nach einem Jahr an der Bahnspitze, rasen Mehdorn und seine Kritiker aufeinander zu, wie zwei Züge auf einem Gleis. Der Zusammenstoß ist unvermeidbar und einen wirft es dabei immer aus der Spur. Am meisten erregt Mehdorn in jenen Tagen Dieter Vogel. Der kümmert sich intensiv, weit mehr, als es nach Ansicht Mehdorns einem Aufsichtsratschef zusteht, schmiedet eigene Pläne, wie der Konzern saniert werden könnte. Mehdorn fühlt sich schikaniert. Vogel wiederum äußert Zweifel, ob es um die Bahn wirklich so schlecht steht. Auch im Verkehrsministerium ist man verwundert: Wie kann eben noch der Konzern in einer „dramatischen" Lage sein und zugleich die Börse in Reichweite und Dauerthema im Vorstand sein?

Dann gerät das Duell zur öffentlichen Schlammschlacht. Es ist nicht überliefert, wann Mehdorn mit Schröder gesprochen hat, wohl aber, was dieser drei Wochen später öffentlich zu Protokoll gibt: Mehdorn habe seine Unterstützung und die verlange er auch vom gesamten Aufsichtsrat – ohne jede Ausnahme. Sollte diese nicht gegeben sein, müsse man dort „das eine oder andere ändern", deutet der Kanzler unmissverständlich an.

Anfang März startet Vogel einen letzten Versuch und schreibt einen Brief mit einem Ultimatum an das Kanzleramt. Wenn er nicht bis 15.00 Uhr am Folgetag ein klares Signal für die Unterstützung seiner Position erhalte, trete er zurück. Aus dem Kanzleramt kam nichts dergleichen, Vogel ging. „Ich trete nicht leichten Herzens zurück, weil ich um die Zukunft dieses für Deutschland so wichtigen Unternehmens und seiner Mitarbeiter besorgt bin, sowohl was die eingeschlagene Strategie anbelangt, als auch was die sich abzeichnende Unternehmenskultur betrifft", schreibt er an Verkehrsminister Bodewig.

Michael Frenzel, Chef des Touristik-Konzerns Tui mit Sitz in Hannover und Vertrauter Schröders, wird sein Nachfolger. Mehdorn hat seinen ersten großen Machtkampf gewonnen. Er ist nicht mehr nur ein polterndes, robustes Kerlchen – er ist jetzt auch gefährlich.

Minister sind nicht für die Ewigkeit

Mochte Mehdorn glauben, mit dem Abgang Vogels habe er nun freie Bahn für seinen Weg in Richtung Kapitalmarkt, so sah er sich nur wenig später getäuscht. Nachfolger seines Saarbrücker Vertrauten Klimmt im Verkehrsministerium wird dessen Staatssekretär Kurt Bodewig, dessen eher trockene und zurückhaltende Art nicht mit der hemdsärmeligen Hartmut Mehdorns harmonierte. „Wenn Klimmt kam, war ein langer Abend eröffnet, wenn Bodewig kam, war er nach einer halben Stunde beendet", erzählten Vertraute des Bahnchefs.

Das wäre noch zu ertragen gewesen, doch Bodewig hielt sich bei Mehdorns wichtigstem Anliegen, dem Netz, bedeckt. Lag er auf der Linie seines Vorgängers Klimmt? Oder machte er gemeinsame Sache mit den Grünen, die mit ihrem Verkehrsexperten Albert Schmidt einen unbequemen Aufsichtsrat stellten? Sympathisierte er gar mit Vogel? Bodewig blieb seltsam unscheinbar in den ersten Monaten als Minister, so als sei er noch sein eigener Staatssekretär.

Untätig waren Bodewig und sein Stab in den ersten Monaten der Amtszeit nicht, aber diskret. Sie bastelten an einem Projekt, welches der Minister später als einen großen Wurf bezeichnen sollte. Architekt war Ulrich Schüller, Leiter der Grundsatzabteilung, der strategische Kopf des Hauses. Seine Überlegungen für die Verkehrspolitik von morgen stellte er streng vertraulich den Staatssekretären, Abteilungsleitern und dem Minister im Haus vor. Sie galten als kühn, Bodewig war angetan. Der Minister wurde noch darauf hingewiesen, dass er für dieses Konzept unbedingt Rückendeckung in der Regierung und seiner SPD-Fraktion brauche. Dann herrschte erstmal wieder Ruhe. Die Diskretion hatte den Vorteil, dass der Überraschungscoup später gelang. Weniger günstig war, dass Bodewig sich nicht vergewissern konnte, ob seine Truppen ihm folgten und in der Schlacht an seiner Seite stehen würden.

Die Bühne für den großen Auftritt schien gut gewählt: Bodewig wollte vom Podium des Parteitags der Grünen in Stuttgart sprechen. Für sie, erstmals an der Bundesregierung beteiligt, ist die ökologische Verkehrspolitik Teil ihrer Identität. Wer erinnerte sich nicht an den Parteitagsbeschluss, der Liter Benzin solle fünf Mark kosten. Sie manifestierten damit einen Ruf als Feind der Autofahrer, aber eben auch als Freunde der Bahn. Gern hätten sie daher neben Außen-(Frieden)- und Umwelt-(Anti-Atomkraft)- auch das Verkehrsressort (Bahn) besetzt. Dafür reichte es beim kleinen Koalitionspartner jedoch nicht, er musste sich mit einem Aufsichtsratsposten bei der DB begnügen.

Bodewig wollte ihnen zurufen: Seht her, ich bin zwar Sozialdemokrat, aber die Ideen der Grünen von mehr Wettbewerb auf der Schiene und einer stärkeren Bahn haben einen guten Anwalt in mir. Für die Öffentlichkeit schickte er an diesem Wochenende per „Spiegel"[4] einen Herold voraus: Die Deutsche Bahn habe einen Marktanteil von über 90 Prozent, beklagte der Minister im Interview. Er wünsche aber einen funktionierenden Wettbewerb, um damit mehr Verkehr auf der Schiene zu bekommen. Eine „Deutsche Bahn" allein schaffe das nicht. Die jetzige Struktur des Systems Schiene sei nicht zukunftsfähig, konstatierte er mit Blick auf die Verspätungen und die unzufriedenen Reisenden. Und dann der entscheidende Satz: „Ich will eine eigenständige Netz AG im Bundesbesitz, die sich am Ende vornehmlich durch die Einnahmen aus Trassenpreisen finanziert." Es gehe nicht mehr um das Ob, sondern nur noch um das Wie, rief er den Grünen in Stuttgart zu.

Die Resonanz sprach zunächst für Bodewig: Neben dem erwarteten Applaus der Grünen gab es Beifall aus Wissenschaft und Wirtschaft. Sogar der bayerische Verkehrsminister nannte dies in der „Süddeutschen Zeitung" einen „interessanten Ansatz". Sein Name: Otto Wiesheu. Endlich den Weg frei machen für echten Wettbewerb auf der Schiene, so wie es die Bahnreform angelegt hatte! Selbst die Opposition aus Union und FDP signalisierte Bodewig Unterstützung: SPD-Minister, Grüne, Union und FDP in großer Koalition. Eine seltene Konstellation im zänkischen Parteienwesen, was konnte da noch schiefgehen?

4 „Der Spiegel", 11/2001

Allerhand, wie sich herausstellen sollte. Bodewig strebte – wenn auch aus anderen Gründen – das an, was Vogel den Kopf als Aufsichtsratschef gekostet hatte. Die erste Reaktion aus der Bahnzentrale klang noch erstaunlich gemäßigt, wenn auch gönnerhaft. Die Frage einer Trennung von Netz und Betrieb entscheide letztendlich der Eigentümer, räumte Mehdorn ein. „Wenn er sich dabei von verkehrspolitischen Gründen leiten lässt, ist dies sein gutes Recht." Ja, wovon sollte sich ein Verkehrsminister denn sonst leiten lassen, mag man da einwerfen. Für ihn, Mehdorn, sei jedenfalls die technologische Integration von Rad und Schiene unverzichtbar. Wenig später wurde der Konzern deutlicher: Mehdorn stehe für die Trennung nicht zur Verfügung. Das war die Rücktrittsdrohung.

Alarm am Potsdamer Platz, die Bahn machte mobil. Am Montag nach Bodewigs Rede auf dem Parteitag vom Wochenende tagte der Bahnvorstand bis tief in die Nacht. Was tun? Hatte Bodewig sich mit dem Kanzler abgesprochen? Sollte man die Konfrontation auf die Spitze treiben? Natürlich wäre es misslich für die Bundesregierung, wenn Mehdorn gehen würde. Aber umgekehrt würde mit Bodewig schon der dritte Verkehrsminister nach Müntefering und Klimmt in gut zwei Jahren den Posten verlassen. Kann Schröder das riskieren?

Er kann. Am Dienstag stößt der künftige Aufsichtsratschef Frenzel zur Phalanx der Bahn. Die Haltung wird klar: Bleibt der Minister bei seinem Plan, geht Mehdorn und Frenzel tritt gar nicht erst an. Bodewig und sein engster Führungskreis diskutierten nun zwei Optionen. Die eine heißt geordneter Rückzug mit möglichst großer Gesichtswahrung. Näherliegend finden einige die zweite, frei nach der Devise: Es zählt das Primat der Politik. Schließlich hat Schröder selbst gesagt, es müsse klar sein, wer Koch und wer Kellner sei. Das war zwar auf den kleineren, grünen Koalitionspartner gemünzt. Aber gilt das nicht erst recht im Verhältnis zwischen Eigentümer und Bahn? Wenn Mehdorn nicht mehr will – nun gut. Mit Vogel steht ja ein Nachfolger bereit, ebenfalls ein Macher aus der Wirtschaft, der mit Bodewig in der Netzfrage auf einer Linie liegt. Die Signale aus dem Kanzleramt lassen jedoch keine wirkliche Wahl zu, sie sind eindeutig: Der Konflikt mit Mehdorn darf nicht eskalieren.

Der Bahnchef behauptete später: „Bodewig hat mich ohne jede Vorwarnung oder gar Diskussion mit dem Vorstoß zur Trennung von Netz und Betrieb überrascht.“[5] Bodewig selbst schildert das ganz anders: Er habe vor dem Parteitag mit dem Bahnchef gesprochen und den Eindruck gewonnen, dieser werde akzeptieren. Das habe er auch Schröder übermittelt. „Vielleicht war Hartmut Mehdorn nicht bewusst, dass ich das ernst meine.“ Der Fehler des jungen Ministers und seiner Mitstreiter, sagen ehemalige Vertraute, war aber vor allem, die SPD-Fraktion überrumpelt zu haben. Die gab ihm – anders als Union, Grüne und FDP – keine volle Rückendeckung.

Am Mittwoch darauf tagten sowohl der Aufsichtsrat der DB als auch das Bundeskabinett. Die Sprachregelung lautete nun zurückhaltender: Es werde „ergebnisoffen“ geprüft, wie die Unabhängigkeit des Netzes erreicht werden könne, hieß es nun. Dazu gehöre auch, dass das Netz unter dem Bahndach bleibe. Dazu werde eine Kommission – neudeutsch Task Force – gegründet. Diese wollte der Minister mit Fachleuten seines Ministeriums und Experten besetzen. Die Zusammensetzung änderte sich aber dramatisch: Bahnchef Hartmut Mehdorn werde dort „aktiv mitwirken“ klang die kaum verhohlene Drohung aus der DB. Die Bahngewerkschaft werde ebenfalls mit von der Partie sein. „Das ist ungefähr so, als würde man Frösche beauftragen, den Sumpf trockenzulegen“, ätzte der FDP-Verkehrsexperte Horst Friedrich im Bundestag. Häme von allen Seiten blieb nicht aus.

---

5 Mehdorn, Hartmut: „Diplomat wollte ich nie werden“, S.93

Die Kanzlerkarte

Wie schnell der Bahnchef bei Bedarf die Kanzlerkarte ziehen konnte, illustriert ein späterer Fall. Es ging wieder und immer noch um die Netzfrage: Die Fachbeamten des Verkehrsressorts hatten Mehdorn klarmachen müssen, dass er künftig nicht mehr Chefkontrolleur der eigenen Netztochter sein könne. Das ließe leider die EU nicht mehr zu, eine größere Unabhängigkeit der Sparte sei unvermeidlich. Leise grummelnd, so der Eindruck eines Gesprächsteilnehmers, habe sich Mehdorn dem Unabänderlichen gebeugt. Wenig später kam die Ansage: Treffen am Abend im Kanzleramt mit Schröder. Mit einbestellt war Verkehrsminister Manfred Stolpe, der später Nachfolger Bodewigs war. Schröder war wenig erfreut über den späten Termin, hatte er doch Ex-Verkehrsminister Klimmt zu Gast und entspannte sich beim Fußball. Nachdem Mehdorn und der Minister ihre Sicht der Dinge vorgetragen hatten, ließ er den „Frank" reden, also den damaligen Kanzleramtschef Frank-Walter Steinmeier. In diesem Fall zog Mehdorn den Kürzeren, denn auch Steinmeier meinte, da sei nichts zu machen, die EU-Vorgaben seien eindeutig. Der Eindruck im Verkehrsministerium blieb aber, dass Mehdorn selbst bei Detailfragen nicht zögerte, den Kanzler ein- und den zuständigen Minister abzuschalten.

Zurück zur Ära Bodewig: Vorsitzender der Task Force „Zukunft der Schiene" wurde Franz-Josef Kniola, Ex-Verkehrs- und Innenminister in Nordrhein-Westfalen. Bis dato galt er eher als Anhänger einer Trennung von Bahn und Schiene und damit von Ulrich Schüllers Plan. Nach Abschluss des Gremiums konnte man das nicht mehr sagen. Er nannte sich bald darauf Berater der DB.

Schüller und Mehdorn begegneten sich auf gesellschaftlichem Parkett bald wieder. Beim Neujahrsempfang der Industrie- und Handelskammer Berlin vor 1400 Gästen im Ludwig-Erhard-Haus genoss der Bahnchef seinen Triumph ganz offen: „Da ist der Mann, der mein Unternehmen zerschlagen wollte", begrüßte er Schüller mit dessen konsternierter Ehefrau vor den Augen der Honoratioren aus der Wirtschaft der Hauptstadt.

Bereits während die Task Force tagte, hatte die Bahn den Konflikt mit einer Anzeigenkampagne weiter angeheizt. So warb darin der Gewerkschaftsvorsitzende Norbert Hansen, zugleich Vize-Aufsichtsratschef, unter anderem mit dem Slogan: „Wer im Interesse der Kunden denkt, befürwortet eine integrierte Bahn“. Eine Provokation für Bodewig und die gesamte Bundesregierung. Besonders die Verkehrspolitiker im Bundestag waren empört, dass das bundeseigene Unternehmen Geld für eine offene Demontage des Ministers ausgebe. Die politische Kampagne wurde zwar nach kurzer Zeit beendet, das Ergebnis der Task-Force im September 2001 war jedoch wie erwartet. Obwohl der Einfluss des Konzerns auf Trassenpreise und Vergabe der Strecken an die Bahnen reduziert werden sollte, blieb das Netz bei der DB. Dies sei Meinung der Kommission, hieß es. Das klang nach Harmonie und die ist Ziel aller Politik.

In ihrem Interesse muss bisweilen auch zu unorthodoxen Methoden gegriffen werden: Kommissionsmitglied Schüller wurde bei der Einladung zur Abschlusssitzung offenkundig vergessen. Vom Tod seines Projektes kann er erst nach der Bestattungszeremonie erfahren haben.

Mehdorn war zufrieden – von nun an auch mit Bodewig. Was er denn machen würde, wenn ihm der Job als Bahnchef eines Tages zu viel werde, wurde Mehdorn in einer Journalistenrunde am späten Abend einmal gefragt. „Dann werde ich Verkehrsminister“, antwortete er. Es war natürlich ein Scherz.

Operation „Blue Chip“

Der Bahnchef müsse auch gar nicht Verkehrsminister werden, wurde in Berlin getuschelt. Bahnminister sei er ja eh. Bodewig musste sein Ministerbüro in der Invalidenstraße nach der Bundestagswahl räumen und Mehdorn durfte sich 2002 mit als Wahlsieger fühlen: Gerhard Schröder hatte das Rennen überraschend noch einmal gemacht – Bahn frei für den Weg zur Börse.

Im Verkehrsressort hatte sich bereits vor dem Wechsel von Bodewig zu Manfred Stolpe einiges bewegt. Das Thema Bahnpolitik verlagerte sich von Schüllers Grundsatzabteilung nahezu ausschließlich in die Eisenbahnabteilung des Verkehrsministeriums. Das Ressort beauftragte die Beratungsfirma „Sietz and Partner“, sich Gedanken zu machen, wie ein Bahnbörsengang in den neuen Koalitionsvertrag mit den Grünen Eingang finden könnte. Basis waren nun die Ergebnisse der Task Force. Das Bundesverkehrsministerium befand sich wieder auf dem Boden des DB-Grundgesetzes: Netz und Betrieb bleiben zusammen.

Als Überschrift für den Abschnitt im Koalitionsvertrag schlugen „Sietz and Partner“ unter anderem vor: „Privatisierung der DB AG im Zuge eines Börsengangs im Verlauf der neuen Legislaturperiode“. Was am Potsdamer Platz sicher gut klang und wenig verwunderlich war, da das Beratungsunternehmen auch für die DB arbeitete.

Kühn war es allerdings, weil die Bahn damit bis spätestens 2006 an der Börse sein sollte. 2002 war das Unternehmen jedoch ein Sanierungsfall, die Konjunktur auf Talfahrt und der Konzern hatte in erster Linie eine ehrgeizige Planung vorzuweisen, die selbst von der Eisenbahnergewerkschaft als unrealistisch eingestuft wurde. Die Verkehrsexperten von SPD und Grünen schrieben in den Koalitionsvertrag 2002 dann auch kein Wort vom Börsengang, nicht einmal die DB wurde erwähnt. Stattdessen war viel von mehr Verkehr auf der Schiene und vom Wettbewerb die Rede – den Kernzielen der Bahnreform.

Die Zurückhaltung der Parlamentarier stand in krassem Gegensatz zu den Aktivitäten in der Regierung: Modelle wurden entworfen und wieder verworfen, Papiere geschrieben und wieder einkassiert. Alles streng von der Öffentlichkeit und den skeptischen Volksvertretern abgeschirmt. Offiziell blieb das Thema Börsengang allenfalls eine vage Option – sofern die Bahn einmal aus den roten Zahlen komme.

2003 geronnen die Überlegungen zu einem sechsseitigen internen Eckpunktepapier, das dem Bahnvorstand sicher gefallen hat. Der Börsengang ist das „Gütesiegel des Kapitalmarktes“ für die erfolgreiche Vollendung der Bahnreform heißt es zur Einleitung. „Mit der Gewinnung privaten Kapitals bei erfolgreicher Sanierung wird dem Unternehmen und den Beschäftigten eine erfolgversprechende Zukunftsperspektive eröffnet.“ Ein Satz wie aus dem Lehrbuch internationaler Banken und Berater, die darauf lauern, Firmen an die Börse zu bringen. Es folgt die Zusicherung: „Die Organisationsform der DB AG als integriertes Unternehmen bleibt erhalten.“ Der Bund stellte der DB zudem unter dem Stichwort „Regulierungsdichte wird nicht erhöht“ in Aussicht, dass man sie mit Konkurrenz auf Schienen nicht allzu sehr quälen wolle: „Keine Verschärfung der Wettbewerbsaufsicht über die von der Task Force Zukunft der Schiene vorgeschlagenen Systematik hinaus.“ Erwartet werde vom Börsengang eine „Stärkung des Unternehmenswachstums sowie eine international wettbewerbsfähige Aufstellung“. Auch solle der privatisierte Konzern zu einer „Erweiterung des Mobilitätsangebots“ führen und mit weniger Bundeszuschüssen auskommen. Vom Ziel der Bahnreform, mehr Verkehr auf die Schiene zu bekommen, war nicht die Rede.

Tatsächlich waren die Überlegungen noch viel weiter gediehen: Schon am 12. Mai 2003 hatten die Unternehmensberater von Droege & Comp. in Bonn den Experten der Bundesregierung einen über hundertseitigen streng vertraulichen Bericht unter dem Titel „Finanztechnische Rahmenbedingungen für eine erfolgreiche Börsenplatzierung“ präsentiert. Parallel dazu nahmen Sietz & Partner, gerade noch für die Regierung im Einsatz, die Zahlen und Planungen der DB in deren Auftrag unter die Lupe. Der Regierung wurde sogar schon eine Liste von internationalen Großbanken empfohlen, die am Börsengang mitwirken und mitverdienen sollten. Die seien – „mit hechelnder Zunge“, wie es dort heißt – auf der Suche nach Spitzenkunden. Nahegelegt wurde dem Bund nahezu die gesamte Prominenz der Branche, von Morgan Stanley über Goldman Sachs und Merrill Lynch bis hin zur Deutschen Bank. Auch dem Bund selbst machten die Berater den Mund wässrig: „Der erfolgreiche Einzug von privaten Investoren in das DB-Aktienkapital" würde im Ausland die Glaubwürdigkeit der Reformpolitik der Bundesregierung erhöhen, der mit der Privatisierung eine „Pionierrolle" in Europa zukomme.

Dieses Tempo würden wohl nicht alle mitgehen wollen, schwante den Beratern. In der Öffentlichkeit wurde damals viel über die Last der Schiene und der DB für den Bundeshaushalt debattiert. Ob ein Börsengang überhaupt sinnvoll sei, diese Frage wurde gar nicht diskutiert: weder im Parlament noch in den Ressorts der Regierung Schröder. Innerhalb der Regierung, so räumen die Berater von Droege daher in konspirativem Ton ein, seien „Divergenzen über Ablauf und Ziele der geplanten Aktion" zu erwarten, die jedoch „möglichst leise und intern" bereinigt werden könnten. Unnötige und kontraproduktive Empfehlungen von Interessenvertretern müssten „soweit wie möglich sachlich zurückgedrängt werden". Insgesamt solle die Regierung mit Informationen und Stellungnahmen „äußerst diskret" umgehen. Zusammengefasst: Hinter den Kulissen sollte alles vorbereitet werden, um dann die Bahn möglichst schnell ohne lange Debatten in Regierung, Parlament und Öffentlichkeit zu verkaufen.

Immerhin scheuten die Regierungsbeamten angesichts der trostlosen Zahlen davor zurück, sich gleich auf einen Zeitpunkt festzulegen. Dazu müsse das Unternehmen erst einmal profitabel und kapitalmarktfähig werden. Man wolle aber alle politischen Vorarbeiten für den Fall leisten, dass das Unternehmen sich tatsächlich 2005 börsenreif melde. Dann könne der „Startschuss" sofort gegeben werde. Das Parlament, das als Souverän eigentlich entscheiden müsste, wird an keiner Stelle erwähnt.

Das Papier trägt das Datum 20. Mai 2003 und symbolisiert damit den seltsamen Widerspruch zwischen Wunsch der Ministerialen, Visionen des Bahnchefs und der Wirklichkeit. Am 20. Mai 2003 tagte der Aufsichtsrat der Bahn und entließ zwei Topmanager wegen eines völlig verfehlten Preissystems, das den Fernverkehr tief in die roten Zahlen drückte und die Menschen aus den Zügen vertrieb. Auch die Güterbahn (Railion) war keineswegs saniert. Fernverkehr und Güterverkehr – beide Schienensparten sollten ja laut Bahnreform ohne Staatshilfen auskommen und profitabel werden. Dies war Kernaufgabe des Managements. Die Konjunktur in der Welt und Deutschland gab keinen Rückenwind, sie litt unter dem Irak-Krieg und allgemeiner Flaute. Ein Börsengang, in welcher Form auch immer, schien nie weiter entfernt als in jenem Sommer 2003.

Nicht jedoch für die Börsenplaner am Potsdamer Platz, die ihr Ziel schon zum Greifen nah sahen. In dieser Zeit verlangte das Unternehmen von seinen Führungskräften ein schriftliches „Commitment", ein Bekenntnis zu Sätzen wie: „Nachdem schon so viel erreicht worden ist, dürfen wir dieses Ziel der Vollendung der Bahnreform auf den letzten Metern nicht mehr gefährden." Es gehe nicht mehr darum, ob dies das Ziel sei, sondern nur noch, wie es erreicht werde.

Das Wann war ebenfalls entschieden: Im Frühjahr 2006 sollte die Aktie „B" erstmals auf den Kurszetteln erscheinen. Noch rechtzeitig vor der heißen Wahlkampfphase der geplanten Bundestagswahl im Herbst. Denn mit dem Projekt Bahnprivatisierung – das war auch dem Management klar – konnte die Politik bei den Bürgern nicht punkten.

Wohl aber im Managerkreis. Die Strategie- und Finanzexperten hatten sich einen hübschen Namen für das Projekt ausgedacht: „Blue Chip" – ein Zauberwort des Finanzmarktes, es wird für die schwergewichtigen, gewinnträchtigen Aktien verwandt, die etwa in der Königsklasse der Frankfurter Börse, dem

Dax, gehandelt werden. „Blue Chip" – das ist das Spielen mit dem ganz großen Geld. „Blue Chips" sind eigentlich die blauen Jetons, die in Casinos wie Monte Carlo gesetzt und verloren werden. Es sind die Jetons mit dem höchsten Wert.

Spätestens im Dezember 2003 stand intern der konkrete Plan. Er war dem Eckpunktepapier aus dem Verkehrsressort ganz ähnlich. Für das Netz sollten demnach jährlich 2,5 Milliarden Euro über zehn Jahre zugesagt werden. Für diese 25 Milliarden wollte die Bahn „Vorhaltung und Betrieb" der Infrastruktur gewährleisten. Dafür verliert der Bund die bisherige Aufgabe und Chance, die mit dem Geld geplanten Bahnprojekte vorher zu kontrollieren und zu genehmigen. Verfasst wurde das Papier von Alexander Hedderich, einem jungen Manager, dem eine zentrale Aufgabe für den Börsengang zukam. Noch als Verkehrswissenschaftler hatte er für die Trennung von Netz und Betrieb plädiert.

Hedderichs Aufgabe war es, die zahlreichen Arbeitsgruppen von Bund und Bahn zu koordinieren. Selbstverständlich tagten sie alle streng geheim. In seiner Präsentation fehlte nicht die obligatorische Kurve für die Gewinne des Unternehmens; es war mehr ein Pfeil von links unten nach rechts oben. Die Botschaft: Spätestens 2006 ist die Bahn reif für die Börse.

Attestieren sollte der Bahn dies die US-Investmentbank Morgan Stanley, die im Oktober 2003 die Arbeit aufnahm. Auf die Bescheinigung der Börsenreife per Gutachten setzt die Bahn im Frühjahr 2004 – natürlich nur mit Netz. Zusätzlichen Rückenwind erhoffte man sich von Kanzler Schröder, der zum zehnjährigen Jubiläum der Bahnreform das Signal zum Start geben sollte. Dann könnte das Projekt so richtig ins Rollen kommen und es würde Schlag auf Schlag gehen: Kabinettsbefassung, Regierungsentwurf, 2005 dann Zustimmung von Bundestag und Bundesrat und im Frühjahr 2006 der Börsengang.

Das ausgefeilte Konzept für das sensible und diskrete Vorhaben hatte allerdings einige offene Flanken: Nicht nur die

Grünen als Koalitionspartner lehnten Mehdorns „Blue Chip“ ab, die Skepsis im Parlament war selbst in der regierenden SPD groß. Zudem musste der unionsdominierte Bundesrat gewonnen werden. „Das größte Risiko“, sagte ein hochrangiger Regierungsmitarbeiter damals, „ist aber Hartmut Mehdorn selbst.“ Als „politischer Analphabet“ mache der Bahnchef sich bei dem sensiblen Projekt in der Öffentlichkeit einfach zu viele Feinde.

3.
Viel Feind, wenig Ehr’

„Zu den Leuten, die unterm Teppich durchlaufen können, ohne oben eine Beule zu erzeugen, dazu gehöre ich jedenfalls nicht.“

Ärger für die Bahnhofsmission

Hartmut Mehdorn sagt: „Ich habe mich als Kind auf dem Schulhof für die Schwächeren geprügelt." Das ist ein schöner Satz. Er soll zeigen, dass der Mann sich sowohl durchboxen kann (was jeder glaubt) und zugleich Daseinsvorsorge für die Kleinen betreiben kann (was wenige überzeugt). Wobei er den Großkonzern Deutsche Bahn durchaus bei den Schutzbedürftigen einreiht. Eine Zeit lang klebte er kleine rote Herzchen mit DB-Logo auf seinen Laptop, aufs Rednerpult oder auch auf die Mappen von Journalisten.

Hartmut Mehdorn hat aber auch Sätze gesagt wie: „Obdachlose sind keine bösartigen Leute, aber sie gehören nicht in den Bahnhof." In Flughäfen würden sie sogar weggetragen. Und: „Die Leute von der Bahnhofsmission sind barmherzige und liebe Menschen. Aber wir wollen nicht mehr, dass sie eine Warmküche am oder im Bahnhof betreiben", sagte er der „Bild am Sonntag". Das ziehe Junkies und Stadtstreicher an, was die Kunden nicht so gern sähen.

Die Sprecher der Bahn beeilten sich hinzuzufügen, damit habe der Bahnchef mitnichten gesagt, er wolle die Bahnhofsmission aus den Stationen vertreiben. Genau so kam es aber bei vielen Menschen an. Jetzt hatte der konfessionslose Bahnchef sogar die Kirchen als Gegner, die ihre über hundertjährige Institution Bahnhofsmission verteidigten. Offenbar habe die Bahn „Säuberungspotenzial" ausgemacht, hieß es empört. Alleinreisende Kinder oder verwirrte Senioren würden aber weiter gern den Barmherzigen an die Hand gegeben, weil die Bahnmitarbeiter damit überfordert seien.

Über Wochen zog sich so ein Disput hin, was die Mission dürfe und was nicht. Als die Grünenpolitikerin und Ex-Gesundheitsministerin Andrea Fischer aus Solidarität demonstrativ am Berliner Bahnhof Zoo Suppe verteilte, empfahl ihr Mehdorn, dass solle sie doch bitte im Bundestag organisieren. Und mit einer Wohnungsloseninitiative, die an Bahnhöfen Plakatwände für den Slogan „Wer nicht konsumiert, muss raus?!" mietete, wurde vor Gericht gefochten. Die Plakate verschwanden – doch erst der Streit hatte sie bundesweit bekannt gemacht.

Dieser Kirchenkampf war selbst für den Mann nicht zu gewinnen, dem das „manager magazin" bescheinigte, er wirke immer so, als wolle er gleich losspringen, um ein Rad zu wechseln, und zwar ohne Wagenheber. Missionsgeschäftsführerin Eva Ziebertz urteilt inzwischen mit kirchlicher Milde über den wilden Mann und die Bahn. Er habe gelernt. „Die Kooperation ist inzwischen sehr ordentlich", sagt sie, ohne dabei Barmherzigkeit gegen Naivität einzutauschen: „Sein Herz schlägt nicht für die Bahnhofsmission."

Die Geschichte am Bahnsteig

Niemand unterstellt dem Bahnchef, er verhalte sich politisch korrekt. Nicht einmal im Büro des Verkehrsministers. Dorthin hatte Wolfgang Tiefensee ihn im Oktober 2006 einbestellt. Der nun amtierende Minister wollte „seinen" Bahnchef davon überzeugen, eine Ausstellung über den Tod von 11.000 jüdischen Kindern in Bahnhöfen zu zeigen, die mit der Reichsbahn in die Vernichtungslager deportiert wurden: Mit deutscher Gründlichkeit als Gruppenreisen zum Ermäßigungstarif, Kinder unter zehn zahlten die Hälfte, Kinder unter vier fuhren umsonst in den Tod. Zusammengestellt hatte die Ausstellung die Journalistin Beate Klarsfeld, die als Nazijägerin und mit einer Ohrfeige für Ex-Kanzler Kurt Georg Kiesinger wegen dessen NS-Vergangenheit bekannt wurde. Bereits in Frankreich waren Fotos und Dokumente in zahlreichen Bahnhöfen gezeigt worden. Mehdorn blieb stur. Tiefensee erhob sich, ging und ließ – angeblich grußlos – den Bahnchef sitzen. Das brachte dem Minister – oft als Hilfswilliger von Mehdorns Börsenplänen geschmäht – sogar den seltenen Beifall der Opposition ein.

Brötchen kauend auf dem Weg zum Zug könne sich niemand mit dem Thema befassen, das sei viel zu ernst, hatte der Bahnchef argumentiert. Es wäre sicher verfehlt, Mehdorn und seiner DB Geschichtsvergessenheit vorzuwerfen. Im DB-Museum in Nürnberg wird die NS-Historie der Reichsbahn keineswegs verschwiegen, das Konzept gilt als gelungen.

Obwohl aus solchen Auseinandersetzungen in Deutschland von vornherein kaum einer unbeschädigt herauskommen kann – schon gar niemand in Diensten des Staates – blieb Hartmut Mehdorn lange, sehr lange stur. Schließlich verständigte er sich auf einen Kompromiss, die Schau in der Nähe von Bahnhöfen ab 2008 zu zeigen. Allerdings nicht ohne zu betonen, man erweise dem Vertreter des Eigentümers damit einen Gefallen: „Damit entspricht die DB AG auch einem besonderen Anliegen von Bundesminister Wolfgang Tiefensee“, ließ er mitteilen. Was blieb war der Eindruck, das Unternehmen, das „Zukunft bewegen“ will, blende bewegende Bilder der Vergangenheit aus, die nicht zu der auf Hochglanz polierten Börsenstory passten.

Gescheitert war Mehdorns Strategie spätestens am 8. November 2007, kurz nach 12 Uhr. Pfeifend und stampfend setzte sich im Frankfurter Hauptbahnhof eine Dampflok des Baujahrs 1921 in Bewegung und mit ihr ein „Zug der Erinnerung“. Die Waggons, ein rollendes Museum über die Reichsbahn und die Kinderdeportation, die mehr als 40 Bahnhöfe anlaufen würde, bis zur Endstation Ausschwitz. Den Anstoß für die vom DGB begleitete Initiative hatte Mehdorns harte Haltung selbst geliefert. Verhindern konnte er sie nicht, die Nutzung des deutschen Schienennetzes steht seit 1994 allen offen – sowohl den Privatbahnen wie dem „Zug der Erinnerung“. Also rollte dieser gen Osten.

Die Kleinen müssen bluten

Auch wenn der Mann an der Spitze sich als Kind für die Schwächeren prügelte, hin und wieder prügelt die DB sich auch mit den Kleinen. Im folgenden Fall kann man einwenden, dass der Konzern sich gleich mit sehr vielen Kleinen prügeln wollte. Oder sich selbst für schwach hielt, obwohl er als größter Investor des Landes gilt und das Wohl gleich einer ganzen Reihe von Branchen von ihm abhängt.

Im Herbst 2002 schickte die DB Briefe an 330 ihrer kleineren Lieferanten, um die weltweit beste Bahn möglich zu machen. Das Unternehmen hatte ein Programm mit dem Modenamen „Fokus" aufgelegt, wodurch zwischen 2001 und 2005 fast zwei Milliarden Euro gespart werden sollten. Freimütig hieß es in den Briefen zur Einleitung, das Unternehmen befinde sich in einer schwierigen wirtschaftlichen Lage und unterbreite daher auf Vordrucken seinen Zulieferern höflich folgenden Vorschlag: „Auf Basis des bisherigen Bestellvolumens 2002 von ca. Euro ... erscheint uns ein einmaliger Sanierungsbetrag von zehn Prozent auf den Jahresumsatz realistisch."

Was gegen Jahresende klang wie ein Spendenaufruf für notleidende Staatsunternehmen, entpuppte sich eher als Droh- denn als Bettelbrief. „Wir hoffen in der momentanen Situation auf Ihr Entgegenkommen und bauen damit gemeinsam mit Ihnen auf eine langfristige Kundenbeziehung" stand da weiter. Schließlich unterziehe man gegenwärtig das „Lieferantenportfolio einer umfassenden Überprüfung". Für die ersten neun Monate des Jahres solle doch bitte bis zum 18. November überwiesen werden. Das Schreiben ging an Firmen mit einem Auftragsvolumen von maximal vier Millionen Euro. Mit den Großkunden wolle man separat sprechen, ließ die Pressestelle des Unternehmens wissen. Natürlich seien die Rückzahlungen ganz freiwillig. Und außerdem üblich. Die gebe es in anderen Branchen auch.

Freiwillig und üblich, aber nach Einschätzung des Bundeskartellamtes gesetzeswidrig. Denn marktbeherrschende Unternehmen dürfen nicht „ohne sachlich gerechtfertigten Grund“ Rabatte verlangen. Die Wettbewerbshüter wiesen die Bahn umgehend an, Stellung zu nehmen und die Forderungen auszusetzen. Das wäre gar nicht nötig gewesen. Denn schon wenige Stunden später stellte ein Bahnsprecher fest, der Brief sei offenbar irrtümlich in einer vorläufigen Fassung verschickt worden und erklärte: „Wir fordern keinen rückwirkenden Beitrag zur Sanierung des Unternehmens von unseren Lieferanten mehr.“

Manfred Schell – der Lokomotivführer-Führer

Hartmut Mehdorn hat als Kind davon geträumt, Pilot zu werden, Manfred Schell wollte Lokomotivführer werden. Hätten sich beider Träume erfüllt, der Himmel hätte sie getrennt. Nun aber sitzt Mehdorn auf dem Chefsessel der Bahn und Schell wurde erst Lok- und dann Gewerkschaftsführer. Das heißt, er diente sich hoch: als 15-jähriger mit schmutzigen Hilfsjobs bei der Bahn, er schippte später als Heizer Tonne um Tonne Kohle unter die Kessel der Dampfloks. Schon sein Vater war Lokführer in einer Zeit, als sie etwa das darstellten, was Piloten heute sind. Für Mehdorn verkörpert er wohl so etwas wie die alte Eisenbahn, weit weg von „Logistics“, „Service Point“ oder „Networks“. Genau darauf sind Manfred Schell und seine Lokführer vermutlich in ihrer 140 Jahre alten Gewerkschaft – der ältesten Arbeiterorganisation Deutschlands – stolz. Kein Wunder, dass Schell die in der Vorstandsetage „Außerirdische“ nennt – und das ist kein Kompliment. Schell hatte schon als CDU-Abgeordneter 1993 als einziger seiner Fraktion und einer von ganz wenigen im Parlament überhaupt die Bahnreform abgelehnt. Und

2007 gefällt er sich in seiner Rolle als einer der wenigen, die dem mächtigen Bahnchef die Stirn bieten.

Vielleicht hätten der Ingenieur und der Lokführer sich dennoch anders bezeichnet als „Terrorist“ oder „Spalter“, wenn – man ahnt es – Schell sich wenigstens an das Bahngrundgesetz halten würde. Warum sollte er aber? Seine Gewerkschaft Deutscher Lokführer (GDL) vertritt eben diese 15.000 der insgesamt 20.000 in den Führerständen. Sie reparieren keine Schienen und verkaufen keine Karten am Schalter. Sie fahren Güter-, Regional- oder Fernzüge und arbeiten genauso bei DB Railion, DB Regio oder DB Fernverkehr wie bei deren Konkurrenten und sind teils eh auf fremden Gleisen unterwegs. Wären die einzelnen Transportgesellschaften selbständig, die Macht der GDL würde dort eher steigen. Seit Langem forderte Schell daher einen eigenen Tarifvertrag fürs Fahrpersonal und geht damit zugleich auf Konfrontationskurs zur größeren Bahngewerkschaft Transnet.

Dies hätte noch jahrelang so bleiben können, ohne dass in Deutschland von der Kleingewerkschaft jemand Notiz genommen hätte. Dass es anders kam, hat auch mit Geburtsdaten zu tun. Mehdorn und Schell sind fast gleich alt, beiden läuft die Zeit weg. Sie wollen offenbar noch den einen, letzten großen Auftritt: Hartmut Mehdorn an der Börse, Manfred Schell mit dem eigenen Tarifvertrag und satten Lohnerhöhungen. Und das passt nicht zusammen. Kein Investor möchte eine neue Gruppe in seinem Unternehmen wissen, die mit wenig Aufwand für viel Unruhe sorgen kann, indem sie die Loks einfach stehen lässt.

Schell kann darauf verweisen, dass die Beschäftigten es sind, die das Unternehmen erst in Reichweite des Kapitalmarktes haben kommen lassen – mit Lohnverzicht und Mehrarbeit in den vergangenen Jahren, während der Vorstand zwischen 2000 und 2006 mehr als das Vierfache kassiert habe. Bei seinem Amtsantritt wurde Mehdorns Jahresgehalt auf bescheidene rund 600.000 Euro geschätzt. 2006 bekam er knapp 3,2 Millionen Euro und befand sich damit schon in der Liga der Dax-Konzerne, in die er sein Unternehmen führen will. Jetzt seien die Lokführer mal dran, mit kräftig mehr Geld und eigenem Tarifvertrag – so wie die Piloten bei der Lufthansa einen haben, betont Schell. Dafür müsse ein Hartmut Mehdorn doch Verständnis haben.

Hatte das „Rumpelstilzchen“ aber nicht, wie Schell bedauerte. Und so überzog erst die Bahn die GDL mit Gerichtsverfahren und die Gewerkschaft dann das Land mit Streiks. Alle Züge standen still. Alle Züge? Nein, der eine, der so heftig gegen die Behördenbahn und für die Börsenbahn wetterte, konnte sich auf seine Beamten stützen, die nicht streiken dürfen. Der andere hatte Tarifverträge mit Bahnkonkurrenten geschlossen, die weiterfuhren.

Das merkten viele Berufspendler: Während die DB-Züge etwa im Oktober 2007 in den Kölner Hauptbahnhof gar nicht oder mit großer Verspätung einliefen, waren die Züge des Konkurrenten „Regiobahn“ in Nordrhein-Westfalen meist pünktlich. Das ist die Kehrseite eines Beinahemonopolisten und Großkonzerns. Je stärker man ihn macht, umso mehr liefert sich der Bürger aus, umso höher liegt das Erpressungspotenzial.

So kann es kaum einen echten Markt für Lokführer geben, fast alle werden von der DB ausgebildet. Und wenn Lokführer knapp sind – wie 2007 –, dann steht der Konzern mit dem Rücken zur Wand. Vor allem dann, wenn man auf dem Weg zur Börse ordentlich Personal sparen wollte, selbst als die Konjunktur in Deutschland 2005 und 2006 wieder angesprungen war. 2007 suchte die Bahn in Zeitungsanzeigen 1.000 Lokführer.

Sogenannte Verkehrsexperten

Mehdorn macht seine Witzchen über sich selbst: „Gibt es irgendwo Streit? Dann schnell hin, damit wir ihn nicht verpassen". Suchen muss er selten – im runden Saal E 600 im Paul-Löbe-Haus direkt gegenüber dem Kanzleramt wird er fast immer fündig. Hier beraten die Verkehrsexperten der Bundestagsfraktionen am Mittwochmorgen im Ausschuss, hier kämpfen sie für mehr Geld für die Bahn oder mehr Verkehr auf der Schiene. Man sollte meinen, Mehdorn könnte dort Freunde finden.

Viele hat er aber nicht. Es war zwar nie anzunehmen, dass ausgerechnet Horst Friedrich einer sein könnte. Der FDP-Politiker plädiert vehement für die Trennung von Netz und Betrieb. In der Politik versucht man solche Gegner für gewöhnlich zu isolieren oder einfach totzuschweigen, zumal wenn es sich um eine kleine Oppositionspartei handelt. Hartmut Mehdorn gelang es jedoch, sich neben Friedrich Politiker aller Fraktionen zu Widersachern zu machen. Das kam so:

Friedrich beschlichen wie andere Zweifel an den Zahlen der Bahn und er wollte Mehdorn und die Regierung wohl auch ein bisschen ärgern. Das ist das Geschäft der Opposition. Er kritisierte, dass das Unternehmen in den vergangenen Jahren hohe Rückstellungen gebildet hatte, die nun aufgelöst wurden und das Ergebnis hübscher machten als es das Geschäft eigentlich hergab. „Bilanzkosmetik" oder „trickreiches Machwerk" sind die Stichworte, die unter anderem fielen. Rechtswidriges habe er nicht unterstellt, beteuerte Friedrich. Das Unternehmen wollte aber Äußerungen gehört haben, die die Schwelle zwischen Kritik und geschäftsschädigender Verleumdung überschritten: Per einstweiliger Verfügung ging die Deutsche Bahn im Sommer 2003 gegen den Abgeordneten des Deutschen Bundestages vor. Als das Landgericht Frankfurt sich damit im Hauptsacheverfahren befassen sollte, eskalierte der Streit.

Der Verkehrsausschuss des Bundestages, von Friedrich über die Unterlassungsklage der DB informiert, schickte ein Schreiben mit den Briefköpfen sämtlicher übriger Fraktionen – SPD, Union und Grüne – an Hartmut Mehdorn. Es war der Auftakt eines erbitterten Briefwechsels: „Der Ausschuss hat einhellig sein Unverständnis über das Vorgehen der Bahn geäußert und dem Abgeordneten Friedrich seine nachdrückliche Unterstützung zugesagt", machten die Verkehrsexperten klar. Was Friedrich gesagt habe, bleibe zudem weit hinter der Kritik zurück, die von anderen an der Bilanzpolitik der Bahn geübt worden sei. Das Vorgehen begründe die Gefahr, dass Abgeordnete bei der Ausübung ihrer parlamentarischen Rechte eingeschränkt werden. Gerade sie hätten das Recht und die Pflicht, bundeseigene Unternehmen kritisch zu begleiten, zumal die wirtschaftliche Entwicklung der Bahn Auswirkungen auf die weiteren Privatisierungsschritte und für den Bundeshaushalt habe.

Tatsächlich war die Kritik an den Geschäftsberichten der Bahn nicht neu. So hatten die Wirtschaftswissenschaftler Gerd Aberle und Olaf Zeike der DB mit Blick auf die von Mehdorn ausgemachten Milliardenlöcher und das marode Schienennetz dem Unternehmenscontrolling weit mehr als völliges Versagen vorgeworfen. „Die gravierende Unterschätzung der Ertragsrisiken ist erklärungsbedürftig. Offensichtlich sind in den vergangenen Jahren Kostenpositionen manipuliert worden." Auch erscheine der Jahresabschluss 1999 nicht korrekt, schrieben sie schon 2001.[6]

Die erbosten Abgeordneten gingen daher noch weiter. Der Ausschussvorsitzende Eduard Oswald von der CSU rief Bundestagspräsident Wolfgang Thierse zu Hilfe: „Ich bitte Sie im Auftrage des Ausschusses für Verkehr, Bau- und Woh-

---

6 Aberle, Gerd; Zeike, Olaf: Die Bahnstrukturreform 1994, Erfolg oder Misserfolg?, München 2001, S. 43

nungswesen, diesem Versuch des Bahnvorstandes, die verfassungsmäßig garantierten Rechte eines Abgeordneten des Deutschen Bundestages zu beeinträchtigen, entschieden entgegenzutreten."

Daraufhin schickte Bahnvorstand Klaus Daubertshäuser einen offenen Brief an Friedrich, in dem er ihm erneut „falsche Tatsachenbehauptungen" attestierte: „Kritik hat da ihre Grenzen, wo sie in Verleumdung umschlägt." Gerichtsverfahren seien absolute Einzelfälle. Friedrich wurde vorgeschlagen, die Sache mit einem „abgestimmten Schreiben" gütlich aus der Welt zu schaffen.

Dies konnte nicht verhindern, dass wenig später Bahnchef Mehdorn Post und eine Rüge vom Präsidenten des Deutschen Bundestages erhielt, der nach dem Bundespräsidenten immerhin das zweithöchste Staatsamt der Republik innehat. Es sei nicht seine Aufgabe, zu prüfen und zu bewerten, ob das Unterlassungsbegehren der DB AG berechtigt sei oder nicht, erklärte Wolfgang Thierse. Es gehe ihm jedoch um die Form der Auseinandersetzung: „Es löst Befremden aus, wenn sich ein im Bundeseigentum befindliches und damit auch für die Öffentlichkeit als staatsnah empfundenes Unternehmen in einer Auseinandersetzung mit Parlamentariern der Gerichte bedient, statt alle Möglichkeiten zu einer außergerichtlichen Konfliktlösung zu nutzen." Gegenüber der Öffentlichkeit sollte „jeglicher Eindruck vermieden werden, dass kritische Stimmen mit Hilfe der Gerichte bekämpft werden sollen."

Es ist anzunehmen, dass der Brief Thierses zum Ende des Streits beitrug. Jedenfalls ging zehn Tage später ein Brief vom „Potsdamer Platz 2" an den „Platz der Republik 1", um mitzuteilen, dass der Streit mit einem Brief Friedrichs an den Finanzvorstand beigelegt sei. Dass sich der Bahnchef über die politische Grätsche des Bundestagspräsidenten mächtig geärgert hat, darf vermutet werden. „Sehr geehrter Herr Bundestagspräsident", schrieb Hartmut Mehdorn, „ich würde mich freuen, wenn auch Sie Ihren Einfluss dahingehend geltend machen könnten, dass das Gespräch mit der Deutschen Bahn AG auch weiterhin in einem fairen Rahmen geführt werden könnte."

Wenn Briefe das Geräusch von knirschenden Zähnen wiedergeben können, dann ist das in diesem Fall sicher gelungen. Es dauerte auch nicht allzu lange, bis aus dem Knirschen wieder Bisse wurden. Verkehrsausschuss und Bahn – eigentlich hätten diese ein integriertes Modell für den Börsengang bilden sollen. Stattdessen rieben sich beide wie Rad und Schiene und es flogen bald wieder Funken: So im März 2004 als der Bundesverband der Deutschen Industrie (BDI) und der Deutsche Industrie- und Handelskammertag (DIHK) zu einer Debatte über die Bahnprivatisierung geladen hatten. Auf dem Podium sollten neben dem Ex-Kommissionsvorsitzenden Wilhelm Pällmann der Grünen-Verkehrsexperte Albert Schmidt, sein CDU-Kollege Dirk Fischer sowie der einst verklagte Horst Friedrich Platz nehmen. Dies reichte dem Bahnchef, um den wohl erstaunlichsten Brief seiner Amtszeit zu Papier zu bringen, der bekannt wurde. Er richtete sich an seinen Duzfreund, BDI-Präsident Michael Rogowski:

Lieber Michael,

wir hatten kürzlich ein gutes Gespräch zur Lage der Bahn. Ich habe dabei auch versucht, Dir einen Eindruck zu vermitteln, wie wir hier in gewissem Maße unter persönlichkeitsbezogenem Mobbing verschiedener Leute mit unterschiedlichsten Zielen leiden.
Heute finde ich in der Post die beiliegende Einladung von BDI und DIHK, deren Besetzung bösartiger nicht mehr sein kann. Du wolltest mir nicht glauben, wessen Geistes Kind Herr Kre-

klau (Mitglied der Hauptgeschäftsführung des BDI, d. Autor) ist. Ein besseres Beispiel hätte ich Dir kaum nennen können. Herr Pällmann, ein ehemaliges Vorstandsmitglied der Deutschen Bundesbahn und meines Erachtens Mitverantwortlicher der Misere des Schienengüterverkehrs in den 80er-Jahren, schwingt sich neuerdings zum Richter der Bahnreform auf. Als Anlage unsere Antwort auf seine Thesen, die, warum auch immer, samt und sonders von seinem persönlichen Ego getrieben sind.
Die Herren Friedrich, Fischer und Schmidt äußern sich im 3-Tages-Rhythmus als sogenannte Verkehrsexperten polemisch gegen mich und die Bahn. Was die Herren an diesem Tag sagen werden, ist bekannt. Eure gesamte Veranstaltung wird wieder von der üblichen Miesmacherei gegen die Bahn geprägt sein und ihre Zerschlagung zum Ziel haben. Ich kann nur noch einmal wiederholen: Wir Deutschen haben weltweit „... die beste Bahn" – und dies seit 2004 profitabel! Dass die Bahn sich an Eurer, von vornherein ihr gegenüber negativ eingestellten Veranstaltung nicht beteiligen kann, kannst Du Dir denken. Gerne würde ich mit Dir noch einmal darüber sprechen.

Mit freundlichen Grüßen
Hartmut

Das Schreiben wurde ein halbes Jahr später öffentlich und zwang Mehdorn, eine Menge zu reden. Neben Forderungen nach einer Entschuldigung und selbst nach seinem Rücktritt brachte es ihm eine als Einladung geschönte Vorladung für Saal E 600 ein. „Das Vertrauen zwischen dem Parlament und dem Vorstand ist nachhaltig zerstört", erkannte Albert Schmidt. Verkehrsminister Manfred Stolpe musste eingreifen und Mehdorn bei seinem Gang durch das Spalier von Dutzenden Journalisten und Kamerateams zur Seite stehen. Den Rücktritt des Bahnchefs lehnte der Minister ab, empfahl ihm aber einen besseren Stil.

Mehdorn blieb trotzig. Eine Entschuldigung kam ihm in der Sitzung nicht über die Lippen. Immerhin sagte er nach seinem Auftritt hinter verschlossenen Türen: „Manchmal ist miteinander reden vielleicht besser, als immer gleich schreiben." Der Ausschussvorsitzende Eduard Oswald belehrte Mehdorn, es gebe weder sogenannte Verkehrsexperten noch sogenannte Bahnchefs.

Der Auftritt vor den Verkehrspolitikern mag Mehdorn lästig gewesen sein, es gibt jedoch keine Anzeichen, dass er glaubte, das Zerwürfnis würde dem Ziel Börsengang schaden. Verkehrspolitiker blieben für ihn offensichtlich das Fußvolk des Parlaments; bestenfalls ahnungslos, häufig böswillig, meistens überflüssig. Der Bahnchef hält sich lieber an die vermeintlich Mächtigen, an Fraktionschefs, Ministerpräsidenten und Kanzler. Wie so viele Unternehmenschefs scheint er überzeugt, dass die Bundesrepublik Deutschland letztlich wie die Führungsstruktur seines Großkonzerns funktionieren muss. Lange gab ihm die Erfahrung Recht.

Thilo Sarrazin – der Volksaktionär

Seine ärgsten Feinde schafft man sich bekanntlich in der Verwandtschaft oder im eigenen Haus. Besonders, wenn es dabei ums Geld geht. Kurioserweise war es in diesem Fall kein Mangel, es war zu viel Geld da, das Probleme machte und Mehdorn einen Feind einbrachte, der vielleicht sein teuerster wurde.

Die Milliarden, die Verkehrsminister Klimmt dem Unternehmen über die UMTS-Mittel für das marode Netz, die teuren Dürr-Projekte und neue Strecken beschafft hatte, sollte die DB ab 2001 verbauen. Dies war nicht so einfach, denn der Konzern hatte in den mageren Jahren Planungsingenieure abgebaut und stand unter dem Druck des Haushaltsrechts, die Mittel im selben Jahr auszugeben. Eine Aufgabe für Thilo Sarrazin, Volkswirt und früherer Mitarbeiter aus dem Bundesfinanzministerium. Mehdorn rekrutierte ihn höchstselbst. Der bis dahin kaum bekannte Netzvorstand Sarrazin war ein kantiger Typ, so wie der Bahnchef, der Konflikt war programmiert. Sarrazin begründete später das Ende seiner nicht einmal zwei Jahre währenden Bahnkarriere damit, dass er Bundesmittel „unwirtschaftlich habe raushauen" sollen. Mehdorn sagt, er habe als damaliger Aufsichtsratschef der Netztochter Dauerstreit zwischen den Vorständen beenden müssen.

Sarrazin wurde kurz nach dem Rausschmiss zum Berliner Finanzsenator ernannt. Daraufhin entspann sich ein Streit vor Gericht mit dem Ex-Arbeitgeber, da Sarrazins Arbeitsvertrag formal noch nicht beendet war. Die Bahn argumentierte, es sei nicht rechtens, dass das Unternehmen einen Senator bezahle. Das klingt plausibel, die Gefahr jedoch, dass der Politiker fortan auf dem Ticket der Bahn fuhr, hätte geringer kaum sein können. Es war der Beginn einer sonderbaren Männerfeindschaft.

Als sicher darf gelten, dass sie stetig genährt wurde durch Sarrazins permanentes Werben für eine Trennung von Netz und Betrieb. Zudem vertreten von einem Mann, dem Kompetenz in dieser Frage aufgrund seines früheren Jobs nicht abgesprochen werden kann, der aber gänzlich unzuständig ist, wie er gern verschmitzt einräumt. Mehdorn versuchte selbst mit einem Brief an Berlins Bürgermeister Klaus Wowereit für Ruhe zu sorgen, in dem er drohte, dass bei einer Konzernzerschlagung keines der DB-Einzelunternehmen den Hauptsitz in Berlin halten würde. Es nützte nichts – Sarrazin schoss weiter mit großem Eifer Richtung Bahntower und verschoss seine Pfeile dabei selbst auf seinen Parteifreund und Verkehrsminister Wolfgang Tiefensee („der versteht gar nichts"). Diese hübsche Hauptstadt-Dauerposse wäre irgendwann aus dem Politik- und Wirtschaftsteil der Zeitungen in die Gesellschaftskolumnen der Lokalpresse abgewandert, wenn Sarrazin nicht einen ganz großen Sprengsatz gebastelt hätte.

Gerade schien der Börsenzug 2007 wieder in Schwung zu kommen, da präsentierten die SPD-Linken Hermann Scheer sowie Andrea Ypsilanti aus Hessen ihr Modell einer volkseigenen Bahn. In Hessen war schon Landtagswahlkampf, und ein solcher treibt zuweilen Blüten, die nach der Stimmabgabe schnell wieder verwelken. Hier war es etwas anders, denn das als Volksaktie getarnte Sabotagemodell war im Hintergrund wohldurchdacht von Thilo Sarrazin entwickelt worden. Von seinen wirklichen Überzeugungen für eine erfolgreiche Bahnzukunft ist dieses Modell wohl so weit entfernt wie ein gemeinsamer Rotwein-Abend mit Hartmut Mehdorn. Sarrazin intrigierte lediglich gegen die Integration der Bahn. Beifall erhielt er sogar vom Bundesverband der Deutschen Industrie: Geschäftsführer Carsten Kreklau sprach von interessanten Vorzügen des Modells „Sarrazin". Nicht überraschend, die Öffentlichkeit wusste da ja schon „wessen Geistes Kind" Herr Kreklau war.

Es war ein perfider Trick Sarrazins, ein süßes Gift für verunsicherte Sozialdemokraten in der Umfragekrise, das sie wie auch der Verkehrsminister willig einnehmen wollten. Ein gut gelegter Hemmschuh auf den Gleisen, dessen einziges Ziel es war, den Börsenzug zum Stehen zu bringen: Sarrazin wollte und will Mehdorn stoppen – dessen Traum zum Alptraum machen.

4.
Mehdorns Mannen

„Ich mag Leute nicht, die hinter meinem Rücken oder dem anderer Leute rumfummeln.“

Getreue, Genossen und „Unionisten“

Selbst wenn Mehdorn dank des Kanzlers in seinen ersten Amtsjahren eine Reihe von Machtkämpfen gewann, hatte sich inzwischen gezeigt, dass dem Bahnchef vor allem in Politik und Wissenschaft Verbündete fehlten. In einem Vorhaben wie „Blue Chip“ darf es keine weißen Stellen geben, jede Rolle muss ideal besetzt sein. Doch Mehdorn hatte in seinem Ensemble einige Fehlbesetzungen und eine Reihe von Lücken zu verzeichnen.

In der Führungsetage hatte Mehdorn inzwischen ordentlich aufgeräumt. Alte Eisenbahner spielten da keine große Rolle mehr: Ex-Manager der Lufthansa, von Daimler oder alte Gefolgsmänner wie der Vorstand für das zentrale Ressort „Infrastruktur und Dienstleistungen“, Stefan Garber, rückten in die entscheidenden Positionen. Nur Finanzexperte Diethelm Sack blieb am Vorstandstisch. Wichtig für Mehdorn wurde Kommunikationschef und Berater Dieter Hünerkoch, ehemaliger Ressortleiter Wirtschaft des „Stern“, den er schon ganz am Anfang seines Bahnjobs an seine Seite holte.

Den leicht brummeligen Hünerkoch hatte der Bahnchef in seiner DASA-Zeit kennengelernt. Er verkaufte Mehdorn als Macher und harten Sanierer, der sich mit der Machete den verwachsenden Weg durch den Dschungel aus Besserwissern, Nörglern und widerborstigen Politikern zur Börse bahnt. Immer durchsetzungsstark, nie zimperlich, so wie Mehdorn sich selbst am liebsten sieht. Gestritten wurde unter Journalisten, ob selbst Hünerkoch den Bahnchef einfach manchmal nicht bremsen konnte oder ob Hünerkoch selbst ihn sogar noch anstachelte. Kritikern der DB wehte jedenfalls fortan ein rauer Wind ins Gesicht.

Umgekehrt hatten die Öffentlichkeitsarbeiter des Unternehmens eine schwierige Aufgabe mit ihrem obersten Chef, der anders als andere Vorstandsvorsitzende selten einer Frage auswich. Selbst Prognosen zum Geschäftsverlauf, bei börsennotierten Unternehmen streng gehütet, ließ Mehdorn en passant fallen. Unruhig rutschten Pressesprecher auf ihren Stühlen hin und her, wenn Hartmut Mehdorn bei der Vorstellung der Bilanzen seine Brille abnahm. Das hieß: Jetzt verliert er den Kontakt zum Text, an den sie ihn zu ketten versuchten, von nun an redet er frei. Dann horchten Journalisten auf und die PR-Leute schwitzten.

Als Gegengewicht zur massiven Kritik von Wissenschaftlern und Wirtschaftsexperten an Mehdorns Vision wurde ein Expertenbeirat der DB AG installiert, spiegelbildlich zu den Beiräten der Bundesministerien. Vertreten sind darin alte Mehdorn-Freunde wie Porsche-Chef Wendelin Wiedeking, aber auch Bahnaufsichtsräte. Das Gremium bezeichnet sich zwar als unabhängig, wird aber „federführend vom Marketingressort koordiniert", wie einer Bahn-Broschüre aus dem Jahr 2005 zu entnehmen war.

Verantwortlich für dieses so wichtige Vorstandsressort „Marketing und Politik", das an Mehdorn direkt berichtet, ist zunächst Klaus Daubertshäuser. Der SPD-Mann war zuvor verkehrspolitischer Sprecher seiner Fraktion. Sein Referent Thomas Kohl wechselte in einem erstaunlichen Karrieresprung als Abteilungsleiter Eisenbahnen ins Verkehrsministerium und arbeitete maßgeblich am Bahnprivatisierungsentwurf unter Tiefensee mit. Kohl galt zudem als Vertrauter von Finanzminister Peer Steinbrück, der in der Privatisierungsdebatte lange die Bahnposition stützte. Der Einfluss in Richtung SPD schien damit gesichert, zumal auch Fraktionschef Peter Struck früh Sympathie für Mehdorns Kurs einer Privatisierung der kompletten Bahn mit Netz erkennen ließ. Vor allem wusste er aber „seine" Bahngewerkschaft Transnet auf seiner Seite.

Als Schröder 2005 abgewählt wurde, reagierte der Bahnchef schnell: Daubertshäuser, gesundheitlich ohnehin angeschlagen, räumte seinen Posten und wurde durch den CSU-Politiker und früheren bayerischen Wirtschafts- und Verkehrsminister Otto Wiesheu ersetzt. Angela Merkel saß im Kanzleramt, jetzt brauchte Mehdorn vor allem die Union.

Schon vor der Bundestagswahl 2002 hatte sich Mehdorn – die enge Freundschaft zu Schröder hin oder her – bang aber vertrauensvoll an Edmund Stoiber gewandt, nur eine Woche nachdem Angela Merkel diesem beim Frühstück in Wolfratshausen die Kanzlerkandidatur überlassen hatte. Von Stoiber wollte Mehdorn nur die Antwort auf die Frage aller Fragen: „Falls du Kanzler wirst, lässt du mir das Netz?“

Die Antwort aus Bayern ließ quälend lange drei Monate auf sich warten, fiel dafür aber zur vollsten Zufriedenheit der Führungsetage in Berlin aus. Stoiber antwortete sogar gleich für den damaligen Unionsfraktionschef Friedrich Merz mit: „Weder ich noch der Fraktionsvorsitzende der CDU-Bundestagsfraktion, Dr. Merz, sind dabei der Ansicht, dass unerlässliche Voraussetzung für eine optimale Vermarktung des Schienennetzes eine vollständige Trennung von Netz und Betrieb in Organisation und Rechtsform ist.“ Und: „Ich habe kein Interesse an einer Neueröffnung dieser Diskussion im Bundestagswahlkampf.“

Stoiber wurde bekanntlich nicht Kanzler. Aber die von CDU und CSU dominierten südlichen Bundesländer blieben eine Bank für das Bahnmanagement. Besonders wichtig waren sie, da das Ja der Länder im Bundesrat für einen Börsengang unverzichtbar schien. Und auch, weil die Union im Bundestag lange die schärftsten Kritiker der Börsenpläne stellte.

Immer wieder wurden dabei zwei Milliardenprojekte genannt, auf die die Landesregierungen besonders viel Wert legten. Beide könnten ohne Unterstützung von Bund und Bahn nicht umgesetzt werden. Obwohl von Beginn an heftig umstritten, stand im Sommer 2007 rund um die erste Debatte des Privatisierungsgesetzes im Bundestag plötzlich deren Finanzierung: In Bayern soll der Transrapid für knapp zwei Milliarden vom Münchener Stadtzentrum zum Flughafen schweben. In Stuttgart erlebte das noch von Exbahnchef Dürr protegierte Fünf-Milliarden-Projekt des unterirdischen Hauptbahnhofs eine Auferstehung. Einen direkten Zusammenhang mit Mehdorns Börsenplänen will niemand offiziell bestätigen. Bei den Verkehrsministerkonferenzen der Länder signalisierten im gleichen Jahr jedoch sowohl Bayern als auch Baden-Württemberg in einem Heer von Kritikern frühzeitig Unterstützung.

Die CDU in Baden-Württemberg spielte dabei eine besondere Rolle. Nicht nur kam aus ihren Reihen mit Georg Brunnhuber, dem Chef der Landesgruppe im Bundestag, ein Aufsichtsrat der Bahn, der die Privatisierung mit Netz unterstützte. Der mächtige Landesverband stellte auch mit Volker Kauder den früheren CDU-Generalsekretär und späteren Fraktionschef im Bundestag. Dieser engagierte mit Dirk Notheis einen jungen Parteikollegen aus seinem Heimatverband, um die CDU im Bundestagswahlkampf 2005 mit seinen guten Kontakten in die Wirtschaft zu unterstützen. Denn Notheis war in führender Position bei der deutschen Tochter der US-Investmentbank Morgan Stanley und ließ sich für sein Parteiengagement für einige Wochen freistellen.[7] Der damals 31-jährige Manager hatte sich schon im Jahr 2000 – kurz vor dem Platzen der Blase der „New Economy" – mit dem Hinweis auf seine Wirtschaftsexpertise für den Bundesvorstand der CDU beworben: Er begleite junge Technologieunternehmen an den „Neuen Markt" der Börse.

Notheis, früher auch Chef der Jungen Union Baden-Württemberg, verfügte aber nicht nur über Drähte in die CDU. Im Auftrag der Bundesregierung analysierte er mit seinem Team die Entwicklung der Deutschen Bahn und legte 2004 ein Gutachten über deren Kapitalmarktfähigkeit vor. Eines der Ergebnisse

7 „stern.de", 23. Dezember 2005

klang in Mehdorns Ohren besonders gut: Der Börse wäre nach erster Einschätzung eine Privatisierung nach dem Modell Mehdorn – also mit Netz – am liebsten. „Grundsätzlich überwiegen jedoch aus Sicht der Investoren die Vorteile der Integration", heißt es dort wörtlich.

Diese vorgebliche Einschätzung des Kapitalmarkts wollte sich die Union bei ihrem Parteitag in Düsseldorf im Dezember 2004 nicht so einfach zu eigen machen. Der Bundesvorstand hatte ein klares Bekenntnis für eine Trennung von Netz und Betrieb bei der Deutschen Bahn und für mehr Wettbewerb auf der Schiene vorgesehen. Den Baden-Württembergern um den Landesverkehrsminister Stefan Mappus ging dies zu weit, der Beschluss des Parteitages wurde abgeschwächt. Die Privatisierung werde „ergebnisoffen" geprüft, formulierte man nun. Exakt der Begriff, mit dem bereits Bodewigs Pläne torpediert wurden ...

Die Verbindung zwischen Morgan Stanley mit Union, Bund und Bahn war auch deshalb eng, weil die DB bei einer Reihe von Geschäften auf die Dienste von Morgan Stanley zurückgriff – etwa wenn es um den Kauf und Verkauf von Unternehmensteilen ging. Gute Voraussetzungen für einen Megadeal: das letzte große deutsche Staatsunternehmen an die Börse zu bringen.

Warum Mehdorn seine Gewerkschaft so mag

Der Beschluss des Parlaments am 27. September 2006 war ohne Beispiel in der Geschichte der Bundesrepublik: Im Schulterschluss verlangten Abgeordnete von Union, SPD, Grünen und Linkspartei vom Bahnvorstand eine Beschäftigungsgarantie für die Eisenbahner. Kündigungen müssten bis 2010 ausgeschlossen werden, auch wenn das Unternehmen dann privatisiert sei – gleich, in welcher der diskutierten Varianten. Die Volksvertreter im Verkehrsausschuss gingen Hartmut Mehdorn hart an:

„Die unnachgiebige Haltung des Bahnvorstandes ist nur schwer nachvollziehbar, gefährdet den sozialen Frieden bei der DB AG, schadet dem Wirtschaftsergebnis des Unternehmens, verärgert im Falle von Arbeitskampfmaßnahmen die Bahnkunden und gefährdet den Erfolg der Bahnreform." Die Bundesregierung möge doch den Vorstand über ihre Vertreter im Aufsichtsrat zur Räson bringen.

Was hatte dies zu bedeuten? Ein Bündnis der Arbeitnehmervertretung mit fast allen Parteien des Bundestages gegen den eigenen Vorstand? Jubel in Gewerkschaftskreisen und Grußadressen an die Parlamentarier als Dank für praktizierte Solidarität? Blumen kamen dort nie an, stattdessen eine missgelaunte Erklärung der Eisenbahnergewerkschaft Transnet: Tarifverhandlungen führe nicht der Verkehrsausschuss und überhaupt, wer den Aufsichtsrat bemühen wolle, habe die Spielregeln der Tarifautonomie nicht verstanden.

Es war der Gipfel einer wochenlangen und wohlinszenierten Farce, punktgenau gesetzt im härtesten Ringen um die Zukunft der Eisenbahn in Deutschland. Was die Gewerkschaft einen Kampf für Arbeitsplätze nannte und kurz darauf mit Warnstreiks bekräftigte, empfanden einige Abgeordnete als Show, viele andere schlicht als Nötigung. Obwohl mehr als 100.000 Bahnreisende deswegen vergeblich auf ihre Züge warteten, nahm die Bahnführung die Streiks erstaunlich gelassen hin. Einstweilige Verfügungen zum Schutz der Kunden, sonst gern etwa gegen Streiks der kleineren Gewerkschaft Deutscher Lokomotivführer (GDL) beantragt, sind nicht überliefert. Dabei wäre ein Urteil der Richter interessant gewesen. Denn dann hätten Juristen prüfen müssen, ob von politischen Streiks auszugehen war – und die sind in Deutschland verboten.

Tatsächlich bestreikten die Eisenbahner nicht ihre Konzernführung – sie streikten für die Spitze und deren Privatisierungsplan. Mitten im Ringen der Politik um die Bahn und die Zukunft der Schiene, spielten Unternehmen und Gewerkschaft die Karte „Jobs“ aus. Die Bahn, indem sie mit Kündigung der Beschäftigungsgarantie drohte, die Gewerkschaft, indem sie streikte und für das Privatisierungsmodell Mehdorns Druck machte. Wohl in der Hoffnung, dass dies zumindest im Arbeitnehmerflügel der SPD Eindruck hinterließe.

Eingefädelt hatten Gewerkschaft und Konzern die ungewöhnliche Form des Arbeitskampfes zwei Jahre zuvor: Ende 2004 verständigte man sich auf einen neuen Tarifvertrag mit einer Beschäftigungsgarantie bis 2010 für alle Bahnmitarbeiter, die länger als fünf Jahre im Konzern waren. Im Gegenzug wurde die Wochenarbeitszeit erhöht und Urlaubstage gestrichen.

Zunächst kaum bemerkt, wurde in den Vertrag jedoch eine Bedingung eingewoben: Der Konzern müsse in bestehender, integrierter Form erhalten bleiben. Der Bahnchef schmiedete die Gewerkschaft damit rechtzeitig vor dem Kampf um die Privatisierung an sich: „Wenn die Politik die Bahn zerschlagen will, wird es den ersten Eisenbahnergeneralstreik Deutschlands geben“, drohte Transnetchef Norbert Hansen bereits damals.

Mehdorn zog Hansen langsam, aber sicher auf seine Seite. Der Harley-Davidson-Fahrer mit dem markanten Ohrstecker fand einen Draht zum Bahnchef. Das lag vor allem daran, dass beide sich im entscheidenden Punkt einig waren, wenn auch aus unterschiedlichen Gründen: Mehdorn brauchte das Netz für den Börsengang, Hansen brauchte das Netz für seine Gewerkschaft. Denn Transnet, früher Gewerkschaft der Eisenbahner Deutschlands (GdED), ist eine klassische Betriebsgewerkschaft, eng verwoben mit einem Unternehmen. Eine Aufteilung des Konzerns, wie in der Bahnreform angelegt, würde somit die Aufspaltung seiner Organisation bedeuten. Zudem hatte die Bahnspitze der Gewerkschaft klargemacht, dass Kündigungen nur vermieden werden könnten, wenn Eisenbahner zwischen Jobs in den verschiedenen Bahntöchtern verschoben werden könnten. Der interne Arbeitsmarkt wurde den Gewerkschaften als Rückversicherung gegen Entlassungen selbst bei einem Einstieg von Privatinvestoren schmackhaft gemacht.

Mehdorn und Hansen – das Wort von der Doppelspitze im Konzern, dem Sozi auf dem Sozius, machte schnell die Runde, zum Triumvirat der Bahnprivatisierer ergänzt durch Kanzler Schröder, der öffentlich gern damit kokettierte, dass er sich nach der achten Volksschulklasse als Bahnjungwerker in Hameln beworben habe. Gescheitert sei er nicht wegen mangelnder theoretischer Kenntnisse, sondern weil er „zwei linke Hände“ habe. Hansen und Schröder kannten sich bereits aus ihrer gemeinsamen Zeit bei den Jungsozialisten. „Norbert und ich haben früher die Revolution geplant, die wir heute verhindern müssen“, sagte Schröder 2004 beim Gewerkschaftstag.

Die Rotweinrunden der drei waren bei den einen legendär, bei den anderen berüchtigt. Teilnehmer erinnerten sich, wie sich da gegenseitig die Bälle zugespielt wurden. Das sei dann etwa so gelaufen: Schröder: „Na, wie stehst denn du zu dieser akademischen Murksdiskussion von Netz und Betrieb?“ Hansen: „Das sollte schön zusammenbleiben“. Darauf Schröder: „Da machen wir doch nix gegen die Gewerkschaft.“ Und so galt es weder bei Bahn noch Gewerkschaft als anrüchig, wenn Gewerkschafter in Mehdorns Lobbytruppe wechselten oder auch andersherum.

Der Kurs Richtung Börse mochte für einen Manager selbstverständlich sein, für einen Gewerkschaftschef wie Hansen war er ein hochriskanter. Er war bei den Eisenbahnern unpopulär und für die Organisation gefährlich. Das Murren an der Basis mündete in die Initiative „Bahn von unten“, die im Gründungsaufruf ein Ende des Schmusekurses mit Bund und Bahn forderte. Transnet-Mitglieder schickten Solidaritätsadressen an die konkurrierende Lokführergewerkschaft GDL: „Wir wünschen euch viel Erfolg und möchten euch nach Kräften unterstützen“, sympathisierten Kollegen aus der Hamburger ICE-Werkstatt ganz offen mit den streikenden Kollegen. Die kleine aber kämpferische GDL lehnte den Börsengang im Gegensatz zur Transnet von Anfang an ab und profilierte sich unterdessen als wahrer Interessenvertreter der Eisenbahner.

Zugleich öffnete sich eine Kluft zu anderen Organisationen im Arbeitnehmerlager. Der DGB machte im März 2007 klar: „Der Deutsche Gewerkschaftsbund und seine Mitgliedsgewerkschaften lehnen die Kapitalprivatisierung der Deutschen Bahn AG grundsätzlich ab." Und: „Für die Fortsetzung der positiven Unternehmensentwicklung der DB AG ist eine Kapitalprivatisierung nicht erforderlich, wenn die Bundesregierung sich zu ihrer Verantwortung als Eigentümer bekennt." Transnet war isoliert. Kurz zuvor waren bereits zwei enge Mitarbeiter Hansens fahnenflüchtig und wechselten zur Konkurrenz, der Dienstleistungsgewerkschaft Verdi. Nicht ohne der Transnet in Abschiedsbriefen Kumpanei mit dem Konzern vorzuwerfen.

„Ein Warnstreik für die Entwicklung eines Unternehmens ist zumindest fragwürdig", schreibt etwa Markus Fuß an seine zurückgebliebenen Transnet-Kollegen und erinnerte damit an die Farce aus dem Sommer 2006. Kaum verhohlen kritisiert er die Rolle der Aufsichtsräte der Arbeitnehmerseite im Konzern: „Ich bin der festen Überzeugung, dass Macht Kontrolle braucht, – absolute Macht braucht absolute Kontrolle." Ein Börsengang der DB sei für ihn kein Weg: „Es gibt andere Alternativen für die DB AG als den Börsengang und die Aktivitäten in China und USA."

Hartmut Mehdorn sah natürlich die Lage Hansens und spürte, dass die Zeit gegen ihn lief. So schrieb er in seinem Alarmbrief an Kanzlerin Merkel im Herbst 2006: „Die jetzige Positionierung insbesondere der Transnet ist mutig und harscher Kritik von Privatisierungsgegnern ausgesetzt. Es ist fraglich, ob die Gewerkschaften in absehbarer Zeit noch einmal für einen Kurs pro Privatisierung zu gewinnen sind ..."

Wer Hansen wohlgesonnen ist, kann seinen Kurs als notwendiges Übel sehen, um seine Organisation zu schützen und Entlassungen zu verhindern. Unabhängig davon, ob diese Taktik realistisch ist, Mehdorn wäre ein aufgezwungener Verbündeter. Aber es gibt Zeichen, dass diese Ehe außer Zwang noch anderes zusammenhält.

Beispiel Umzug nach Hamburg: Im Jahr 2005 hatte die Bahn einen großen Deal eingefädelt. Sie wollte sowohl bei der Hamburger Hafengesellschaft HHLA als auch beim Nahverkehrskonkurrenten Hamburger Hochbahn einsteigen. Im Gegenzug sollte die Konzernzentrale von Berlin nach Hamburg wandern. Dazu ließ die Bahn Bereitschaft erkennen, was aber offenkundig nicht mit ihrem Eigentümer abgestimmt war. Sogar der zuständige Minister Tiefensee – sonst kaum als Mehdorn-Kritiker in Erscheinung getreten – und das Bundeskabinett erteilten dem Vorstoß eine klare Absage und dem Bahnchef eine Niederlage. Mitarbeiter der Bahn waren erleichtert, denn wer zieht schon gern ohne Not um?

Hansen jedoch signalisierte frühzeitig Zustimmung zum Ortswechsel. Ja, selbst als die Regierung klargemacht hatte, dass eine Verlagerung des Konzernsitzes mit seinen gut 800 Beschäftigten nicht in Frage komme, wich er nicht von Mehdorns Seite. Die Regierung habe zu hektisch und zu einem falschen Zeitpunkt gehandelt, mäkelte er, während Mehdorn sich selbst zurückhielt. Die Arbeitgeberseite, also der Bund, könne wohl kaum einen Umzugsvorschlag des Vorstands ablehnen, machte Hansen Druck via „Bild am Sonntag". „Denn dann hätten wir kein Sach-, sondern ein Personalproblem." Hansens Treue über das Nein der Regierung hinweg nützte nichts, der Deal platzte.

Beispiel VTG: Im Juni 2005 wollte Hansen, Vizechef des Bahnaufsichtsrates, eine Botschaft für seinen Kollegen, den Aufsichtsratschef Michael Frenzel loswerden. Per Interview über die Nachrichtenagentur Reuters verlangte er von Frenzel Aufklärung über ein gescheitertes Geschäft. „Ich erwarte von dem Aufsichtsratsvorsitzenden, dass er dem Gesamtaufsichtsrat eine Erklärung über den Vorgang abgibt", ermahnte er Frenzel mit strengen Worten. „Der Bahn ist erheblicher Schaden entstanden."

Der erhebliche Schaden bestand darin, dass die Bahn den Kesselwagenvermieter VTG von dem Touristikkonzern TUI kaufen wollte, dessen Chef wiederum Frenzel war. Mit einem offenkundig zu niedrigen Gebot kam die Bahn jedoch nicht zum Zuge. Die Firma ging an eine französische Investorengruppe, was Mehdorn schwer erzürnte. Er legte sogar Kartellbeschwerde ein.

Frenzel hatte sich in schwieriger Lage befunden. Er war zugleich der Bahn als Aufsichtsrat und seinem Unternehmen als Vorstandschef verpflichtet. Zwar hatte er erklärt, sich nicht persönlich in den Verkaufsprozess einzumischen. Besonders die Konkurrenten der Bahn, die auf die Kesselwagen ebenfalls angewiesen waren, befürchteten jedoch einen Verkauf an die Deutsche Bahn. Es kam anders. Die Sache mit VTG war daher schon fast in Vergessenheit geraten, als Hansen sich erneut zu Wort meldete.

Angesichts der ungewöhnlich öffentlichen Rüge drängte sich der Eindruck auf, dass der Gewerkschaftschef nicht nur die Botschaft loswerden wollte, sondern mehr noch Frenzel selbst. So war es bei diesem wohl auch angekommen: Zwei Wochen später erklärte er, nicht wieder als Aufsichtsratschef zu kandidieren. Und glaubt man einem seiner Vertrauten, vermutete Frenzel hinter Hansen den Bahnchef. Das Vertrauensverhältnis zwischen Frenzel und Mehdorn sei zerstört, hieß es aus Hannover. Ein Bahnsprecher sagte knapp, man bedauere die Entscheidung.

Ein halbes Jahr zuvor hatte ein anderer Bahnaufsichtsrat ein ganz ähnliches Problem: Werner Müller, Ex-Wirtschaftsminister, nun Vorstandschef des Energiekonzerns und Kohleförderers RAG, wollte seine Logistik- und Bahnsparte verkaufen. Mit einem Konsortium um Konkurrenten der DB war man sich schon fast einig. Der Zuschlag aber ging dann doch an Mehdorns Bahn. Aus dem Lager der Arbeitnehmer sind keine öffentlichen Fragen nach Müllers Doppelrolle bekannt. Einen Nachfolger für Frenzel musste man jedenfalls nicht lange suchen: Müller trat das Amt als Chefaufseher im Juli 2005 an, er sollte Mehdorn auf dem Weg an die Börse begleiten.

Ohne Hansen und seine Gewerkschaft, das wusste Mehdorn immer, ist ein Börsengang kaum durchzuziehen. Als Mehdorn als Manager in Berlin noch fast unbekannt war, eilte ihm ein Ruf als jemand voraus, der es mit den Arbeitnehmern kann. Seine Ausbildung als Ingenieur und Mann der Technik sowie die oft deftige Sprache schienen gute Voraussetzung für den Chef eines Unternehmens, in dem die Gewerkschaft traditionell eine Rolle spielt wie sonst nur bei den Kumpeln im Bergbau. Wer bei der Eisenbahn war, war in der Regel auch in der Gewerkschaft. Die Gewerkschaft der Eisenbahner Deutschlands (GdED), später in Transnet umbenannt, hat nach eigenen Angaben einen Organisationsgrad von 70 Prozent. Vergleichbar ist ein solcher Gewerkschaftseinfluss nur mit Post, Polizei und Bergbau. Dazu kommt noch die kleinere Gewerkschaft deutscher Bundesbahnbeamten und Anwärter (GDBA), die sich stark an die Transnet anlehnt.

Der Dienstherr Eisenbahn verstand sich traditionell als fürsorglich und daran wurde auch nach dem zweiten Weltkrieg zu Bundesbahnzeiten nichts geändert. Der Eisenbahner wohnte in günstigen Eisenbahnerwohnungen, sang im Eisenbahnerchor und die Kinder spielten im Eisenbahnerverein Fußball. Eigene Sparkasse, Kleiderkasse, Waisenhorte, Hinterbliebenenversorgung und sogar die Tierschadenskasse waren selbstverständlich. Dies alles wurde nicht nur aus Mitgliedsbeiträgen finanziert, sondern die Bahn gab noch ordentlich etwas dazu. Bis heute sind die Arbeitnehmervertretungen faktisch Betriebsgewerkschaften, mit starken Mitbestimmungsrechten und einer großen Zahl von Freistellungen für die Betriebsratsarbeit. Streiks der Eisenbahner waren lange entsprechend selten.[8]

Dabei trat Mehdorn zunächst so auf, als sei er ein kalter Luftzug für die scheinbar wohlig warme Eisenbahnerwelt. Stellenabbau war auch für ihn der Schlüssel zur Sanierung und damit zum Börsengang. Die massiven Produktivitätssteigerungen der verbliebenen Mitarbeiter, die die Bahn auf ihrer Habenseite verbucht, waren in erster Linie eine Folge des Stellenschwunds. Zwischen 1994 und 2006 halbierte sich der alte Eisenbahnkonzern fast und das nahezu geräuschlos. Teilweise verschwanden 20.000 Stellen im Jahr. Und der Abbau geht mit Blick auf den Einstieg von Privatinvestoren weiter. Zwar behauptete der Konzern 2006, die Mitarbeiterzahlen blieben konstant, womit der jahrzehntelange Arbeitsplatzschwund zum Stillstand gekommen schien. Dies aber nur, weil im Ausland vor allem in der weltweiten Logistik neue Jobs dazu kamen. Bei der „alten" Eisenbahn in Deutschland stehen laut Mittelfristplanung bis 2011 noch mehr als 10.000 Stellen auf der Streichliste. Ein Aufschrei der Gewerkschaft blieb aus.

In den ersten Mehdorn-Jahren klang dies noch etwas anders. Da gab es noch Proteste gegen Stellenabbau und mangelnden Service, ja selbst die Planzahlen wurden als zu optimistisch angezweifelt, eine Sondersitzung des Aufsichtsrats verlangt. Die Budgetplanung für das nächste Jahr wurde 2002 sogar gegen Stimmen der Transnet-Vertreter im Aufsichtsrat beschlossen.

Je näher jedoch der Kapitalmarkt rückte, so drängte sich der Eindruck auf, je enger wurden Hansen und Mehdorn. Die Ab-

8 Müller, Hans-Peter; Wilke, Manfred: „Gestaltend Einfluss nehmen" – Bahngewerkschaft und Bahnreform, 1993 – 2005", Berlin 2006, S. 122 ff.

kommen zwischen Gewerkschaft und Konzern glichen sich so über die Jahre. Die eine Seite verzichtet auf Kündigungen, die andere auf kräftige Lohnsteigerungen und beide zusammen stehen hinter dem Börsengang, den der Bahnchef anstrebt.

Starke Lobby: Berater, Beauftragte und Bevollmächtigte

Es gibt wenige Konzerne, die solch einen nahezu exklusiven Zugang zu ihren Kunden haben wie die Bahn. Eines der dichtesten Netze der Welt mit seinen mehr als 5.000 Bahnhöfen legt sich über das Land wie ein Geflecht aus Nerven. Über diese Stränge werden zwar aus dem Land zuweilen schmerzhafte Signale in die Zentrale nach Berlin gesandt: Wenn etwa wieder ein Ortsbürgermeister gern seinen Bahnhof renoviert hätte oder die Stadt Mannheim verlangt, sämtliche ICE müssten dort halten und keiner dürfe sie passieren.

Dieses Gewebe ist jedoch zugleich ein Bewässerungssystem. Die Bahn als größter Investor im Land pumpt jedes Jahr mindestens sechs Milliarden Euro, größtenteils über das Netz, in die Wirtschaft der Regionen. Trotz Stellenabbau arbeiten hierzulande noch rund 190.000 Menschen für den Konzern, der in vielen Bundesländern – besonders im Osten – größter Arbeitgeber ist. In diesem System kann man einmal hier eine Schleuse öffnen und einen Landkreis begrünen und beglücken und dort einen Kanal abdichten. So ein System mit seinen Bahnhöfen, Bauaufträgen und Ausbildungsplätzen nimmt Einfluss auf Bürgermeister und Bundestagsabgeordnete. Von der DB Netz existiert eine große Deutschlandkarte, in der alle Wahlkreise der Republik inklusive der wichtigsten Strecken und Haltepunkte verzeichnet sind.

Damit die Sicht des Berliner Vorstands im Allgäu oder an der Nordseeküste ankommt, hat der Konzern eine Reihe von Statthaltern in die Länder geschickt. Diese Bevollmächtigten sollen für gutes Klima sorgen, oder, wie es der Konzern bezeichnet, sie gewährleisten „die Umsetzung der Unternehmensstrategie und die abgestimmte Kommunikation im politischen Raum“.[9] Berichtet wird von ihnen an den Generalbevollmächtigten Konzernmarketing, der dem Vorstand für Politik und Wirtschaft untersteht.

Der zuständige Vorstand kann in Berlin wiederum auf die Abteilung „Politische Beziehungen“ bauen, deren Mitarbeiter sich um die Abgeordneten im Bundestag kümmern. Als Ziel ist definiert, „die verkehrspolitischen Rahmenbedingungen für den Konzern“ zu verbessern.

Im März 2006 war es aus Sicht der oberen Etagen am Potsdamer Platz dafür wieder einmal höchste Zeit: Politikvorstand Otto Wiesheu trommelte seine Getreuen aus Stuttgart, Magdeburg oder Saarbrücken zusammen und beorderte sie zu einer Sondersitzung nach Berlin. Morgens um 10.35 Uhr versammelte sich eine Runde, deren Schlagkraft für die heikle Aufgabe allerdings offenkundig als für nicht ausreichend befunden wurde. Schon Anfang Januar hatte der Vorstand beschlossen, die Lobbyabteilung mit einer neuen Abteilung „Beziehungen zu den Ländern“ noch einmal aufzustocken. Die „Gruppenfunktion“ mit dem Kürzel „MB“ sollte unter anderem die Aktivitäten der Länderbevollmächtigen (ML) „koordinieren und überwachen“, wie es in der Konzernanweisung heißt. Den jeweiligen Vorstandsbereichen werden bei der Bahn Buchstaben zugeordnet, also „M“ für Marketing, „I“ für Infrastruktur oder „P“ für Personenverkehr. Nebulös blieb der Bereich des Vorstandsvorsitzenden, der mit „G“ gekennzeichnet wurde. Das ließ ausreichend Raum für Spekulation – etwa „G“ wie „Gott“? – wie neue Mitarbeiter rätselten.

9 „Die Führungsstruktur des DB Konzerns“, Bahn-Broschüre 2005

Mit am Tisch saßen in jenem März 2006, wie das Sitzungsprotokoll ausweist, noch eine ganze Truppe von politischen Helfern der Bahn: Zum Beispiel Reinhard Klimmt, der Ex-Verkehrsminister, der die UMTS-Mittel organisierte. Zum Beispiel der ehemalige Verkehrs- und Innenminister von Nordrhein-Westfalen, Franz-Josef Kniola, der als Vorsitzender der Task Force Mehdorns Konzernverbund sicherte. Klaus Wedemeier, früher Bremens Bürgermeister, steht ebenso auf der Liste wie der bayerische Ex-Finanzminister Georg von Waldenfels, der für gutes Klima in Bayern sorgen sollte.

Wiesheu kam in der Begrüßung gleich zur Sache, um die es nicht gut stand. Der Eigentümer, also Regierung und Parlament, machten sich intensiv Gedanken über die Zukunft des Schienenverkehrs in Deutschland und darüber, wie der Wettbewerb auf den Gleisen fast zwölf Jahre nach der Bahnreform zu beleben sei. Dafür hatte die Regierung auf Druck der Volksvertreter ein Gutachten in Auftrag gegeben, das leider keineswegs so ausgefallen war, wie sich das Hartmut Mehdorn erhofft hatte. Sein Modell eines Verkaufs der Bahn mit Schienennetz hatte keinen klaren Vorteil gegenüber anderen Varianten gezeigt. Vor allem hatten die Experten deutlich gemacht, dass der Wettbewerb mit dem Monopolisten dabei leiden und den Steuerzahler sehr viel Geld kosten würde. Die Stimmen, welche Netz, Bahnhöfe und die wichtige Energieversorgung beim Staat halten und dem Einfluss des Kapitalmarkts entziehen wollten, wurden unüberhörbar lauter.

Wiesheus Ansage war daher klar: „Die bisher einseitige Diskussion der Trennungsbefürworter müsse aufgebrochen werden ...“, vermerkte der Protokollant. Wiesheu betonte dabei die besondere Verantwortung der Bevollmächtigten in den Ländern. Denn der Bundesrat müsse einer Privatisierung ja ebenfalls zustimmen. Die nächsten drei Monate seien entscheidend, bis dahin werde die Politik vermutlich ihren Entschluss fassen.

Aus der Runde der Angestellten und Lohnempfänger eines Unternehmens des Bundes kam dann eine Fülle von Vorschlägen, wie man Eigentümer und Gesetzgeber beeinflussen könne. Der hessische Statthalter empfahl etwa einen „robusteren" Umgang mit den Resultaten des Gutachtens. „Gegen die Wettbewerbsargumentation ... muss entschiedener vorgegangen werden." Aus Niedersachsen und Bremen wurde offenkundig angeregt, mit den Schleusentoren des großen Bewässerungssystems für die Länder zumindest zu drohen: „Meyer schlägt vor, zunächst keine weiteren Bahnhofsländerkonferenzen mehr abzuhalten", vermerkt das Protokoll. Und: „Wiesheu stimmt zu und wird in dieser Frage sowie zur Frage der Bahnhofsentwicklungsprogramme auf Siebert (*Chef der DB-Tochter Station & Service, Anm. d. Autors*) zugehen."

Natürlich sollten nicht nur Politiker beeinflusst werden, auch die Öffentlichkeit musste auf die Seite des Bahnvorstands gezogen werden. Die Abteilung Kommunikation präsentierte in der Sitzung daher den Plan eines medialen Trommelfeuers, das bis Ende September 2006 auf Journalisten, Leser und Hörer niederprasseln sollte. Denn am 29. selbigen Monats, so weist es die Präsentation minutiös aus, sollte der Gesetzentwurf im Bundestag behandelt werden, wie es offenbar die Bahnexperten – anders als die Bundestagsabgeordneten selbst – bereits wussten. Gezielt wurde der Angriff auf das Unterbewusstsein der Deutschen in drei Phasen unterteilt. Dazu gehörten Besuche von Vorständen in den Redaktionen der großen Zeitungen, Pressetreffs und Pressehintergrundkreisen, TV-Interviews und als Höhepunkt ein Feuerwerk von Anzeigen in Zeitungen und Magazinen.

Eingehämmert werden sollten in erster Linie drei klare Botschaften mit den Themen, die alle bewegen. Das lautete dann so: „Nur im Verbund werden Züge und Schienen pünktlich, sicher und eng koordiniert – es bleibt zusammen, was zusammengehört." Oder: „Nur im Verbund bleibt die Bahn ein starkes und großes Wirtschaftsunternehmen – es bleibt zusammen, was in Deutschland Arbeitsplätze sichert." Und schließlich sollten die Menschen glauben, dass ein solcher Börsengang auch noch die Tickets billig mache: „Nur im Verbund bleibt die Bahn ein starkes Unternehmen mit verlässlichen und niedrigen Preisen für die Kunden – es bleibt zusammen, was Bahnfahren attraktiv macht."

Besonders letzte These muss als gewagt gelten. Denn im Kern sagt die Bahn: Ein starkes Quasi-Monopolunternehmen mit privaten Aktionären, das den Wettbewerb auf den Schienen bremsen kann, sorgt für niedrige Preise. Je mächtiger der Konzern, desto billiger seine Produkte. Demnach müssten die Verbraucher dankbar sein für die Stromgiganten in Deutschland, da sie die Preise drücken. Diese Vision hat wenig Überzeugungskraft.

Als einzigen nachdenklichen Gesprächsbeitrag vermerkt das Protokoll den von Wiesheus Vorgänger auf dem Vorstandsposten, Klaus Daubertshäuser. Er erinnerte an die Zeit vor der Bahnreform: „1993 wurde der Gedanke der Privatisierung nur von einer Fraktion vorbehaltlos unterstützt. Die meisten Mitglieder des Bundestages befürworteten damals eine gemeinwirtschaftliche Verkehrsbedienung", gab er zu bedenken.

Es gibt kein Großunternehmen in Deutschland, das nicht auf die Hilfe von Beratern und Lobbyisten zurückgreift, um bei Ministerien, Medien und im Parlament für seine Interessen zu werben. Die Bahn sticht hier aber in mindestens zwei Punkten hervor: Zum einen ist sie ein Unternehmen des Bundes und versucht daher letztlich seinen eigenen Eigentümer in verkehrspolitischen Entscheidungen zu beeinflussen. Zum anderen macht die Auswahl ihrer Berater stutzig.

Hartmut Meyer aus Brandenburg etwa, einst Verkehrsminister dort, bekam Anfang 2004 einen Beratervertrag und bald darauf Besuch von Ermittlern der Staatsanwaltschaft, die sein Privathaus im brandenburgischen Wriezen durchsuchten. Am gleichen Tag wurde die Bahnvorstandsetage gefilzt. Der Verdacht gegen Mehdorn und Meyer: Bestechung und Bestechlichkeit. Meyer hatte als Verkehrsminister mit der Bahn einen langjährigen, 2,5 Milliarden Euro schweren Nahverkehrsvertrag abgeschlossen – zum Ärger von Konkurrenten sogar ohne Ausschreibung. Neun Monate später trat Meyer überraschend aus persönlichen Gründen von seinem Posten zurück, wie er erklärte. Davor hatte er nach Angaben der Staatsanwaltschaft mit der Bahn über seinen neuen Vertrag gesprochen – in der Presse war von 360.000 Euro für drei Jahre zu lesen.[10]

Dankbarkeit der Bahn für einen Milliardenauftrag mit den lukrativen Strecken quer durch Berlin? Beweisen ließ sich nichts, das Verfahren wurden Ende 2004 eingestellt. Fraglich war aber, wie Meyer seinem Geldgeber noch großen Nutzen bringen konnte. Selbst SPD-Parteifreunde gingen im Zuge der Affäre auf Distanz, der Verkehrsausschuss des Bundestages befasste sich mit den Beraterverträgen.

Für Mehdorn war der Fall immerhin Anlass, wieder einmal einen Brief zu schreiben, diesmal an die Mitarbeiter: Er habe sich bekanntlich seit seinem Amtsantritt massiv gegen Korruption eingesetzt. Was die Bahn tue, sei völlig normal. „Ein Unternehmen wie die Bahn, das wie kein anderes im politischen Spannungsfeld steht, braucht Unterstützung auf politischer Ebene."

Berater, Beauftragte, Bevollmächtigte – Mehdorn selbst fügte dem noch einen eigenwilligen Begriff hinzu. In seinem biografischen Buch befragt nach dem Grund der vielen Expolitiker bei der Bahn, sagte er: „Das sind quasi Ombudsmänner, die bei uns in die Organisation eingebunden sind."[11] Als Ombudsmann bezeichnet das Lexikon einen unparteiischen Schiedsmann.

---

10 „Tagesspiegel", 19.03.2004

11 Mehdorn, Hartmut: „Diplomat wollte ich nie werden", Ein Gespräch mit Hugo Müller-Vogg, Hamburg 2007, S. 92

5.
Der Wettbewerb bleibt auf der Strecke

„Wir sind die Bahn."

Wo der Platzhirsch röhrt

Es waren nur ein Handvoll Buchstaben, die in der turbulenten Anfangszeit Mehdorns unter den Tisch fielen: ein Detail, kaum bemerkt und doch voller Symbolik. Wer vom Konzern Post bekam, hatte früher auf dem Briefkopf den bekannten rot-weißen DB-„Keks“ mit dem offiziellen Konzernnamen „Deutsche Bahn“. Das Logo stand bereits für „Deutsche Bundesbahn“ und hatte den Wandel zur „Deutsche Bahn Aktiengesellschaft“ nahezu unverändert überstanden. Der neue Bahnchef wollte die Abkürzung DB jedoch gern etwas anders übersetzt sehen, was aufmerksame Leser bald darauf sehen konnten. „Die Bahn“ stand plötzlich auf Pressemitteilungen und Visitenkarten der Manager neben dem „Keks“. Sagt ja eh jeder, mochte man einwenden und der kleinen Änderung keine Bedeutung beimessen.

Tatsächlich war sie Programm und Botschaft, in Mehdorns Worten: „Wir sind ‚Die Bahn‘ – die Bahn! Es gibt keine andere Bahn, die so ist wie wir, wir sind die Bahn, die beste, die Sie sich vorstellen können, auch wenn wir noch nicht gut genug sind.“[12] Es war eine Kampfansage an Konkurrenten und im Grunde auch an die zentrale Idee der Bahnreform, durch Wettbewerb auf den Schienen eine Reihe neuer Eisenbahnen zu gewinnen.

Dieses Röhren des Platzhirsches klang bald einer Gruppe von DB-Konkurrenten rund um Connex, einer Tochter des damaligen französischen Mischkonzerns Vivendi, in den Ohren. Sie hatten sich unter dem Namen „Die Bahnen“ zusammengeschlossen. War allein dies eine Provokation für den Konzern am Potsdamer Platz 2, dann war es deren Adresse umso mehr, direkt gegenüber von „DB Headquarters“: Am Potsdamer Platz 1.

---

12 „Horizont“, 1.10.2000

Wer „Die Bahn“ ist, schlägt zurück: An die „Die Bahnen“ ging eine einstweilige Gerichtsverfügung, die dem Verband den Namen untersagte. Ob die DB damit durchgekommen wäre – es blieb ungeklärt. Die Neulinge wollten kein teures Gerichtsverfahren riskieren, lenkten ein und firmierten fortan unter „MehrBahnen!“. Als die Deutsche Post später den Markennamen „Post“ exklusiv sichern wollte, bekam sie von den Gerichten eine Abfuhr. Unter anderem mit dem Hinweis, der Gesetzgeber wolle den Postmarkt für alle freigeben.

Mittlerweile ist auch „Die Bahn“ Geschichte: Weder ist von Bahn auf den Köpfen von Briefen oder Visitenkarten die Rede noch von „Deutsch“ – es wird nicht einmal in dieser Sprache geschrieben: „mobility networks logistics“ ist das Versprechen im Dreiklang für die weite Börsenwelt. Wer da nach der Rolle der Eisenbahn forscht, muss sie unter „mobility“ erahnen.

Mit „MehrBahnen!“ und Connex bekam die Deutsche Bahn erstmals den Wind des Wettbewerbs zu spüren, wenn er auch nicht sehr kräftig blies. Immerhin hatte man mit Connex, später in „Veolia Verkehr“ umbenannt, einige Jahre eine Speerspitze. Connex war mit seiner großen Muttergesellschaft kein Mittelständler und hatte mit dem Ex-DB-Manager Hans Leister einen Mann an der Spitze, der das Duell suchte.

Leister war bei der DB anfangs wie so viele von Mehdorn und seiner Dynamik begeistert: „Da will einer was erreichen!“. Bald sei ihm allerdings aufgefallen, dass „das alles etwas spontimäßig und nicht zu Ende gedacht“ gewesen sei, was Mehdorn so vorhatte. Heute nennt er den Bahnchef immer noch „psychologisch eine interessante Figur“. Als er den Konzern Richtung Connex verlassen und sich vom Chef verabschieden wollte, habe der gerufen: „Sie gehen nicht!“. Leister ging doch und sorgte für allerhand Wirbel rund um die DB.

Ins Internet stellte „MehrBahnen!“ das „Schwarzbuch Diskriminierung“, um zu zeigen, mit welchen Methoden der Fastmonopolist den Wettbewerb aushebelte. Ab und zu gelinge es den Konkurrenten, gleich einer Mücke einen Stachel in das Fleisch des Dickhäuters zu bohren, heißt es dort. Den aber jucke das nur kurz.

Allein die Drohung mit dem Stachel des Wettbewerbs kratzte den Dickhäuter jedoch durchaus. Denn mit der Bahnreform war formal das Monopol der Deutschen Bahn gefallen, im Prinzip konnte fast jeder auf den Schienen fahren und Geschäfte machen. Entsprechend waren Ideen gefragt, wie die Konkurrenz auszubremsen sei. Die Unternehmensberatung McKinsey entwickelte im Rahmen einer Studie eine Reihe von Vorschlägen, die darauf abzielten, den Wettbewerbshütern die Hände zu binden. Die Taktik lautete: Politiker bearbeiten, in der Wissenschaft Unterstützer sammeln, Zeit gewinnen. „Bei der Ausgestaltung des Ordungsrahmens für Wettbewerb lässt sich sowohl Zeit gewinnen als auch eine bahnfreundliche Ausrichtung der Regulierung erreichen“, heißt es da. Zunächst einmal sollte eine Regulierung, also Wettbewerbsförderung, auf europäischer Ebene verlangt werden, um eine starke nationale Wettbewerbsbehörde zu verhindern. Gelinge dies nicht, solle auf den Ausbau des Eisenbahnbundesamtes gedrängt werden, das einst aus der Bundesbahn hervorging und dessen Nähe zur DB unter Experten als unstrittig galt. Ziel des Ganzen: „Verschiebung von zusätzlichem Wettbewerb“, wie es in dem Papier heißt. Die DB bestritt, Auftraggeber der Studie gewesen zu sein.[13]

Tatsache ist, dass es nach der Bahnreform ein Milliardengeschäft vor allem auf Regionalstrecken zu verteidigen galt. Sollte dieses Hartmut Mehdorn entgleiten, sein Börsenplan „Blue Chip“ würde auf Dauer ein Konzept auf zahllosen Seiten Papier bleiben, die seine Arbeitsgruppen produzierten.

13 „Bahn-Report“, 3/2003

Der Eisenbahn Dampf machen

Am Bahnhof des Städtchens Ahrbrück in der Eifel wartete Ortsbürgermeister Helmut Krüger am 2. Juni 1996 auf den Ahrtal-Express. Statt um 11.07 Uhr lief der – wie Chronisten kritisch berichteten – erst um 11.09 Uhr ein, wurde aber dennoch statt mit nörgelnden Pendlern mit einem Volksfest begrüßt. „Ein Land spart Zeit" prangte groß auf einem Plakat hinter Krüger, der zwischen den noch dichtbewachsenen Gleisen seine Mitbürger ermunterte, auf den Zug der Zeit aufzuspringen.

Nach über zehn Jahren fuhr erstmals wieder eine Bahn den 1100-Seelen-Ort an. Es war eine der ersten stillgelegten Strecken, die in Folge der Bahnreform von 1994 wieder in Betrieb genommen wurde. Ahrbrück hatte wieder Anschluss an das Schienennetz Europas, wie in der Presse stolz bemerkt wurde.

Wie in Ahrbrück sollten die Regionalbahnen in ganz Deutschland vor allem die Berufspendler von der Straße wieder auf die Schiene bringen, zumindest aber das Wachstum des Autoverkehrs eindämmen. Bestellt werden die Züge von den Ländern, die dafür vom Bund Milliardenbeträge überwiesen bekommen. Denn kostendeckende Tickets im Nahverkehr wären für die Bürger unbezahlbar. Ganz im Sinne des Wettbewerbs sollten diese Aufträge ausgeschrieben werden, damit neue Bahnen der DB Dampf machen und Steuergeld gespart werde. Statt des Rot-Weiß der DB allein, sollten Blau, Gelb oder Orange mehr Farbe auf die Schiene bringen.

Der Hebel wurde damit dort angesetzt, wo er am meisten bewirkt. Während 2006 rund 120 Millionen Reisende im Fernverkehr unterwegs waren, wurden über zwei Milliarden Fahrten mit Regionalzügen registriert – also weit mehr als 90 Prozent der Menschen. Die nun gut gefüllten Kassen der Länder taten ihre Wirkung: Während die Bundesbahn in den 80er-Jahren noch Regionalstreckungen verdorren ließ, drehte sich der

Trend vielerorts. Überwucherte Gleise wurden gelichtet; wo nur noch Kohle oder Stahl transportiert wurde, fuhren aufs Neue Personenzüge. Die Zahl der Reisenden nahm im Nahverkehr zwischen 1996 und 2005 um rund ein Drittel zu. Endlich mehr Verkehr auf der Schiene, atmeten Verkehrspolitiker auf.

Zum Beispiel Rheinland-Pfalz: Über Jahrzehnte wurde angesichts schwindender Passagierzahlen meist darüber diskutiert, wann welcher Zug durch den Bus ersetzt werden musste und wann der Busfahrer dann wohl letztlich doch das Auto nahm. Stattdessen ging man mit den sogenannten Regionalisierungsmitteln im Rücken in die Offensive. Nicht auf Passagiere warten, sondern mit einem eng vertakteten Nahverkehr neue Angebote schaffen und die Menschen in die Züge locken. Das Konzept: Bahnhöfe stündlich den ganzen Tag über bis mindestens 21 Uhr anfahren, an größeren Knoten jede Stunde Anschluss mit kurzen Wartezeiten anbieten, saubere Bahnhöfe beleuchten und Fahrradständer oder Parkplatz bereitstellen. Insgesamt wurden die von Regionalzügen im Land gefahrenen Strecken von 1994 bis 2000 um die Hälfte ausgedehnt. Der Erfolg: Die Zahl der Personenkilometer – also die Zahl der Reisenden kombiniert mit gefahrener Strecke – verdoppelte sich fast. Kein Einzelfall in den ersten Jahren nach der Reform, auf vielen Strecken auf dem Land explodierten die Passagierzahlen förmlich. Und das war auch den Konkurrenten mit zu verdanken: Kommunen, Länder und Private gründeten Bahnen, die in der Provinz Strecken wiederbelebten oder das Angebot ausdehnten: Die Elbe-Weser-Bahn schrieb ein Plus von 300 Prozent, die Hessische Landesbahn von fast 400 Prozent, die Westerwaldbahn von über 800 Prozent.[14]

Zunächst profitierte davon in Rheinland Pfalz sowie den anderen Ländern aber fast ausschließlich die Deutsche Bahn mit

---

14 Müller, Hans-Peter; Wilke, Manfred: „Gestaltend Einfluß nehmen" – Bahngewerkschaft und Bahnreform 1993 – 2005, Berlin 2006, S. 63

ihrer Nahverkehrssparte DB Regio, die deutlich mehr fahren konnte und so auch Ahrbrück wieder anschloss. Aber es profitierte ebenso die Tochter DB Netz. Denn es zahlten nicht nur die zusätzlichen Reisenden, die Länder finanzierten mit den sprudelnden Trassengebühren den Unterhalt der Gleise, auf denen die Züge rollten. In den ersten Jahren nach der Bahnreform war dies für den Schienenmonopolisten besonders erfreulich – viele Länder verzichteten auf Ausschreibungen und ließen die DB Regio quasi nach Gewohnheitsrecht weiterfahren oder schlossen langfristige Verträge mit ihr ab.[15] Der Nahverkehr entwickelte sich rasant vom Sorgenkind zur bis heute profitabelsten Konzernsparte.

Intention der Reform war es jedoch mitnichten, der DB auf dem Weg zum Kapitalmarkt Steine aus dem Weg zu räumen, vielleicht in der Hoffnung, dass der Bund beim Verkauf des Unternehmens mit hohen Erlösen dafür entschädigt werden würde. Ziel war es zum einen, der Bahn solche „Muskeln" wachsen zu lassen, dass sie zumindest potenziell rentable Teile des Schienennetzes selbst tragen könnte. Infolgedessen müsste der Steuerzahler nicht alles allein schultern. Zum anderen sollten mehr Züge rollen, mehr Güter verladen und mehr Menschen mit dem Zug statt mit dem Auto fahren. Dafür wurde die Saat des Wettbewerbs gelegt, die zumindest im Güter- und Nahverkehr einige Pflänzchen hervorbringen sollte.

Auch wenn in den ersten Jahren nach der Reform nur wenige Strecken ausgeschrieben wurden, es kam Bewegung in den Nahverkehr, die Neuen konkurrierten mit moderne Zügen und besserem Service. Die DB Regio gewann nur etwa jeden zweiten Auftrag und so setzten auch die Reflexe des Monopolisten ein. Mit feinen Nickligkeiten und gröberen Fouls ging die DB gegen die frechen Neubahner vor. Hilfreich war, dass der Schiedsrich-

15 ebd., S. 65 ff.

ter sozusagen aus dem gleichen Verein kam. Die Kollegen im Eisenbahnbundesamt, die diese Rolle zunächst einnahmen, verkörperten ja noch die Restbehörde der alten Bundesbahn. Die alten Seilschaften funktionierten – zu Lasten der neuen Anbieter.

Wie wichtig die jährlich zuletzt rund sieben Milliarden Euro Nahverkehrsmittel für den Konzern und den Börsenplan sind, zeigt ein Blick in den Geschäftsbericht. Mit knapp 700 Millionen Euro Betriebsgewinn (Gewinn vor Steuern und Zinsen) brachte die Regiosparte 2006 fast ein Drittel des Konzerngewinns ein, obwohl sie für weniger als ein Viertel des Umsatzes verantwortlich ist: Sie ist die „Cashcow", hier wird das Geld verdient. Es war lange Zeit auch das Einzige, was bei der Bahn mit Schiene zu tun hatte und richtig profitabel war. Dabei kommt das Geld nur zu rund einem Drittel direkt von den Millionen Berufspendlern. Der Rest fließt aus den Kassen der Länder. Da die DB noch 2006 mindestens 85 Prozent des Nahverkehrs beherrschte, landete auch ein Großteil des Steuergeldes bei ihr.

Dessen Bedeutung für Mehdorns Börsenstory hat die US-Investmentbank Morgan Stanley dem Unternehmen aus Sicht künftiger Investoren deutlich gemacht: „Attraktivstes Element und damit zugleich der Nukleus einer Equity Story der DB ist die DB Regio", schreibt die Bank im Investorendeutsch 2004 in einer Studie. „Investoren ist das Geschäftsfeld Nahverkehr vertraut und sie schätzen daran insbesondere die langfristigen und stabilen Cash-Flows, die erstklassige Kundenbonität sowie die dominante Marktstellung der DB in Deutschland." Man könnte dies auch damit übersetzen, dass die Länder mit häufig zehnjährigen Verträgen verlässlich zahlen und die Bahn noch Fastmonopolist ist.

Als unerlässlich bezeichnet die Bank es dann folgerichtig, dass der Bund seine Zuschüsse möglichst lange über den Termin des Börsengangs hinaus zusagt. Dies würden Investoren als „Voraussetzung für einen Kauf von Aktien der DB betrachten".

Bahn ohne Kurs(buch)

Wer im Dezember 2002 nach einem Kursbuch der Bahn fragte, erntete häufig nur ein Kopfschütteln. Zwar hatte die Deutsche Bahn rund 50.000 Stück drucken lassen, es fehlten aber zwei Fernverkehrsstrecken in dem Werk: die InterConnex-Verbindungen von Gera nach Rostock und von Zittau nach Stralsund. Teile der Strecken hatte die DB aus ihrem Fernzugnetz gestrichen und der Konkurrent sprang in die Bresche. Erstmals bekam die DB nennenswerte Konkurrenz auf langen Strecken und jenseits des von den Bundesländern organisierten Nahverkehrs.

Die DB schlug zurück und „vergaß" die beiden Verbindungen in ihrem Kursbuch, in Faltblättern und im Internet, woraufhin Connex den Vertrieb der Bücher per Gericht stoppen ließ. Denn das Buch behauptete, sämtliche Schienenverbindungen in Deutschland aufzulisten, woraus sich ein unterhaltsamer öffentlicher Schlagabtausch entsponn: Mehdorn polterte, man sei nicht der Steigbügelhalter für Schlafmützen im Wettbewerb, und denke nicht daran, für solche noch zu werben. Das Marketing müssten „die" schon selbst machen.

Das Bundeskartellamt und die Gerichte sahen das anders, ein Fastmonopolist mache sich breit, die Liberalisierung des Bahnverkehrs sei in Gefahr. Im Kursbuch gehe es nicht um Marketing. Transparenz sei ein wesentliches Element des Wettbewerbs, argumentierten die Kartellbehörden. Die Gerichte verpflichteten die DB schließlich, die Connex-Züge in die Fahrpläne aufzunehmen.

Nicht alle Kunden sind gleich

Eine rund 25 Meter lange Lücke klaffte vor der Halle 25 auf dem Berliner Messegelände. Hier sollte die modernisierte Diesellok 218 bei der Bahnmesse „Innotrans" neue Kunden finden, der größten Bahntechnikausstellung der Welt. Die Streckenlok könne noch gut 20 weitere Jahre im Einsatz sein, sagte Peter Nowack stolz, der Betriebsratschef des Bremer Instandhaltungswerks der DB. Doch wenige Wochen vor Messestart im September 2002, erinnert sich Nowack, erhielten er, seine Kollegen und das geliftete Modell eine klare Ansage aus der Bahnzentrale: Lok 218 bliebe daheim, man wolle bei Konkurrenten „keine Bedürfnisse" wecken.

Vor allem sollten sie wohl nicht befriedigt werden. Nachdem der Wettbewerb Ende der 90er Jahre im Nah- und im Güterverkehr – der ohne Staatsgeld auskommen musste – langsam in Schwung zu kommen schien, stellten sich für die Konkurrenten vor allem zwei Probleme: Wie kann das Netz der DB ohne Behinderung genutzt werden und wie kommt man an Loks und Wagen? Neue zu kaufen war nicht einfach. Gefragt waren meist wenige Exemplare, etwa wenn die Länderausschreibung für ein Teilstück gewonnen war oder die DB Strecken nicht mehr selbst betreiben wollte. Solche Investitionen rechnen sich häufig erst nach 20 oder 30 Jahren, eine Betreibergarantie für einige Strecken gab es aber nicht über diesen Zeitraum. Die Bahnindustrie wiederum war an große Bestellungen der Staatsbahnen Europas mit hohen Stückzahlen und meist langen Vorlaufzeiten gewohnt. Beides konnten die neuen Bahnen nicht bieten. Also schauten sie sich auf dem Gebrauchtmarkt um, der sich wiederum aus Loks und Waggons des bisherigen Monopolisten speisen musste. Wo diese aber nicht ankamen. Wo waren sie geblieben?

Die Loks standen etwa auf dem Gelände der Werkstatt in Bremen, wo Nowack 2002 rund 30 Triebfahrzeuge ausmachte, durch die das Unkraut wucherte. „Die sollten nicht verkauft werden, um keine Konkurrenz zu fördern." Obwohl mehrere Bahnen Interesse angemeldet hatten. Gerade Dieselloks wie die der Baureihe 218 waren begehrt, weil sie auf den meist nicht elektrifizierten Strecken in der Provinz für die Privatbahnen hätten fahren können. Wiederholt hatten diese darüber geklagt, dass der Staatskonzern seine Loks lieber verschrotte als zu verkaufen.

Dass ein DB-Mitarbeiter dies so offen aussprach, lag daran, dass die Werkstätten vor einem radikalen Stellenabbau standen, weil sie Überkapazitäten ausgemacht hatten. Man wolle nicht nur sparen, sondern auch in neue Loks investieren und die müssten eben nicht so oft zur Reparatur, ließ die Bahn mitteilen. Einige Betriebe sollten ganz geschlossen werden, rund 6.000 Mitarbeiter fürchteten um ihre Jobs. Auch Werke wie Bremen standen vor harten Einschnitten, wenn nicht gar vor dem Aus. Die Belegschaft sah sich an die Wand gedrückt und schaute sich folglich – ganz marktwirtschaftlich motiviert – nach neuen Auftraggebern um, deren Loks sie instand setzen wollten. Die DB bestritt später, das Werk daran gehindert zu haben. Dieses Konzept sei wirtschaftlich nicht erfolgversprechend gewesen, erklärte sie.

Wie das zu verstehen ist, machen interne Dokumente der DB deutlich. Im März 2003 wurde eine Anordnung zum Umgang mit Altfahrzeugen erlassen, das Projekt „GWX" (Leistungen für konzernexterne Bahnen). Diese Weisungen ließen aber offenkundig immer noch zu viel Interpretationsspielraum für die DB-Mitarbeiter, sodass sie im Sommer 2004 präzisiert wurden. In dem als „streng vertraulich" gekennzeichneten Papier heißt es unmissverständlich: „Für die Produktion des UB L (*Unternehmensbereich Logistik, d. Autor*) nicht mehr benötigte Güterwagen werden im Rahmen der Verwertung aus technischen, wirtschaftlichen und wettbewerblichen Gründen nicht an Dritte veräußert." Und noch klarer: „Die für den Konzern mit einer Veräußerung verbundenen technischen und wirtschaftlichen Nachteile überwiegen den Vorteil aus der Veräußerung der Güterwagen (Verkaufserlöse)."

Selbst für Lok 218 und ihre Schwersten gab es eine klare Ansage: „Entsprechend den vorliegenden Vorstandsbeschlüssen werden ausgediente Streckenlokomotiven nicht an Dritte veräußert." Nicht mehr benötigte Güterwagen würden „unverzüglich der Verschrottung zugeführt." Die Regelungen seien analog auch für den Personenverkehr zu übernehmen. Dabei gelte die Anweisung ebenso für Triebzüge und Triebwagen, „d.h., dass diese nach der Ersatzteilgewinnung zu verschrotten und nicht zu verkaufen sind." Dem Papier war zu entnehmen, dass diese Anordnung direkt von Hartmut Mehdorn kam. Letztlich ordnete sie die Vernichtung von Vermögen des Bundes an. Das Ziel war klar: Wettbewerber ausbremsen und der Börse näherkommen.

Noch wichtiger als die Loks waren für die neue Bahnkonkurrenz die Werkstätten an sich: Da der Quasimonopolist eine ganze Reihe davon schließen wollte, witterten sie ihre Chance. Der Fall des Werks in Leverkusen-Opladen machte dabei bundesweit Schlagzeilen, weil sich Betriebsräte an die Werkstore ketteten und in den Hungerstreik traten. Zeitweise hatte die Bahn ihnen Hoffnung gemacht, weil Manager der Bahnindustrie in Eigenregie eine Zukunft für das Werk planten. Die DB wollte aber den Altbestand an Loks und Waggons nicht auf den Markt geben. „Die Bahn hat das kategorisch abgelehnt", schimpfte Betriebsratschef Kuno Dreschmann später. Die DB konterte, man könne von der „lieben großen Bahn" nicht verlangen, etwas zu verschenken. Letztlich scheiterten die Verhandlungen. Ende 2003 schloss das Werk Opladen, das erst 1999 modernisiert worden war.

Der damalige Chef der größten privaten Güterbahn „Rail4-Chem", Matthias Raith, war ebenso enttäuscht über die verpasste Chance wie er die DB-Haltung nüchtern sah: „Aus Sicht der Bahn ist das eine ganz normale unternehmerische Entscheidung." Versagt habe die Bundesregierung. Wenn man Wettbewerb und Arbeitsplätze wolle, müsse man derartige Infrastruktureinrichtungen im wachsenden Eisenbahnmarkt sichern. „Da wäre die Verkehrspolitik gefragt gewesen. Aber wir mussten ja in der letzten Zeit lernen, dass die Verkehrspolitik nicht in Berlin von der Bundesregierung, sondern vom Management der DB gemacht wird."

Die Debatte um Loks und Werke warf ein Schlaglicht auf den unauflöslichen Konflikt zwischen Verkehrspolitik und Börsengang: Als Ziel war ausgegeben, durch freien Wettbewerb mehr und bessere Eisenbahnen zu schaffen. Die sollten die Menschen vom Auto in die Bahnen locken sowie die Subventionen für das System Schiene senken. Mehr Wettbewerb kann aber kein Ziel eines Monopolisten sein – zumal wenn er sich sanieren muss und an die Börse will.

Wettbewerb I

Der November ist kein schöner Monat, vor allem nicht auf zugigen Bahnsteigen. Als im Vorharz-Städtchen Bernburg die Passagiere endlich die Regionalbahn nach Calbe besteigen wollten, war kein Zug da. Es kam auch keiner mehr. Grund sei ein „erhöhter Krankenstand“, ließ die DB wissen, die die Reisenden per Bus zum Ziel brachte. Es würden auch bis zum 10. Dezember 2005 in der Region keine Züge mehr fahren.

Für Grippe und Schnupfen kann man im November Verständnis haben, merkwürdig war nur, dass schon klar war, dass die Krankheiten eines Viertels der Belegschaft bis zum 10. Dezember nicht auskuriert sein würden. Da kam dann ein anderer Verdacht auf, von welchem Virus die DB und ihre Mitarbeiter befallen sein könnten. Denn ab 11. Dezember sollte der Konkurrent Connex die örtlichen Strecken übernehmen. Dessen Geschäftsführer in Sachsen-Anhalt, Jan Bleis, wollte daher auch Unlust der DB-Mitarbeiter vor ihrer drohenden Versetzung nicht ausschließen. Oder schlimmer noch: Sollten die ohnehin spärlichen Kunden in der Provinz vergrault werden, bevor der Konkurrent loslegte? Bleis bot der DB daher eine frühere Übernahme der Strecke an und fuhr schließlich einige Tage für die DB Regio.

Vom Netz genommen

Wenn ein ICE ins Rollen kommt, saugt der 13.000 PS starke Koloss den täglichen Stromverbrauch einer Kleinstadt aus der Oberleitung. Einmal auf 250 Stundenkilometer in Schwung gekommen, kann das Triebwerk eines ICE der ersten Generation rund 60 Kilometer vor dem Ziel abgeschaltet werden, um den Zug noch in den Bahnhof einzurollen. Die Eisenbahnen – obwohl pro Kopf oder Tonne meist sparsam und umweltfreundlich – sind die größten Konsumenten von Strom in Deutschland. Die Energiekosten der DB allein betragen weit über eine Milliarde Euro pro Jahr. Der Verbrauch entspricht in etwa dem des Großraums Berlin. Das Unternehmen ist sogar selbst an Kraftwerken beteiligt, kauft aber den größten Teil des Stroms auf dem Markt ein. Entsprechende Bedeutung hat der Bahnstrom für Erfolg oder Misserfolg der Unternehmen auf der Schiene: Etwa 15 Prozent der Transportkosten im Güterverkehr machen allein die Stromkosten aus.

Mehr als die Hälfte des Streckennetzes überspannt ein Draht, er definiert gewissermaßen ein Netz im Netz. Mit einem Unterschied: Wenn laut Gesetz auf den Gleisen ohne jede Diskriminierung Züge aller Eisenbahnen rollen sollen, bedeutet dies noch lange nicht, dass der Bahnstrom darüber unter vergleichbaren Bedingungen angezapft werden kann. Obwohl die DB-Tochter Energie unstreitig zur Infrastruktur gehört.

So gewährt die DB Energie großen Abnehmern Rabatte, wovon fast ausschließlich der Personen- und Güterverkehr des Staatsunternehmens selbst profitiert. Die neuen Bahnkonkurrenten, die solche Mengenrabatte schon bei der Gleisnutzung zu Fall gebracht hatten, zogen vor Gericht. Beim Oberlandesgerichts Frankfurt fand die Klage der privaten Güterbahnen zwar ein offenes Ohr: Dies sei kein fairer Wettbewerb, die DB-Konkurrenten würden in der Tat behindert. Nur: Es fehle eine Handhabe, da der Strom nun mal nicht vom Eisenbahnrecht erfasst sei.

Es schien der Ausweg offen zu bleiben, den immer mehr Stromverbraucher in den Haushalten nehmen, die Suche nach einem anderen Lieferanten. Ist der DB-Strom zu teuer, gibt es in der Marktwirtschaft im Normalfall einen anderen, der liefert. Im Normalfall. Die potenziellen Kunden und deren Lieferanten bremste das gleiche Hindernis aus, das den Wettbewerb auf dem ganzen deutschen Strommarkt so zäh in Schwung kommen lässt.

Letztlich muss der Strom durch die Leitungen der DB in die Loks und dafür kann sie wiederum kassieren. Weil die großen Stromkonzerne diesen Hebel mit überhöhten Gebühren fleißig einsetzten, hat der Gesetzgeber bereits eingegriffen. Die Bundesnetzagentur – die große Reparaturbehörde für Marktwirtschaft-Defekte zu Lasten der Verbraucher – hat die Leitungspreise bereits heftig gekappt. Hat sie nicht die Pflicht, Ähnliches beim Bahnstromnetz zu tun? Hat sie nicht.

Für die Leitungen über den Gleisen wurde sie für nicht zuständig erklärt, dies sei eigentlich ein Fall für das Eisenbahnrecht. Die Bahnkonkurrenz plumpste in ein Gesetzesloch, unüberbrückbar auf dem Weg zu einem anderen Lieferanten.

Für die Güterbahn Rail4Chem war dies mehr als eine handfeste Diskriminierung. „Das ist nichts anderes als die Lizenz zum Töten", sagte ihr Chef Matthias Raith. Und Raith schwante, wenn erst einmal private Investoren bei der DB das Sagen hätten, würde von der Möglichkeit rabiat Gebrauch gemacht werden.[16] Daher legte er Revision gegen das Urteil vor dem Bundesgerichtshof ein.

Die DB Energie erklärte, Strom und Treibstoff werde diskriminierungsfrei an alle Eisenbahnen geliefert. Ihr Geschäftsbericht für das Jahr 2006 zeige, dass der Umsatz mit Kunden außerhalb des Konzerns um über 70 Prozent gegenüber dem Vorjahr gestiegen war. Und das hochprofitabel. Dennoch Geschäfte, die offenbar teils widerwillig gemacht werden, wie aus internen Papieren deutlich wird. Unter „Programm und Prämissen der mittelfristigen Planung bis 2011" – also für einen Zeitpunkt, an dem die Bahn lange an der Börse sein will – heißt es dort: „Ausbau des Außenumsatzes durch Akquisition neuer Industriekunden, die in keinem Konkurrenzverhältnis zur Deutschen Bahn stehen." Schlechte Zeiten für Bahnen, die auf diesen Lieferanten angewiesen sind.

---

16 „Handelsblatt", 26.10.06

Das lukrative Spiel mit der Eisenbahn-Maut

Als Spediteure für ihre schweren Lastwagen im Januar 2005 auf deutschen Autobahnen erstmals eine nach Kilometern berechnete Maut zahlen mussten, war dies für Eisenbahnen auf dem Schienennetz schon seit Jahren der Fall. Der Unterschied: Die Autobahnmaut für die Fuhrunternehmer legt der Staat fest, in dessen Hand die Straßen sind. Bei der Eisenbahn macht dies die DB Netz und damit ein Teil des Konzerns, der selbst der größte Transporteur auf den Gleisen ist, die ihm selbst gehören. Gleise, die über Gebühren für die Nutzung und direkte Staatszuschüsse für Aus- und Neubau im Wesentlichen vom Steuerzahler bezahlt wurden und doch einem einzelnen Transportkonzern gehören. Und dieser kann wenig Interesse daran haben, mehr Güter und Menschen auf die Schiene zu lassen, so lange sie nicht von einem seiner Töchter befördert werden. So wie ein einzelner Spediteur die Straßen weitgehend frei hielte, wenn er allein entscheiden könnte, wer wann auf die Pisten darf.

Nachdem die Bahnreform von 1994 das Netz öffnete, musste die DB für ihre Trassen Preise festlegen, also eine Schienenmaut für alle, inklusive der eigenen Personen- und Güterbahntöchter. Indirekt zahlt diese Maut jeder Passagier mit dem Kauf seiner Fahrkarte und jeder Kunde, der von den Bahnen Waren geliefert bekommt. Diese Maut muss aber die DB nicht stören, denn was die eigenen Töchter aufbringen, fließt von der linken in die rechte Tasche des Konzerns. Was die Wettbewerber aber zahlen müssen, geht aus deren Taschen in die der DB. Dass das Staatsunternehmen zugleich das Preissystem selbst festlegen konnte, bot zudem Spielraum für lukrative Ideen.

Eine dieser Ideen sah üppige Mengenrabatte für Großkunden vor, von denen fast ausschließlich die eigenen Töchter profitieren konnten. 1998 musste dieses Preissystem abgeschafft werden. Aber auch das neue Modell, eine Art BahnCard-System mit Rabatten war unfair. DB Regio etwa konnte so bis zu einem Drittel günstiger fahren. Als Konkurrenten sich beim Kartellamt – die Bundesnetzagentur war damals noch nicht zuständig – beschwerten, zog der Konzern dieses System ebenfalls zurück, um bald darauf die sogenannten Regionalfaktoren zu erfinden: Im Kern war dies ein Preisaufschlag für Strecken in der Provinz, also meist dort, wo die neuen Bahnen eine Chance hatten. Insgesamt um 250 Millionen Euro teurer wurde es von nun an, rechneten die Länder vor. Begründet wurden die höheren Preise mit den vernachlässigten Nebennetzen in den Regionen.

Selbst die DB räumte ein, dass die Konkurrenten einen höheren Teil der Preissteigerung tragen mussten als es ihrem Marktanteil entsprach. Auch hier gilt das, was Mehdorn für den integrierten Konzern kämpfen lässt: Höhere Kosten für die Trassen belasten den Gewinn der Transporttöchter, nicht aber den gesamten Konzern. Das zusätzliche Geld liefert die Konkurrenz. Genauer genommen: der Steuerzahler oder der Fahrgast. Denn die Länder nehmen den Bahnen im Nahverkehr das Risiko von Preissteigerungen für die Trassen meist ab. Für die Wettbewerber selbst wäre dies kaum tragbar, wenn der Fastmonopolist dort an der Kostenschraube drehte, würde ihnen schnell die Luft wegbleiben. Gerade daher scheint es für die DB attraktiv, die Gebühren für die Fahrbahnen der Züge möglichst hoch zu halten. Das eigene Netz wird besser finanziert, die Konkurrenz düpiert.

Wie gefährlich es ist, wenn der Rivale auf dem Markt den größten Kostenblock, die Infrastruktur, bestimmen kann, zeigen auch scheinbar kleine Ungerechtigkeiten: Sollte etwa kurzfristig ein weiterer Zug auf die Reise geschickt werden, war nach dem Willen der DB ein Aufschlag von zehn Prozent fällig. Das traf vor allem die kleinen Güterbahnen, die nicht lange voraus und ausschließlich mit großen Kunden planen konnten. Das bemerkte auch die Bundesnetzagentur, die seit Anfang 2006 neben Strom,

Gas und Telekom auch für die Bahn zuständig ist. Klagen der DB Netz vor den Verwaltungsgerichten scheiterten, die Richter attestierten dem Unternehmen, eine Zwangslage der Konkurrenten ausgenutzt zu haben, während der Konzern zusätzliche Erlöse verbuchen konnte. Die Regelung wurde kassiert.

Das ist nur einer von vielen Fällen, die sich auf dem Schreibtisch von Arthur Iren Martini stapeln. Martini sitzt in einem Bürohaus in Berlin Mitte und führt das „Netzwerk Privatbahnen", ein Zusammenschluss von 23 privaten Güterbahnen. Martini ist so etwas wie die Ein-Mann-Opposition im Unternehmerlager. „Seine" Bahnen machten 2006 um die 400 Millionen Euro Umsatz, also etwas mehr als ein Prozent des DB Konzerns oder gut ein Zehntel von dessen Gütersparte Railion.

Martini schimpft über Trassenpreise, Langsamfahrstellen im Netz oder den Bahnstrom. Er liefert sich Briefwechsel mit Eisenbahnbundesamt, Netzagentur oder Gerichten. Und fast immer geht es um Ärger mit dem Koloss DB. Selbst Kanzleien seien schwer zu finden, weil das Staatsunternehmen vor allem die großen mit Mandaten beauftragt habe. Martini kämpft in den entlegendsten Winkel der Republik. Im hübschen Städtchen Bad Schandau zum Beispiel, gleich an der tschechischen Grenze, wollte die Bahn einige Gleise abbauen. Nicht viele, aber genau jene Meter, die Martinis Bahnen für einen Lokomotivwechsel brauchten, um mit den Zügen über die Grenze zu kommen. Die DB kann auf die Abstellgleise verzichten, sie hat Loks, die in verschiedenen Ländern fahren können. Die Konkurrenten müssen in solchen Fällen darlegen, dass ein Abbau die Streckenkapazität „mehr als geringfügig" kürzt. Denn „geringfügig" ist einer der Begriffe, mit dem Martini und seine Bahnen Arbeit für Juristen schaffen. Wenn etwas „geringfügig" ist, kann die DB Strecken und Abstellgleise in einem kurzen Prozess stilllegen.

Allein eine Weiche in Schuss zu halten, kann nach Martinis Worten tausende Euro pro Jahr kosten. Außerdem: Wo keine Schienen mehr liegen, kann häufig gebaut werden. Häuser, Geschäfte oder Straßen. Unter den Gleisen liegt der Schotter. Hartmut Mehdorn hat sein Schienennetz mal mit einem Rosenstock verglichen. Da müsse der Gärtner auch hier und da ein paar Zweige abschneiden, damit er Freude an ihm habe. 1994 hatte die DB noch rund 41.000 Schienenkilometer, 2006 waren es 7.000 weniger. Vor allem aber verschwanden Tausende von Weichen, Kreuzungen und Überholgleisen, die die Kapazität des Netzes weiter einengen.

Diskriminierung, sagt Martini, habe viele Facetten. Was er weniger als Beschwerde gegen den Konzern denn als Mahnung in der Debatte über die Bahnprivatisierung verstanden wissen will: „Das ist eben der Unterschied zwischen Betriebs- und Volkswirtschaft." Die DB schneide weiter an dem Rosenstock, der für sie blüht und die anderen sticht. „Die Grundferkeleien zu beseitigen, dies wird nie gelingen", sagt er, solange das Netz bei der Deutschen Bahn sei. Wäre der Netzbetreiber unabhängig, er wäre an jedem Zug interessiert, der ihm sein Netz mitfinanziere. Die DB dagegen müsse in ihm in erster Linie Konkurrenz sehen.

Jeden Tag ersetzen die Güterbahnen rechnerisch weit mehr als 100.000 Lastwagenfahrten. Jeden Tag nutzen mehr als sechs Millionen Menschen die Bahnen und viele lassen dafür das Auto stehen. Dafür finanziert der Steuerzahler ein Schienennetz, das einem Konzern gehört, der kein Interesse an mehr Konkurrenz haben kann. Eine Privatisierung dieser Konstruktion – es würde das Beinahemonopol für immer zementieren.

Als im November 2007 der Lokführerstreik der GDL den Güterverkehr lahmlegte, schimpfte DB-Logistikvorstand Norbert Bensel: „Hier wird nicht die Deutsche Bahn bestreikt, sondern der Wirtschaftsstandort Deutschland." Als ein Plädoyer für mehr Wettbewerb wollte er es nicht verstanden wissen.

Wettbewerb II

Um die Einheit von Netz und Betrieb zu sichern, müssen gelegentlich auch mal die Mitarbeiter von Bahnkonkurrenten ran. So standen an einem Sonnabend im Mai 2007 auf der Strecke zwischen Coesfeld und Dorsten im Münsterland die Schranken offen und von den Schrankenwärtern der DB war nichts zu sehen. Die Lokführer der Nordwestbahn mussten ihren Zug stoppen, aussteigen, die Schranken senken. Sie hoben sich immerhin automatisch, sodass die Nordwestbahn weiterrollen konnte – bis zur nächsten Schranke. Zwei Tage später legte DB Netz die Strecke ganz still, die Nordwestbahn musste in aller Eile Busse organisieren. Der nachgelieferte Grund des Personalschwunds war diesmal keine Grippewelle, die DB hatte ihre Mitarbeiter nach Bonn abgezogen, weil es dort Probleme an Übergängen gab.

Die Passagiere entluden ihren Ärger über Verspätungen und verpasste Anschlüsse natürlich bei der Nordwestbahn. Da half es wenig, dass die DB später eine Entschädigung anbot. Die Bundesnetzagentur als Aufsichtsbehörde urteilte eindeutig: Rechtswidriges Verhalten des Konzerns, der noch nicht einmal den Konkurrenten rechtzeitig über den Ausfall der Schrankenwärter informiert habe.

300 Bahnen im Wettbewerb

Sie heißen „Uwe Adam Eisenbahnverkehrsunternehmen", „Ei.L.T. GmbH", „Döllnitzbahn", „Havelländische Eisenbahn", „Veolia Verkehr" und „Rail4Chem". Mehr als 300 von ihnen rattern über deutsche Schienen, als Güter- oder Regionalbahn oder mit der qualmenden Dampflok bei Reisen in die Nostalgie. Diese 300 nennt Hartmut Mehdorn gern, um den Wettbewerb zu illustrieren, der ihm zusetzt. Jedes Jahr verliere das Unternehmen Marktanteile. 2006 hätten die Konkurrenten rund 17 Prozent im Güter- und 15 Prozent im Regionalverkehr dem Monopolisten abgeknabbert. Verschont blieben nur die ICE und IC, der Fernverkehr. Der Wettbewerbsbeauftragte der Deutschen Bahn schreibt das jedes Jahr in einem öffentlichen Bericht auf. Tenor: Die anderen werden immer stärker, es wird hart und das zeigt, dass es auf dem Netz fair zugeht.

Dieser Wettbewerb inspirierte die frühere Behördenbahn zu unorthodoxen Ideen. So wurde eine Mischung aus Steckbrief und Flugblatt entworfen mit der Überschrift „Wir suchen Informationen über unsere Wettbewerber“. Es ging ein Hilferuf in die Welt unter dem Motto „Was machen andere anders?“ Der untere Abschnitt des Blatts konnte abgetrennt und an die DB Regio in Nordrhein-Westfalen geschickt werden. Darauf sollte dann stehen, was „die anderen“ etwa für den Bau von Werkstätten zahlen, ob sie Fahrzeuge leasen statt zu kaufen oder ob in deren Bahnen Ticketautomaten stehen. „Nennen Sie uns weitere konkrete Beispiele, von denen Sie durch Ihre berufliche Tätigkeit oder als Fahrgast erfahren haben!“, werden Hobbydetektive ermuntert und die Leser des Papiers zugleich beruhigt: „Die Beteiligung ist natürlich freiwillig.“

Umgekehrt war die Nervosität beim Erscheinen eines Wettbewerbshüters, wie etwa einem Vertreter der Bundesnetzagentur, offenkundig groß. Ein Papier unter der Überschrift „Verhalten der DB Mitarbeiter bei Untersuchungsmaßnahmen der Bundesnetzagentur“ listet detailliert auf, wie das Personal auf unerwünschten und unangemeldeten Besuch zu reagieren habe. Zunächst müssten die Besucher in einen separaten Raum geführt werden, „in dem sich keine Akten befinden“. Dann sollten die Mitarbeiter sofort den zuständigen „Regulierungsmanager“ herbeirufen. Da die Kontrolleure nicht verpflichtet seien, auf ihn zu warten, solle man sich inzwischen anderweitig um sie kümmern. Man könne etwa erst Besucherausweise ausstellen, erläutern, wo kopiert werden könne, und ob „für Verpflegung gesorgt werden soll etc.“ Auf jeden Fall müssten die Besucher unter ständiger Beobachtung bleiben und jeder Schritt protokolliert werden. „Verhindern Sie, dass sich die Mitarbeiter der Bundesnetzagentur frei in den Geschäftsräumen bewegen“, heißt die klare Anweisung.

Von einem knallharten Verdrängungswettbewerb auf der Schiene, vergleichbar jenem, unter dem etwa die Deutsche Telekom bei Mobilfunk und Festnetz steht, kann nicht die Rede sein: Die Deutsche Bahn fährt im Regionalverkehr kaum weniger Kilometer als vor dem Auftreten der Neuen. Dahinter steht, dass die Länder – mit Bundesmitteln von bis zu sieben Milliarden Euro pro Jahr ausgestattet – rund ein Drittel mehr bestellen, als der Nahverkehr vor der Bahnreform 1993 leisten konnte. Schon gar nicht sind die Gewinne von DB Regio ins Bröckeln geraten. Gefüttert von den milliardenschweren Verkehrsaufträgen stiegen sie besonders ab 2002 kräftig.

Dieser vor allem aus Steuergeld gespeiste Profit macht DB Regio so wichtig für Mehdorns Börsenpläne. Die langlaufenden Verträge garantieren Investoren Gewinne praktisch auf Jahre hinaus. Und selbst dort, wo die Konkurrenz fährt, kassiert die DB kräftig mit. Mit den Ausgaben für Energie sowie für Bahnhöfe und der Trassenmaut erreichen mindestens die Hälfte der Betriebskosten der Konkurrenz wieder die Kassen der DB.

Der Verband „MehrBahnen!“ legte 2004 einen Gegenbericht vor. Fazit: Von echtem Wettbewerb sind wir meilenweit entfernt. Weil die Länder der DB die wirklichen profitablen Aufträge direkt zuschanzen, bleiben für sie in erster Linie die „Zitronen“. In Ballungsräumen und beim Betrieb von S-Bahn-Netzen ist die Konkurrenz praktisch gar nicht zum Zug gekommen. Insgesamt seien acht Jahre nach der Bahnreform nur 17 Prozent der Zugkilometer überhaupt ausgeschrieben worden. Bei Fahrpreisen oder im Service räche sich das. Es verhindere mehr Verkehr auf der Schiene und lasse den Steuerzahler bluten, klagen die Konkurrenten. Bei einer konsequenten Ausschreibung seien mehr als eine Milliarde Euro pro Jahr zu sparen, rechnete der Verband vor. Damit hätte man deutlich mehr Verkehr auf die Schiene holen können. Milliarden seien versickert statt der Straße nennenswert Marktanteile abzujagen.[17]

Ein bisschen mag dies nach dem ganz alltäglichen Neid im Wettbewerb klingen: Scharf auf süße Trauben und dann sauer, weil nur Zitronen bleiben. In Wirklichkeit liege ihr Teil am Markt auch nicht bei 15 Prozent, sondern immer noch eher bei 7 Prozent. Die DB berechnet nur die Kilometer, die sie fahren, nicht aber die Zahl der Passagiere. Dann zeige sich nämlich erst, wer die lukrativen Strecken in den Ballungsräumen in der Hand habe.

Was per Ausschreibung möglich ist, beweist die Verbindung München – Passau. Hatte das Land Bayern für die Strecke bislang 8,50 Euro pro Kilometer an die DB überwiesen, änderte sich dies nach einer Ausschreibung radikal. DB Regio gewann das Verfahren zwar, bekommt aber heute nur noch etwa 75 Cent, weniger als ein Zehntel![18]

Arnd Schäfer spricht hier von einem Sonderfall, aber 50 Prozent könne man schon sparen. Schäfer muss das wissen, denn er ist Geschäftsführer einer Institution, deren Namen allein Garantie ist, in den Zeitungen unbekannt zu bleiben: „Bundesarbeitsgemeinschaft der Aufgabenträger des Schienen-Personennahverkehrs", in der immer noch langen Kurzform BAG-SPNV. Ihre Mitglieder bringen im Länderauftrag jedes Jahr mehr als fünf Milliarden Euro unter die Bahnen, mit denen der Nahverkehr quer durch die Republik organisiert wird. Schäfers Interesse ist es, dass mit möglichst wenig Geld möglichst viele Menschen pünktlich und mit gutem Service durch die Länder gefahren werden. Gleichgültig, von wem.

Schäfer sitzt in einem grauen Bürohaus mit Blick direkt auf den Berliner Bahnhof Zoo mit seinem rot-weißen DB-Logo. Auf seinem Schreibtisch versucht er die vielen kleinen Änderungen,

---

17 MehrBahnen!: „Wettbewerb im Schienenverkehr – kaum gewonnen, schon zerronnen?", Berlin 2004

18 FTD, 3.09.2007

Sonderregeln und Tricks aufzuschlüsseln, mit denen er von der DB gepiesackt wird. Zum Beispiel, wenn das Trassensystem „angepasst“ oder die Preise für den Halt am Bahnhof „modifiziert“ werden. „Man sieht immer, dass DB-Konkurrenten bei neuen Stations- und Trassenpreisen höher belastet werden“, hat Schäfer ausgemacht. Bei den neuen Bahnhofsgebühren – bei jedem Stopp muss an den Konzern gezahlt werden – hätten sie zwei Drittel der Mehrkosten tragen müssen. Dabei fahre die DB Regio ein Vielfaches der Konkurrenz.

2005 hatte die Bahn neue Stationspreise ausgetüftelt und die Bahnhöfe wie nach Schulnoten in sechs Kategorien eingeteilt: „1“ für den Superbahnhof wie in Berlin, „6“ für die kleinen Landstationen, die etwa die Hälfte ausmachen. Wer dort einsteigen will, sollte weder auf Sitzplatz noch Dach hoffen. „Bei den Stationen werden die Reisenden im Regen stehen gelassen“, sagt Schäfer. Unterm Strich beobachtet er nach dem Blick auf seine Zahlenreihen zweierlei: „Es hat eine unheimliche Verschlechterung gegeben, ohne dass die Preise gesunken sind.“ Was der Passagier am Bahnsteig sieht, versucht Schäfer in Zahlen auszudrücken: Die gute alte Bahnhofsuhr sei nur noch an weniger als der Hälfte der Stationen Standard, Anzeigetafeln nicht einmal an jeder zehnten. Offenkundig müssten die Stationen sich nicht mehr nur selbst tragen, sondern eine ordentliche Rendite für den Konzern abliefern, folgert Schäfer.

Der Verkehrsverbund Berlin Brandenburg (VBB), einer der Mitglieder im Verband, nahm Ende 2007 die Bahnhöfe in seinen beiden Bundesländern wie schon im Vorjahr unter die Lupe. Fazit: An einer Reihe weiterer Bahnhöfe sei Personal ganz abgezogen worden, Fahrplanaushänge seien veraltet, unvollständig oder fehlten gleich ganz, die Bahnhofsuhren – wo vorhanden – gingen zudem häufig falsch. Die Anzeigentafel einer Station zeige den gleichen Zahlen- und Buchstabensalat an, der schon im Vorjahr bemängelt worden sei. Die DB erfülle insgesamt nicht einmal die von ihr selbst gesetzten Kriterien. Folgerung des VBB: „Um den Konzern fit für den Börsengang zu machen, wird die Ausstattung der meisten Bahnhöfe seit einigen Jahren kontinuierlich nach unten gefahren."

Obwohl die Länder über die Stationsgebühren die Bahnhöfe zu großen Teilen finanzieren, ist ihr Einfluss auf Service und Ausstattung gering, sofern sie nicht selbst zusätzlich zahlen. Anders ist das bei den Zügen. Denn wer ausschreibt, kann zumindest dort Druck machen: Rückzahlungen bei Zugausfällen, Verspätungen oder schmutzigen Toiletten. Verlangt wird zunehmend der Einsatz von neuen Zügen: Erwiesen ist, dass die klimatisierten Doppelstockwagen deutlich mehr Menschen auf die Schiene lockten als etwa die alten Reisezugwagen wie die „Silberlinge" aus Bundesbahnzeiten – gleich ob sie für die DB oder die Konkurrenz unterwegs sind.

Eine Studie des Bundesverbandes der Deutschen Industrie (BDI) kam zu dem Schluss: „Auf eine Faustformel gebracht, steigert der Wettbewerb die Fahrgastzahlen häufig um mehr als 20 Prozent, während der staatliche Zuschussbedarf um 20 Prozent sinkt – bei deutlich besserer Leistungsqualität."[19] Letzteres beobachtete auch die „Stiftung Warentest". Frühstücken in modernen Zügen mit Klimaanlage, Musik per Kopfhörer auf verschiedenen Kanälen, Wickeltische in den Toiletten, Fahrradmitnahme gratis, saubere Toiletten. Die Tickets, über die DB ja kaum zu bekommen, verkauft der Schaffner im Zug häufig selbst. Besserer Service liegt auch daran, dass die Länder Sanktionen in die Verträge einbauen können. Fehlen die Toilettenpapierrollen öfter, muss gezahlt werden, wie etwa auch bei permanenten Verspätungen. Stiftung Warentest folgerte: „Die Fahrgäste profitieren vom zunehmenden Wett-

---

19 BDI/DIHK: Privatisierung der integrierten Deutschen Bahn AG – Auswirkungen und Alternativen, Januar 2006

bewerb." So viel Lob für die Konkurrenz, das konnte der DB nicht gefallen.

Wettbewerb III

Mehr Engagement als gewünscht zeigte die DB beim Konkurrenten Nord-Ostsee-Bahn (NOB): Letztere hatte die lukrative Touristenstrecke Hamburg–Sylt per Ausschreibung ergattert. Schleswig-Holstein galt bei den Privatbahnen lange als Musterland, da es rund die Hälfte der Verbindungen für DB-Konkurrenten öffnete, was bis 2014 für alle Strecken gelten soll.

Allerdings hatten die Passagiere der NOB mit allerhand Verspätungen zu kämpfen. Baustellen und Langsamfahrstellen entstanden in solcher Zahl auf der Strecke, dass Unbedarfte meinen konnten, sie sollte für die NOB besonders schnell gemacht werden. Überraschend wurden so Bauarbeiten für ein Sommerwochenende im Juni angesetzt – leider zum Ferienbeginn in Nordrhein-Westfalen, aber angeblich nicht zu verschieben. Die Bundesnetzagentur wertete das Hindernis für die Urlauberzüge als rechtswidrig, die Baustelle sei zu kurzfristig angekündigt worden. Für die NOB eine späte Genugtuung, für die verspäteten Urlauber kein Trost.

Der Staat hilft seiner DB – und schwächt die Eisenbahn

Es war Anfang 2002 und kurz vor der Wahl, höchste Zeit das Milliardengeschäft unter Dach und Fach zu bringen, entschied der SPD-Verkehrsminister von Sachsen-Anhalt, Jürgen Heyer. Er schanzte der DB Regio einen Vertrag zu, mit dem sie den Großteil des Nahverkehrs im Land für über zehn Jahre betreiben und bis zu zwei Milliarden Euro kassieren würde. Die Gewerkschaft Transnet hatte kurz vor den Landtagswahlen massiven Druck auf den SPD-Minister ausgeübt, mit einer Mahnwache am Magdeburger Bahnhof sowie der Sammlung von Tausenden Unterschriften. Motto: Rettet unsere Arbeitsplätze. Dennoch hagelte es nach der eiligen Unterschrift nicht nur Kritik von der Opposition, sondern selbst von den eigenen Kabinettskollegen.

Gestoppt wurden Heyer und die DB von einem Einspruch der Konkurrenten, dem die Vergabekammer Magdeburg stattgab: Keine Milliardenaufträge im Schienen-Nahverkehr ohne Ausschreibung – das sehe die Gesetzeslage in Deutschland so vor. Nachdem der Wettbewerb in den 90er-Jahren noch schlummerte, weil die Länder kaum Aufträge ausschrieben, änderte sich das nach 2000 dramatisch. Hauptgrund war eine Gesetzesverschärfung, Ausschreibungen konnte es jetzt nicht mehr nur geben, sie wurden Pflicht.

Mit dem Magdeburger Urteil war ein Präzedenzfall geschaffen, der zur Nagelprobe für Bundesregierung und ihren Großkonzern wurde. Denn über ein Fünftel des Nahverkehrs in Deutschland sollte 2002 oder 2003 einen neuen Dienstleister finden, damit drohte die DB Regio, der grüne Zweig des Konzerns, zu verdorren. Entsprechend groß war der Druck: In ganzseitigen Zeitungsanzeigen und Briefen an alle Landesregierungen drohte Mehdorn mit Investitionsstopp und einem massivem Arbeitsplatzabbau, der zu Entlassungen führen könnte. Das klang nach Anstieg der Arbeitslosigkeit in ohnehin schwieriger Zeit, wobei von den neuen Jobs bei der Konkurrenz selbstredend keine Rede war.

Im Herbst 2002 knickte die Bundesregierung ein, spannte den Schirm über der Staatsbahn auf und ließ sie nicht im Regen stehen. Per Änderung der Vergabeverordnung schickte sie den Wettbewerb erst einmal in die Ferien. Bis 2014 konnten die Exklusivverträge laufen. Immerhin sollte ein „wesentlicher" Teil der Leistungen, wie es schwammig hieß, während der Vertragslaufzeit dem Wettbewerb überlassen werden. Dies sind jedoch häufig die Strecken, auf denen nur wenige fahren und die daher eher unattraktiv sind. Außerdem befürchten die Privatbahnen, dass sie erst gegen Ende der Abkommen auf den Markt kommen. Folge: Einige Jahre tut sich kaum etwas auf dem Markt, sodass sich die Konkurrenz nicht entwickeln kann.

Dann aber kommen riesige Streckennetze auf einen Schlag, die von der Konkurrenz kaum bewältigt werden könnten, klagten die Wettbewerber. In der Zwischenzeit könnte die DB Regio sich mit ihren ohnehin satten Gewinnen weiter stärken. Kein Wunder, dass das Gesetz als „Lex DB“ in den Sprachgebrauch einging.

Dazu tat die Netztochter ihr Übriges: So ließ sich auch die neue Landesregierung in Sachsen-Anhalt auf einen bis 2013 laufenden Vertrag ein. In diesem Zusammenhang sagte die DB Fahrzeugkäufe bei der notleidenden Bahnindustrie des Landes zu sowie den Ausbau eines Instandhaltungswerks.[20] Sowohl gegen Heyers Vertrag als auch gegen den des umstrittenen brandenburgischen Ministers Hartmut Meyer ging die Konkurrenz erfolglos vor. Das Oberlandesgericht Brandenburg nannte die Aufträge unter Hinweis auf die geänderte Verordnung rechtmäßig. Heyer und Meyer standen als Ex-Minister bald darauf in Diensten der DB.

Die Brandenburger Gerichtsentscheidung löste eine Kettenreaktion aus: Ob Thüringen, Baden-Württemberg oder Rheinland-Pfalz – alle schlossen nach 2002 oder 2003 ähnliche Langfristverträge mit der DB ab. Ein Eckpfeiler in Mehdorns Börsenstory stand damit: Langlaufende Verträge, garantierte Einnahmen und eine solide Basis für den Anschlussauftrag.

Zu schön, um nicht Wettbewerbshüter auf den Plan zu rufen: Am 18. Februar 2004 schickte die Generaldirektion Binnenmarkt der EU einen dreiseitigen Brief an „Seine Exzellenz“, den Herrn Botschafter der Bundesrepublik Deutschland in Brüssel. Der Kommission sei zu Ohren gekommen, dass mehrere Länder ohne transparentes Vergabeverfahren langfristige Vereinbarun-

20 Müller, Hans-Peter; Wilke, Manfred: „Gestaltend Einfluss nehmen“ – Bahngewerkschaft und Bahnreform, Berlin 2006, S. 48 ff.

gen abgeschlossen hätten. „Die Verträge wurden dem Vernehmen nach geheim und exklusiv verhandelt", moniert die Generaldirektion. „Wegen der offensichtlich verbreiteten inkorrekten Interpretation von Gemeinschaftsrecht muss ich Sie dringend ersuchen, die zuständigen Behörden in den deutschen Bundesländern aufzufordern, bei der Vergabe von Schienenpersonen-Nahverkehrsleistungen das europäische Vergaberecht einzuhalten." Nach Auffassung der Generaldirektion sei dies verletzt worden. Peinlich für den Bund, bedrohlich für die DB, heißt es doch: „Eine Beseitigung der Verletzung erfordert daher die Beendigung der gemeinschaftswidrig abgeschlossenen Verträge."

Nun ziehen sich solche Debatten mit der EU-Kommission im Allgemeinen über Jahre. Die Bundesregierung nimmt Stellung, nennt das abgemahnte Verfahren rechtmäßig, die Kommission beharrt auf ihrem Standpunkt. Ein Verfahren wegen Verletzung des Gemeinschaftsrechts wurde eingeleitet, das letztlich weitgehend im Sande verlief. 2006 verständigte man sich darauf, die bestehenden Verträge über rund zehn Milliarden Euro nicht anzutasten.

Erst damit war die Bahn dem Damoklesschwert über ihren Börsenplänen entgangen. Denn die Investmentbank Morgan Stanley hatte 2004 die Bedeutung dieses Streits mit klassischen Worten betont: Die positive Klärung des Streits sei eine „Conditio" für den Börsengang, im negativen Fall könne sie ein Hinderungsgrund sein.

Vor allem der von Landesverkehrsminister Hartmut Meyer in Brandenburg ausgehandelte Vertrag blieb aber im Visier der Brüsseler Behörde: 2007 schaute sie sich den Vertrag mit seinen lukrativen Strecken durch Berlin noch einmal an. In einem Schreiben an Bundesaußenminister Frank-Walter Steinmeier vermutete die Kommission, dass „unzulässige Beihilfen" etwa für Instandhaltungswerke, den Kauf von Zügen oder die Sanierung von Bahnhöfen im Spiel gewesen seien.

6.
Die Bahn kommt: Trainieren für den Kapitalmarkt

„Im Übrigen beschneiden wir einem Bahnreisenden ja nicht das Recht, sich für viel Geld als 136. Hering in den Flur eines voll besetzten ICE zu quetschen.“

Züge sterben für die Börse: Aus für den Interregio

Wenn der ICE das Flaggschiff der Bahnflotte ist, dann war der Interregio der Lastkahn: Noch in den 90er-Jahren waren im Jahr 68 Millionen Reisenden, 40 Prozent aller Passagiere auf Fernstrecken, mit ihm auf Reisen. Er durchquerte das Land häufig komplett von Ost nach West und Nord nach Süd. Weder bummelte noch hetzte er. Der Zug durchschnitt Deutschland nicht, er verband es. Er stoppte in Heilbronn, Cottbus und Norden und nicht allein in Frankfurt, Berlin oder München. Zwischen den Regionen war der Interregio mit dem blauen Band an den Seiten unterwegs – aber er war auch ein Zug zwischen allen Zügen, was letztlich sein Schicksal besiegelte.

ICE und IC, das sind die Fernzüge mit Prestige, der Stolz der Bahnführung, im Manager-Deutsch ein Premiumprodukt. Mit einem Halt in seiner Stadt wollte sich jeder Bürgermeister schmücken. Den rot-weißen Regionalzügen, mit denen neun von zehn Reisenden fahren, fehlt zwar diese Aura, dafür haben sie die Unterstützung der Gelder der Bundesländer und schleppen die DB Richtung Börse. Der Interregio war ein bisschen Regionalzug und ein bisschen IC – aber nichts von beiden richtig.

Nun hatte der Bund mit der Bahnreform aber einen Schnitt gezogen: Der Fernverkehr muss sich selbst tragen – nur der Nahverkehr wird mit Steuergeld ins Rollen gebracht. Wobei als Nahverkehr nach einer groben Faustregel gilt, wer weniger als eine Stunde unterwegs ist oder höchstens 50 Kilometer fährt. Der Interregio fuhr also zu weit, um ihm zu helfen, und war nicht schnell und schick genug, um ICE-Zuschläge eintreiben zu können.

Nach etwa zwölf Zugjahren fiel das Ende des Lebenszyklus der Interregio-Wagen mit dem Amtsantritt Hartmut Mehdorns zusammen. Die Rechnung, die er aufmachte, war keineswegs neu, sie wurde nun bloß auch umgesetzt: Wer auf kürzeren Strecken den Interregio nimmt, kann künftig in den Regionalzug umsteigen. Wer länger fährt, füllt IC und ICE. Dort zahlt er dann mehr, auf mittleren Strecken im ICE bis zu 50 Prozent, häufig ohne wesentlich schneller zu sein. Der IC, der nun den Zug mit dem blauen Band auf einigen lukrativen Verbindungen ersetzte, wirkte wie ein in rot-weiß umlackierter Interregio, bloß teurer.

ICE und Regionalbahn kontra Interregio (2003)

	Fahrzeit	Preis 2003	Preisdifferenz
ICE	1:14	29,40	+ 44%
IC	1:19	24,80	+ 22 %
RB/RE	1:53	20,40	Ausgangsbasis
IR	1:15	20,40	Ausgangsbasis

München – Ulm 148 km[21]

Vor allem aber war die Abschaffung des Interregios ein Konzept auf Kosten der Länder. Denn sie mussten die zusätzlichen Regionalzüge bestellen, um die meuternden Bahnfahrer zu besänftigten und die Lücken wieder zu füllen. Sollten sie mit Steuergeld letztlich die Börsenpläne der DB bezahlen? Dort, wo viele Regionen vom Fernverkehr abgehängt geworden waren?

Im Schwarzwald riefen die Bürger zum Interregio-Aktionstag, um ihren Zug quer durch das Mittelgebirge zu retten. Der trug sich erst mit mindestens 200 Fahrgästen, so wurde vorgerechnet. Dagegen kam ein Regionalzug – mit Landeszuschüssen – auf derselben Strecke bereits mit gut 100 Passagieren aus. Mehrere Bundesländer machten gar einen Gesetzesvorstoß im

21 Beispiel aus: Monheim, Heiner; Nagorni, Klaus (Hrsg): „Die Zukunft der Bahn", Zwischen Bürgernähe und Börsengang, Karlsruhe 2004, S. 125

Bundesrat, um den Bund zu zwingen, im Fernverkehr ein flächendeckendes Netz aufrechtzuerhalten. Es nützte alles nichts, der Zug blieb ein Auslaufmodell. Der letzte fuhr im Mai 2006 zwischen Chemnitz und Berlin. Hätten Züge Grabsteine, auf diesem wäre „MORA P" eingemeißelt. MORA P stand für „Marktorientiertes Angebot Personenverkehr" und war eines von denen, mit dem Mehdorn die Bahn fit für die Börse machen wollte.

Angeblich hatten die Interregios vor ihrem Aus einen dreistelligen Millionenverlust eingefahren. Woran die Bahn dann durchaus mitschuldig war: Zum einen wurde schon Mitte der 90er-Jahre kaum noch für den Interregio geworben und die Zwei-Stunden-Taktzeit am Abend und an Wochenenden ausgedünnt. Zum anderen kannibalisierte die DB ihre Züge mit neuen Angeboten, wie den Ländertickets oder dem „Schöne Wochenende"-Ticket, mit dem anfangs fünf Reisende für damals 15 Mark bundesweit unterwegs sein konnten – allerdings nur in Nahverkehrszügen. Folge: überfüllte Regionalbahnen, leere Interregios.

Die Empörung in den Ländern konnte den Zug nicht retten, sie brachte ihnen aber wenigstens einen Zuschlag von 100 Millionen Euro aus der Bundeskasse. Für die DB ging die Rechnung auf: Ihr Nahverkehr machte zusätzliches Geschäft und die teureren IC und ICE füllten sich besser. Beglichen wurden die Rechnung von Steuerzahler und Bahnfahrer: 100 Millionen Euro zusätzliche Staatshilfen und für viele der Zwang, umständlich und teuer umzusteigen.

Dem Interregio hätten womöglich auch staatliche Hilfen nichts genutzt, er passte einfach nicht in das Konzept der neuen Bahn, das sich stark am Vorbild Lufthansa orientiert. Im Jargon der Airlines heißt es Hub-and-Spoke, Nabe und Speiche. Es war eine der ersten Ideen, die Hartmut Mehdorn mit zur Bahn brachte. Übertragen auf die Schienen bedeutet es:

Der ICE verknüpft die großen Ballungszentren wie München, Rhein/Main, Ruhrgebiet oder Berlin auf Hochgeschwindigkeitsstrecken miteinander. Zu diesen Hubs führen Regionallinien, die Speichen, die die Reisenden dort abliefern beziehungsweise abholen.

Das ist der Abschied von der Bürgerbahn und der Einstieg in die Börsenbahn, schimpfte eine Gruppe von Bahnexperten, die sich in dieser Zeit unter dem Namen „Bürgerbahn statt Börsenbahn“ zusammenschloss und einer der Keimzellen des Widerstandes gegen Mehdorns Börsenpläne wurde. Der Interregio symbolisierte für sie die andere Form des Reisens: Was der Hochgeschwindigkeitszug an Zeit herausholte, konterten sie mit der Idee von mehr Direkt-Verbindungen zwischen den Städten und enger Vertaktung, sodass auf Bahnsteigen nur kurz gewartet werden musste. Sie sprechen von der Kultur des Reisens mit Bistrowagen, während die Bahn AG die Sitzabstände in den ICE verkürzte (Rechtfertigung: „Immer noch mehr Platz als im Flieger“) und den Speisewagen abschaffen („Service am Platz wie bei der Lufthansa“) wollte. Der Exitus des Interregio war ein Menetekel des Kapitalmarktes für sie, gefolgt von Strecken stilllegen, Bahnhöfe schließen, Schalter dichtmachen. Das Ende der Bahn in der Fläche, wie Deutschland mit seinen Hunderten von mittelgroßen Städten sie brauche. Der Interregio zeige, was sterbe und was bleibe: Nur noch teurer Fernverkehr und hochsubventionierter Nahverkehr.

Immerhin schien das Hub-and-Spoke-Konzept Lücken in das DB-Netz zu reißen, in die private Konkurrenz schlüpfen konnte. Die französische Connex überraschte mit einem Coup mitten in die Empörung der Interregio-Fans hinein, der das Unternehmen mit einem Schlag bekannt machte: Man bot a, den gesamten Interregio-Verkehr zu übernehmen – wenn die DB ihnen die Loks und Wagen überließe. Sogar die Gewerkschaften, besorgt um die Beschäftigten in den Zügen, signalisierten Unterstützung, eine Reihe von Bundesländern zeigte ebenso Interesse wie Verkehrsminister Kurt Bodewig. Hartmut Mehdorn nicht, er konterte sofort: „Die Bahn denkt gar nicht daran, ihre Verkehre abzugeben.“ Wäre Connex zum Zuge gekommen, die DB hätte mit einem Schlag einen bundesweiten Konkurrenten gekommen.

Stattdessen zahlten die Länder und erschwerten somit unwillentlich den Wettbewerb auf langen Strecken weiter. Um die Ausfälle des Interregio aufzufangen, bestellten sie Regionalzüge nicht nur für kurze Strecken, sondern häufig weit über Bundesländergrenzen hinaus. Die ohnehin verschwommene Grenze zwischen Nah- und Fernverkehr verschob sich weiter in Richtung langer, subventionierter Distanzen. Auf der alten Interregio-Verbindung zwischen Berlin und Rostock ließen sie beispielsweise einen DB-Regionalzug fahren. Der macht dort nun dem InterConnex das Leben schwer, einem der ganz wenigen Fernzüge, die dort – natürlich ohne staatliche Hilfe – gegen die DB-Konkurrenz anzutreten versuchen.

Mehdorn verliert „PEP“ und gewinnt trotzdem

Die Blicke der knapp 200 Eisenbahner in der Frankfurter Disko „Living XXL“ richteten sich immer wieder auf die aparte Frau mit den dunklen langen Haaren, der niemand Pepp absprechen konnte: Anna Brunotte, Frontfrau ihres Teams und des wichtigsten Bahnprojekts der nächsten Jahre, feierte das „Preis- und Erlösmanagement Personenverkehr (PEP)“. Sie kürzte es als „Preise Einfach Prima“ ab, griff selbst zum Mikrofon und motivierte ihre Mannschaft mit dem auf den Madonna-Hit „American Pie“ gereimten Song: „Die BahnCard wird ganz neu, wie ich mich drauf freu, Rabatte kann man kumulieren, von Familienregeln profitieren. Bye, bye – alle PEP-Zweifelei, wir machen neue Preise in Zwei-null-null-zwei."

Auf Brunotte ruhten nicht nur die Blicke der Bahner in der Frankfurter Disko, auf ihrem Konzept ruhte die Hoffnung auf den ganz schnellen Zug zur Börse. Sollte sich Hartmut Mehdorn nach Ablauf etwa der Hälfte seines Fünfjahresvertrags tatsächlich einmal in seinem Chefsessel zurückgelehnt und erste Bilanz gezogen haben, so konnte er auf der Habenseite verbuchen: Eine Menge zusätzliches Steuergeld organisiert, Spar- und Sanierungsprogramme aufgelegt, Mitarbeiter abgebaut, Interregio abgemeldet und Vogel und Bodewig abserviert. Den Regionalverkehr gegen Konkurrenz verteidigt und bei der Güterbahn zahlreiche Gleisanschlüsse stillgelegt. Allerhand, doch obwohl er bundesweit als Mann der Attacke auftrat, wirkte alles eher wie Defensive oder gar Rückzug: Die Zahlen weiter rot und kaum mehr Menschen auf der Schiene.

Nun aber sollte der Slogan von der „Offensive Bahn" Musik bekommen, der große Wurf genau dort einschlagen, wo der Konzern gerade wegen des Interregio-Aus' heftig gescholten wurde. Als dringend renovierungsbedürftig galt der Fernverkehr mit seinen über 100 Millionen Reisenden im Jahr seit Langem; unverständliche Preise und komplizierte Zu- und Abschläge begriffen weder Kunden noch Ticketverkäufer. Hauptkritikpunkt waren die sturen Kilometertarife, die lange Distanzen unverhältnismäßig teuer machten und im Schnitt mehr als die Hälfte der Plätze in den Zügen unbesetzt ließen. Der Gewinn der Fernverkehrstochter dümpelte seit Jahren knapp über der Nulllinie dahin. Hier anzusetzen war also ein lohnendes Ziel, denn mehr Kunden auf der Schiene bedeuteten immer sofort mehr Gewinn bei fast konstanten Kosten. Die Züge fuhren ja ohnehin.

Dringend nötig war eine Offensive zudem, da Anfang des Jahrtausends die Billigflieger in das Geschäft der Bahn einfielen und ihr auf den langen Deutschlandstrecken Konkurrenz machten. Den Ruf der ohnehin als teuer verschrienen DB verfestigte dies und machte dem Unternehmen mehr zu schaffen, als anfangs gedacht, wie später kleinlaut eingeräumt wurde. Dies alles würde sich nun ändern, hoffte der Konzern. Das Preissystem werde ganz groß einschlagen – und zwar dort, wo die Bahn ohne Hilfen und Subventionen unterwegs war. Eine echte Aufgabe für Manager auf Börsenkurs. Die Konzernplanung sprach von einem Umsatzsprung, den „PEP“ bringen würde. Aber auch Verkehrspolitiker hofften auf einen Erfolg und auf mehr Menschen in den Zügen.

Brunotte, Personenverkehrsvorstand Christoph Franz und sein Marketingchef Hans-Gustav Koch, brüteten schon seit Längerem an Relationspreisen, Zugbindungen und Rabattkombinationen. Dass alle von der Lufthansa kamen, war sicher kein Nachteil in den Augen des Bahnchefs. Zwar nicht in Reimform, aber ähnlich begeistert hatte Brunotte Mehdorn bei seinem Amtsantritt per Mail begrüßt: „Auch wenn für Sie heute vielleicht ein ‚ganz normaler Arbeitstag‘ ist, so ist es für die Bahn ein historischer Meilenstein – denn ab heute wird das Unternehmen von einem Unternehmer geführt“, schrieb Brunotte und geizte nicht mit Vorschusslorbeeren für Mehdorns neue Aufgabe.

Zähigkeit war in der Tat gefragt – schon lange bevor PEP ins Licht der Öffentlichkeit geschoben wurde. Denn zwischen den neuen Lufthanseaten um Franz und den bisherigen Tarifexperten der Bahn entsponn sich ein langer, interner Machtkampf. Misstrauisch beäugt im Verkehrsministerium und von Kundenverbänden wie „Pro Bahn“. Die trafen sich regelmäßig in der „Tarifkommission“, um mit den Managern über Tarife und Pläne zu sprechen. „Aber irgendwann waren da nur noch die Leute von der Lufthansa“, bemerkte Karl-Peter Naumann von „Pro Bahn“. Die Gespräche seien zunehmend schwierig geworden.

Dabei war Brunottes Grundidee schlicht und klar an der Luftfahrt orientiert: Der Preis richtet sich stärker nach Auslastung. Am Freitag oder Sonntag zahlt man tendenziell mehr als dienstags oder mittwochs. Um die vielen freien Plätze zu füllen, müssten gerade Familien oder Gruppen günstig reisen, die sich zum Beispiel über das Internet zusammenschließen könnten. Billig wurde es für die, die früh buchten. So konnten alle Reisenden besser auf die Züge verteilt werden, denn die Kontingente besonders in den Zügen zu begehrten Reisezeiten waren begrenzt. 70 Prozent ihrer Kunden sei nicht auf einen Reisetermin festgelegt, hatte die Bahn ausgerechnet. Die übrigen, etwa flexibel reisende Geschäftsleute, könnten mehr zahlen.

Aber das Konzept hatte auch einen Haken für die Stammkunden der Bahn, die drei Millionen Besitzer der BahnCard (Slogan: „Ganz Deutschland für die Hälfte"). Sie wurde gestrichen und durch eine Karte mit 25 Prozent Rabatt ersetzt. Als Gefahr sahen Pro Bahn und andere Experten ferner, dass einer der großen Vorzüge des Systems Bahn, der freie Zugang ohne vorherige Reservierung, eingeschränkt werde.

Begleitet von einer Anzeigenflut und Werbekampagne auf allen Kanälen wurde im Oktober 2002 im „Hamburger Bahnhof", einer zum Kunstmuseum umgewidmeten ehemaligen Station in Berlin Mitte, der Startschuss für „PEP" gegeben. „Nichts wird teurer werden, aber Millionen Menschen werden so billig reisen wie noch nie", pries der Bahnchef kühn seine Wunderwaffe im Kampf gegen rote Zahlen. Seit über 100 Jahren habe die Bahn die Preise für den Kunden gemacht, jetzt sei er selbst dran, lautete einer der neuen Slogans zwischen Häppchen und Sekt.

Trotz Dauerwerbung entwickelten die Bahnfahrer allerdings wenig Lust dazu. Denn das vermeintlich einfache Konzept – früh buchen, viel sparen – entpuppte sich im konkreten Fall als deutlich komplizierter: Zwei Erwachsene mit einem Kind, drei Tage vorher buchen, mit kombinierten Zügen aus Nah- und Fernverkehr wäre günstig gewesen, wenn die Fahrt über das Wochenende nicht hätte freitags beginnen sollen. „Fahren Sie schon, oder rechnen Sie noch?“, witzelte Entertainer Harald Schmidt dem Bahnmotto „Plan&Spar“ entgegen. Zu lange kalkulieren und Mitfahrer sammeln war in der Tat gefährlich, dann waren die günstigen Plätze schon weg. Lange Schlangen bildeten sich vor den Schaltern, sofern sie noch besetzt waren. Denn die DB begann gezielt Reisezentren zu schließen, um Personal zu sparen. Stattdessen wurden die Kunden an Automaten und ins Internet gelockt, belohnt etwa mit Gratisreservierungen, für die bald darauf wieder gezahlt werden musste.

Tapfer berichteten die Bahnsprecher zunächst noch von einem erfreulichen Start des Verkaufs der neuen Tickets. Dass viele noch schnell die alte BahnCard kauften, wurde nicht als Warnsignal verstanden. Als die Stiftung Warentest, eine Art fünfte Gewalt im Land des Konsums, das System unter die Lupe nahm und ihr Urteil sprach, war dies der „Flügelschlag eines Schmetterlings, der den Sturm entfachte“, wie ein DB-Mitarbeiter damals stöhnte. Familienunfreundlich und unübersichtlich, lautete das vernichtende Verdikt, das die Bahn verzweifelt zu korrigieren versuchte. Ein Treffen von Bahnmanagern mit dem Stiftungsvorstand endete im Eklat und mit solcher Schreierei, dass der erschrockene Pförtner nach dem Rechten sah.

In den Leserbriefspalten der Zeitungen schäumte es: Da klagten Reisende, sie hätten einen Zug früher als gebucht genommen, und seien zu horrenden Aufpreisen gezwungen worden, obwohl es massenhaft freie Plätze gegeben habe. Die Stornogebühr von bis zu 45 Euro, die beim Umtausch einer Fahrkarte gezahlt werden musste, sorgte für heftige Debatten zwischen genervten Reisenden und überforderten DB-Mitarbeitern. Zusätzlichen Zündstoff lieferte der Fall einer unvorsichtigen Reisegruppe, die im Winter auf dem Recklinghausener Bahnhof vergeblich auf den Nahverkehrszug nach Essen gewartet hatte und sich schließlich in einen ICE rettete. Sie wurde vom Bundesgrenzschutz abgeführt.

Dass die Pünktlichkeit 2003 bei der DB besonders schwach war, schadete der Akzeptanz des Systems ebenfalls. Wie seine Vorgänger wollte sich Mehdorn dessen besonders annehmen und installierte sogar einen Beauftragten – der kam von der Lufthansa – dafür. In Bahnhöfen hatte Exbahnchef Ludewig die mangelnde Pünktlichkeit auf Tafeln öffentlich gemacht. Nachfolger Mehdorn ließ die Tafeln wieder abräumen, auch Pünktlichkeitswerte für den Fernverkehr hält er öffentlich lieber zurück: „Wenn einer ein Loch in der Socke hat, zieht er die Schuhe nicht aus“, begründet er das.

Trotz der massiven Werbekampagne, die das Preissystem in Zeitungen und Funk begleitete und ihnen dringend nötige Einnahmen in der Medienkrise 2003 brachten, ebbte die Skepsis in der Öffentlichkeit nicht ab. Wohlwollende Bahnexperten etwa aus Kreisen der Grünen empfahlen Mehdorn wenigstens Korrekturen, so könne man doch die beliebte BahnCard 50 wieder einführen. Mehdorn blieb stur.

Je dicker die Kritik kam, desto dünnhäutiger wurde das Bahnmanagement. Als „Pro Bahn“-Chef Karl-Peter Naumann nach einem Test in der „Bild am Sonntag“ davon sprach, jeder Zweite müsse für sein Ticket zu viel bezahlen, ließ das Unternehmen seine Juristen aufmarschieren, verlangte Unterlassung und drohte mit der Forderung nach Schadenersatz. Die Aussagen seien in höchstem Maße geschäftsschädigend. „Wir werden deswegen an unserem Preissystem sicher nichts ändern, auch wenn das gewisse profilierungssüchtige Funktionäre offensichtlich zur Weißglut treibt“, blaffte Mehdorn Naumann an. Mehdorn trage ihm das wohl bis heute nach, sagt Naumann. Zur Eröffnung des Berliner Hauptbahnhofes 2006 sei er zwar zunächst eingeladen gewesen, wurde dann aber doch für unerwünscht erklärt.

Kein Einzelfall im Umgang mit Kritikern. „Pro Bahn“ blieb auf der Liste weit oben: Als der Verband in seinem Magazin „Der Fahrgast“ Bahnchef Mehdorn „Rambomethoden“ vorwarf, mit denen er Strecken und Gleisanschlüsse dichtmache, sprach der Konzern empört von Rufschädigung. Als wenig später die „Bild“-Zeitung Mehdorn im Zusammenhang mit dem geplanten Hamburgumzug großflächig als Rambomontage abbildete, blieb der Bahnchef selbst allerdings ganz locker. Mit der Zeitung vor der Brust marschierte er grinsend in die nächste Aufsichtsratssitzung.

Mehr noch als die zahlreichen Kritiker des Systems sprachen die Zahlen gegen „PEP“. Statt voller Züge und eines Umsatzanstiegs sackte das Ergebnis in den ersten Monaten 2003 dramatisch ab, von Januar bis März fuhren ICE und IC ein Minus von über 130 Millionen Euro ein. Vielleicht war es das, was Mehdorn zu seiner heftigsten Attacke trieb – und die überließ er nicht seinen Juristen.

Der Grünen-Verkehrspolitiker Albert Schmidt saß Ende März 2003 gerade in einem von Mehdorns Zügen und blätterte in der neuen Ausgabe des „Spiegel“, wo sich der Bahnchef per Interview zu Wort gemeldet hatte. Nach der Lektüre ging der erste Griff zum Handy und die Frage an Bahnkommunikationschef Dieter Hünerkoch: „Wollt ihr uns den Krieg erklären?“

Hünerkoch habe ihm versichert, ohne sein Eingreifen wären noch ganz andere Worte gefallen, sagt Schmidt, der das Interview als endgültigen Bruch zwischen seiner Partei und Mehdorn wertete. Dabei waren es in erster Linie die Grünen gewesen, die in der Koalition mit der SPD zäh für mehr Geld für die Schiene gekämpft hatten – aber eben auch für mehr Wettbewerb.

Die Worte Mehdorns waren selbst für den Bahnchef ungewöhnlich. Dieser, ganz offensichtlich höchst verärgert, hatte zum Rundumschlag ausgeholt, der kaum jemanden verschonte: Weder die Kunden, noch die Grünen und schon gar nicht deren

Verbraucherministerin Renate Künast, die von Brunottes „PEP" einfach nicht zu überzeugen war: „Frau Künast kriegt sonst nicht viel auf die Reihe, kann sich aber des Beifalls sicher sein, wenn sie einfach mal populistisch halbe Ticketpreise fordert", sprach er der Ministerin einfach die Kompetenz zum Regieren ab. Überhaupt hätten die Grünen viel zu wenig für die Bahn getan: „Ich traue da keinem mehr", wetterte er.

Das gelte erst recht für die „angeblichen Verbraucherschützer wie Pro Mecker", mit denen er es satthabe, zu diskutieren. Automatisch bekomme eben nicht jeder Kunde das billigste Ticket, er müsse zumindest danach fragen. Und wer nicht frühzeitig – wie im PEP-System vorgesehen – buche, der sei selbst schuld: „Im Übrigen beschneiden wir einem Bahnreisenden ja nicht das Recht, sich für viel Geld als 136. Hering in den Flur eines voll besetzten ICE zu quetschen."

Gelegenheit zum Austausch über gequetschte Heringe und populistische Politiker sollten die Grünen noch am Erscheinungstag des „Spiegel" erhalten. Bundes- und Landespolitiker waren bereits seit Längerem an selbigem Montag in den Bahntower am Potsdamer Platz geladen. Gesprächsstoff gab's nun genug. Der Schlagabtausch war gerade schön in Schwung gekommen, da bekam der Bahnchef einen Zettel gereicht und musste sich eilig verabschieden: Es wartete der Kanzler, der mit Hartmut dringend ein paar Worte reden wollte.

Die Arbeitsteilung zwischen Mehdorn und Schröder war eigentlich klar. Schröder stützte Mehdorn, der sollte die Bahn am Laufen halten. Aber mit der harschen Kritik an Künast, selbst wenn es eine ungeliebte Grüne war, hatte Mehdorn eine Schwelle überschritten und letztlich seine Regierung insgesamt attackiert. Zudem schwappte der Ärger über die Bahn in den Zeitungen inzwischen bis zum Kanzleramt. Fünf Millionen Bahnfahrer pro Tag sind auch Millionen Wähler – und noch gehörte das Unternehmen dem Bund. Unruhe hatte Schröder zudem genug: Die

Regierungskoalition befand sich im typischen Nachwahlblues. Die USA waren im Irak einmarschiert, Arbeitslosenzahlen und Schulden stiegen, die Wirtschaft stagnierte. Zeit zum Durchgreifen.

Einige Tage später, an einem Sonntag vor Ostern, lud Verkehrsminister Manfred Stolpe Künast und Mehdorn ein, um die Wogen zu glätten. In den üblichen diplomatischen Floskeln sprachen die Pressesprecher nachher von einem konstruktiven Gespräch, von nun an solle „geräuscharm“ weiterdiskutiert werden.

„Es war wohl das teuerste Interview, was der Chef je gegeben hat“, erinnert sich ein früherer Bahnmanager. Schließlich habe Künast im Gegenzug ihr Projekt von Entschädigungen bei verspäteten Fernzügen vorangetrieben, was letztlich in einer „freiwilligen“ Kundencharta mündete; mit einem Anspruch auf Entschädigungen per Gutschein bei Unpünktlichkeit von mehr als einer Stunde. Insofern hatte Mehdorn wenigstens den verspäteten „Heringen“ einen Gefallen getan.

Die Machtworte hatten indes gewirkt, nach den lauten Tönen drangen erstmal wenige Geräusche aus dem Chefbüro im Bahntower. Den Abwärtstrend bremste das nicht: Die Kunden blieben dem Fernverkehr weiter fern, der Druck auf den Bahnchef wuchs, erste Rufe nach Mehdorns Rücktritt wurden laut.

Tatsächlich habe die Regierung ihn ganz bewusst erst einmal aus der Schusslinie gezogen, sagt ein ehemaliger Regierungsmitarbeiter, der sich um das Krisenmanagement kümmerte. Im Trommelfeuer mussten Personenverkehrsvorstand Christoph Franz und seine Mannschaft zunächst die Stellung halten. Wie eng es inzwischen für die Männer an der Spitze wurde, konnten Hunderte von Führungskräften der DB bei ihrem Treffen im Mai 2003 mit eigenen Augen beobachten. In der Leipziger Messehalle verschwanden Mehdorn, Franz und Koch immer wieder hinter den Kulissen und steckten die Köpfe zusammen, wohl ahnend, dass es jetzt um selbige ginge. Nach dem Treffen seien Koch und Franz noch recht hoffnungsvoll gewesen, erzählen Vertraute.

Drei Tage später, kurz vor der Aufsichtsratssitzung, sickerte durch, dass Franz und Koch gehen müssten. Besonders Franz hätte gewarnt sein müssen. Per Interview hatte Mehdorns Bundesgenosse Hansen, Transnetchef und Aufsichtsrat, ihn bereits angeschossen und Änderungen im Management gefordert.

Franz und Koch hätten sich geweigert, das Preissystem zu ändern, hieß es zur Begründung. Das durfte jetzt Mehdorn selbst ankündigen. Und um alle Zweifel an ihm selbst zu beseitigen, dienten ihm Aufsichtsräte aus Regierungs- und Gewerkschaftslager vorzeitig einen neuen Vertrag für weitere fünf Jahre an. Das Signal: Mehdorn bleibt unser Mann.

Sechs Wochen später kippte er das Preissystem, die Bahn-Card 50 wurde wieder eingeführt, mit kräftigem Aufschlag allerdings. Statt 140 Euro mussten die treuesten Kunden der Bahn jetzt 200 Euro zahlen. Im Konzern hieß es zudem, im Jahresabstand müssten die Preise nun nach oben geschleust werden, um das Desaster auszugleichen. So kam es dann auch.

Mehdorn räumte seine Niederlage knapp ein: „Die Kunden haben das nicht akzeptiert." Die Medien segnete die Bahn erneut mit einer Anzeigenflut, um dem Fernverkehr wieder Wasser unter den Kiel zu bringen und Harald Schmidt fuhr unter dem DB-Logo für sie mit im Werbezug: „Bahnfahren ist wieder ganz einfach!". Auch der Speisewagen erlebte in diesem Zuge ein Comeback, der „Lufthansa-Service" am Platz kam nicht recht an.

Man werde nun einiges an Häme der Medien ertragen müssen, hatte Hartmut Mehdorn geahnt und gewusst, dass es nun weniger ihn traf: „Bye, Bye, Frau Brunotte!", wurde der PEP-Erfinderin hinterhergerufen.

Chronik eines Scheiterns – „Plan&Spar“

9. Oktober 2002: Mehdorn verspricht bei der Vorstellung im Kunstmuseum „Hamburger Bahnhof“, Bahnfahren werde für Millionen billiger und einfacher; das Unternehmen erwartet einen Umsatzsprung.

21. November: Stiftung Warentest kritisiert familienunfreundliche und unübersichtliche Preise.

15. Dezember: Die Bahn spricht von einem problemlosen Start des Preissystems.

22. Dezember: Die Bahn kündigt juristische Schritte gegen den Chef des Fahrgastverband „Pro Bahn“, Karl-Peter Naumann, an. Der hatte in der „Bild am Sonntag“ nach einem Test erklärt, „Jeder zweite Kunde zahlt zu viel für sein Ticket“.

3. März 2003: Vizeaufsichtsratschef Norbert Hansen verlangt angesichts der Einbrüche im Fernverkehr, gegebenenfalls müssten auch Manager zur Rechenschaft gezogen werden. Das zielt auf Personenverkehrsvorstand Christoph Franz.

27. März: Stiftung Warentest legt nach und kritisiert, Kunden müssten viele Tickets zu teuer bezahlen. Die Bahn lehnt Änderungen weiter ab.

31. März: Bundeskanzler Gerhard Schröder schaltet sich ein und ruft Mehdorn zum Gespräch.

11. April: Umweltministerium und Verkehrsverbände verlangen Verbesserungen am System.

20. Mai: Nach hohen Verlusten und Einbruch bei den Passagierzahlen müssen Vorstand Christoph Franz und sein Marketingchef Hans-Gustav Koch gehen, Mehdorn bekommt einen neuen Vertrag bis 2008.

2. Juli: Das Preissystem wird weitgehend abgeschafft, die BahnCard 50 wieder eingeführt.

Plan&Spar – wie die Bahn aus den roten Zahlen will

Bye, Bye Börsengang mochte so mancher gesummt haben, als er am Jahresende das Desaster im Fernverkehr in Zahlen sah: Statt Umsatzsprung sackten die Erlöse in den geleerten Zügen ab, das Ergebnis fiel gleich eine halbe Milliarde Euro schwächer aus als 2002, als noch ein kleines Plus im Geschäftsbericht stand. Der Versuch, diesen Teil des Konzerns börsentauglich zu machen, war gründlich misslungen: Das Ziel, mehr Menschen auf Schienen zu bringen – von der Wirklichkeit überrollt. Das Image der Bahn – weiter ramponiert. In Umfragen avancierte die Bahn wieder einmal zum unbeliebtesten Unternehmen – und Hartmut Mehdorn zum unpopulärsten Manager.

Er berappelte sich schnell. Noch im Sommer 2003 bekamen seine Manager das „Commitment der Konzernführungskräfte“ vorgelegt. Wie ein Feldherr vor der Entscheidungsschlacht schwor er seine Offiziere – den Börsengang 2006 immer vor Augen – ein: Auf den letzten Metern dürfe das Ziel nicht mehr gefährdet werden. Jeder Unternehmensbereich, jedes Geschäftsfeld, jede Tochtergesellschaft müsse dafür kämpfen: „Für unsere Beiträge tragen wir jeweils auch persönlich die Verantwortung“. Sollten sich die Prämissen ändern, müssten alternative Wege gefunden werden. Und natürlich: Der Konzern müsse als Ganzes, mit Netz, für privates Kapital geöffnet werden. „Wir sind nicht in der Krise“, rief Mehdorn seinen Kritiker trotzig entgegen.

Parallel trat er im Konzern kräftig auf die Sparbremse: Investitionen wurden gekürzt, Aufträge verschoben. Fast eine halbe Milliarde Euro solle allein der Stellenabbau zwischen 2003 und 2007 bringen, hieß es im Unternehmen. Das entsprach rund 37.000 Jobs. Als dazu extrem ehrgeizige Gewinnzahlen für den schwer angeschlagenen Fernverkehr, kombiniert mit einer Verschiebung von bereits vereinbarten Lohnerhöhungen, zirkulierten, wurden die Gewerkschaftsvertreter nervös. Transnet-Chef Norbert Hansen sprach von Mitarbeitererpressung für den Börsenkurs und Vertreter des Bundes waren verärgert, als durchsickerte, die Bahn wolle für die nächsten Jahre Steuergelder einplanen, die gar nicht zugesagt waren.

Mehdorn setzte zudem den Rotstift dort an, wo es Verkehrspolitiker besonders schmerzte, dem riesigen Kostenblock Netz. Neue Strecken wollte die Bahn fürs Erste nicht in Angriff nehmen. Als Grund nannte sie den Sparkurs des Staates, der Geld für Neu- und Ausbau angesichts der Wirtschaftsflaute in der Tat massiv kürzte. In der Regierung und bei Verkehrspolitikern aller Fraktionen keimte jedoch ein anderer Verdacht auf, der die Sitzungen des Verkehrsausschusses seit Jahren durchzieht und ebenso lange von der DB bestritten wird: Die Deutsche Bahn will gar nicht mehr Geld für ihr Netz, jedenfalls dann nicht, wenn sie für die Strecken noch eigenes dazulegen muss.

Ein Verdacht, den auch der Bundesrechnungshof teilt. Der bemängelte in einem Bericht aus dem Jahr 2006 zudem, dass der Bund seit Jahren Kosten übernehme, für die eigentlich das Unternehmen hätte aufkommen müssen: Mehrkosten der Großprojekte seien zinslos zwischenfinanziert worden, Investitionen in das bestehende Netz würden mit Zuschüssen statt mit Darlehen bezahlt, Planungskosten viel zu üppig vom Bund erstattet. Schlimmer noch für den Steuerzahler: Selbst solche Arbeiten am Netz, die die DB selbst zu zahlen hätte, seien großzügig übernommen worden. Insgesamt finanziere der Bund die Investitionen in die Schienenwege fast allein, obwohl dies so nie geplant war. „Der geringere Eigenanteil der DB AG führt also letztlich dazu, dass mit den eingesetzten Steuermitteln zunehmend weniger volkswirtschaftlich erwünschte Investitionen in das Schienennetz ausgelöst werden“, heißt es in dem Bericht 2006. Der vom Rechnungshof ausgerechnete Vorteil für die DB gegenüber der Gesetzeslage belaufe sich zwischen 1998 und 2008 auf knapp sieben Milliarden Euro.

Doch müht die Bahn sich wirklich so wenig, in neue Strecken oder den Ausbau der alten zu investieren? Bringen nicht neue, schnelle ICE-Strecken mehr Kunden und damit mehr Geld in die Kasse? Sind Berufspendler nicht der Staus müde und würden auf eine zügige Bahnlinie an ihrem Ort umsteigen? Sagt Mehdorn nicht regelmäßig, wir wären verrückt, wenn wir die Schienenwege verlottern lassen würden, wo die rot-weißen Regionalzüge doch das Rückgrat der Bahn seien?

Diese Gedanken machten sich auch die Prüfer und kamen im Grunde auf eine simple Rechnung. Jeder im Netz verbaute Euro – und sei er auch nur für eine Mitfinanzierung – bringt einem auf Rendite gepolten Unternehmen unterm Strich zu wenig. Das habe die Bahn selbst eingeräumt: „Ein unternehmerisches Interesse eines Infrastrukturunternehmens ... ist jedenfalls so lange ausgeschlossen, als die Infrastrukturbereiche ... keine angemessene Kapitalverzinsung erzielen“, zitieren die Prüfer die Deutsche Bahn. Nicht anzunehmen, dass renditehungrige Investoren plötzlich dem Staat unter die Arme greifen und ihr Geld dort in das Unternehmen pumpen.

Daher solle die Bundesregierung klären, inwieweit das Netz bei einem Börsengang auf Dauer auf Zuschüsse angewiesen sei. Auf dieser Basis könne das Parlament dann entscheiden, „ob Zuwendungen aus Steuermitteln Grundlage für die Rentabilität eines privatisierten Unternehmens werden sollten.“

Was die Prüfer trocken vorrechneten, brachte Parlamentarier, die für mehr Geld für die Schiene kämpften, in Rage. Beispiel Berlin-Rostock: Bereits 2002 hatte der Bund mit der Bahn alle wichtigen Vereinbarungen über den fast 700-Millionen-Euro teuren Ausbau der Strecke auf 160 Stundenkilometer geschlossen. Das Bundesgeld stand bereit, die Bauarbeiter nicht. Der Bund drängelte, weil EU-Zuschüsse von 200 Millionen Euro teilweise verlorengehen könnten, wenn nicht bald die Bagger kämen. Im September 2004 sagte Mehdorn dem Verkehrsausschuss zu, noch dieses Jahr könne gebaut werden. Richtig los ging es erst ein Jahr später. Dass es gerade hier so lang dauerte, nährte einen weiteren Verdacht: Zwischen Berlin und Rostock fährt der Konkurrent Veolia mit seinem InterConnex, eine der ganz wenigen Verbindungen, wo die DB sich dem Wettbewerb im Fernverkehr stellen muss.

Die „Süddeutsche Zeitung“ berichtete im Oktober 2004 über einen internen Vermerk des Verkehrsministeriums, in dem es der Bahn zahlreiche Versäumnisse bei der Modernisierung der Schienenwege „trotz gesicherter Finanzierung“ vorwirft. Bei der Beseitigung von Bahnübergängen durch Unter- oder Überführungen sei die Bahn nicht gewillt, Planungskosten zu zahlen, für die sie nach geltendem Recht aufkommen müsse. „Wichtige Maßnahmen zur Erhöhung der Sicherheit an Kreuzungen von Schiene und Straße können vorerst nicht verwirklicht werden.“ Die Sanierung von Gleisen werde teilweise verschoben: „Folgen: negative Auswirkungen auf den Zustand der Gleis- und Weichenanlagen, erhöhter Instandhaltungsaufwand, Langsamfahrstellen.“ Ähnliche Versäumnisse gebe es bei der Berliner S-Bahn, einer DB-Tochter, die „wegen fehlender Eigenmittel“ Strecken nicht saniere, was zu „kundenunfreundlichen Langsamfahrstellen“ führe.

Manager der Bahntransport-Gesellschaften liefen mit geballter Faust in der Tasche herum, denn Kritik am Netz und dessen Zustand war im integrierten Konzern gefährlich. Dabei litten nicht nur DB-Konkurrenten auf Nebenstrecken sondern auch die eigenen Güter- und Personenzüge. Obwohl die Bauprojekte im Wesentlichen vom Bund bezahlt wurden, habe die große Angst im Konzern den Mehrkosten gegolten, berichtete ein Manager. Denn auf denen konnte die DB allein sitzen bleiben.

Probleme im Netz konnten nicht nur Reisende auf den Bahnhöfen etwa über die Verspätungsanzeigen oder Auskünfte wie „Oberleitungsschaden“ oder „Stellwerksstörung“ spüren, auch intern gab es Unruhe. Personenverkehrsvorstand Karl-Friedrich Rausch, Nachfolger von Christoph Franz, fürchtete um die Sanierung seiner schwer angeschlagenen Sparte. So warnte er die Kollegen vom Netz, „dringend erforderliche Instandhaltungsmaßnahmen“ aufzuschieben. Verspätungen und verpasste Anschlüsse brächten „gravierende Fahrgastrückgänge“.[22]

Das Beben über den Sparkurs setzte sich fort und entlud sich im Frühjahr 2005 in einem offenen Krach zwischen Regierung und Parlament auf der einen und dem Staatsunternehmen auf der anderen Seite. Auf massives Drängen der Verkehrspolitiker hatte Kanzler Schröder zwei Milliarden Euro extra für Infrastrukturinvestitionen in den nächsten vier Jahren in Aussicht gestellt.

Daraufhin meldete sich Bahninfrastrukturvorstand Stefan Garber zu Wort: Das Kanzlergeld müsse weiter gestreckt werden, sonst könne man es leider nicht verbauen. Zudem brauche man noch schnell Entscheidungen des Verkehrsministeriums, um die bereits früher zugesagten Mittel im gleichen Jahr unterzubringen.

Statt Entscheidung gab es eine schnelle, harsche Antwort des Ministeriums, das sonst selten als scharfer Kritiker seines Bundesunternehmens auffiel: „Die Bahn muss aufpassen, dass sie ihre Kritiker nicht bestärkt, die vermuten, dass die Bahn ihre Eigenmittel mit Blick auf einen Börsengang zurückhalten will“, ließ das Haus erstaunlich unverblümt wissen. Es gebe ausreichend Projekte, in die das Geld fließen könne. Und der Grüne Albert Schmidt gab den Tipp, doch etwa an der Trasse Berlin-Rostock ordentlich zu bauen. „Es verstärkt sich der Eindruck, dass die Unternehmenskasse um jeden Preis geschont werden soll“, schickte er hinterher.

---

22 „Süddeutsche Zeitung“, 17.09.2004

Gespart wurde nicht nur beim Neubau: Auch das Streckennetz schrumpfte weiter. Je weniger Schienen, desto geringer die Instandhaltungskosten. Für Stilllegungen braucht die DB zwar die Genehmigung des Bundes. Argumente dafür ließen sich aber finden oder sogar selbst schaffen. Das Wort von der „kalten Stilllegung“ auf dem Lande machte die Runde, nicht nur bei Ländern und Fahrgastverbänden: Wird lange genug an einer Strecke gespart, häufen sich die Verspätungen und Langsamfahrstellen, erst verlieren die Kunden die Lust an der Strecke und dann die Länder, die Züge zu bezahlen. Mehr noch wurmte die „Optimierung“ oder „Verschlankung“ des Netzes. Das trifft Abstell- und Überholgleise sowie Kreuzungen. Seit Mehdorns Amtsantritt schwanden rund 20.000 der damals gut 90.000 Weichen aus dem Netz. Dabei werde keine Rücksicht darauf genommen, dass der Verkehr auf der Schiene in den vergangenen Jahren zugenommen habe, kritisiert das „Netzwerk Privatbahnen“ eine Art Kahlschlagpolitik, die auf die Interessen der Bahnkonkurrenten schon gar keine Rücksicht nehme.

Der Eindruck, dass hier massiv für den Börsengang gespart werde, deckte sich offenkundig mit dem des Bundesrechnungshofes. Anfang 2007 schlug er in einem Bericht erneut Alarm. Diesmal hatte die Behörde nicht die vom Bund finanzierten Ersatzinvestitionen geprüft, also etwa neue Weichen oder Signale, sondern deren Wartung. Dafür muss die DB allein zahlen. Ergebnis: Zwischen 2001 und 2005 habe sich ein Instandhaltungsrückstau von mindestens 1,5 Milliarden Euro aufgebaut. Für Brücken habe die DB nur ein Viertel des nötigen Geldes bereitgestellt.

Schlimmer noch: Das Eisenbahnbundesamt habe „zahlreiche sicherheitsrelevante Mängel“ aufgedeckt. Die Prüfer nannten gleich einen ganzen Katalog. Signale stünden wegen verrosteter Schrauben nicht mehr fest, Bäume und Sträucher wucherten an den Gleisen und drohten in die Oberleitungen zu wachsen, weil sie nicht geschnitten wurden, sodass gar Strecken gesperrt werden mussten. Die Spurweite von Gleisen habe Grenzwerte überschritten, was die Gefahr von Entgleisungen berge. Das Eisenbahnbundesamt habe zudem festgestellt, dass selbst nachdem die Baukolonnen ausgerückt waren, die Probleme immer noch nicht behoben worden seien.

„Die Mängel wertet der Bundesrechnungshof als Beleg dafür, dass die DB Netz AG erforderliche Instandhaltungsmaßnahmen jahrelang vernachlässigte“, schrieben die Prüfer. Deswegen sei im September 2006 eine Sonderprüfung eingeleitet worden, welche aber nach wenigen Tagen gestoppt worden sei, beklagten die Prüfer. Begründung des Bundes dafür: Man habe sich mit DB Netz auf eine verstärkte Vorbeugung und bessere Berichterstattung verständigt.

Die Prüfer ärgerte besonders, dass der Steuerzahler wegen Schlampereien bei der Wartung letztlich die Rechnung präsentiert bekomme: „Es besteht somit die Gefahr, dass vorzeitige Ersatzinvestitionen zu Lasten des Bundes erforderlich werden.“ Ein Anreiz, es bei der Pflege des Eigentums nicht so genau zu nehmen, wie der Rechnungshof kritisierte. Auch in diesem Fall dementierte das Unternehmen heftig, weder spare man an der Instandhaltung noch mangele es an Sicherheit.

Was blieb, war das ungute Gefühl, dass Netz und Kapitalmarkt nicht so harmonieren wie Rad und Schiene. Anders gesagt: Es erweist sich für die DB als schwierig, mit der Eisenbahn richtig Geld zu verdienen, denn das scheint immer noch eher auf der Straße zu liegen.

Bloß weg von der Schiene: Laster, Schiffe, Flugzeuge

Es ist eine Frage der Gerechtigkeit und da kennt der knorrige Bahnchef kein Pardon: Wiederholt ist er im Verkehrsministerium vorstellig geworden und hat deutlich gemacht, so gehe es nicht weiter. Entweder müsse der Lkw-Verkehr mit einer Abgabe belegt werden oder es gehe mit der Güterbahn direkt aufs tote Gleis: Die Schiene müsse ungleich mehr Lasten tragen als Lastwagen. Lediglich ein Drittel der Kosten für Reparatur und Bau der Straßen zahlten die Spediteure, die Bahn sorge dagegen selbst für Unterhalt, Überwachung und Sicherung der Anlagen.

Es war wie immer und kaum zum Aushalten: Die Politik wog ab, debattierte, verschob und wollte dann doch eine gesetzliche Regelung anschieben. Da hatte der Mann an der Spitze der Bahn längst zugeschlagen. Wenn den Lastern angeblich die Zukunft gehört, dann doch bitte im Staatsdienst und für die Bahn: So kaufte Reichsbahn-Generaldirektor Julius Dorpmüller 1931 die größte Spedition des Landes auf.

Rund 70 Jahre später sah die Lage nicht viel anders aus. Die Güterbahn fiel scheinbar hoffungslos hinter den Lkw zurück. Der Marktanteil der Schiene war in Deutschland auf unter 16 Prozent abgesackt, der Lastwagen fuhr bald 70 Prozent der Ladung.

Neben dem Fernverkehr und dem Netz war der Güterverkehr die dritte Sparte, die Mehdorn auf Börsenkurs trimmen musste; einen „Sanierungsfall der übelsten Sorte“ hatte er ausgemacht. Bei der Güterbahn Railion lag vieles im Argen, was sie hinter die Lastwagen immer weiter zurückfallen ließ. Unter anderem auch, dass die Spediteure ihre Ladung über offene Grenzen hinwegjagen konnten, die für die Bahnen so undurchlässig waren, wie Wasserfälle für Binnenschiffe. Lokführer müssen nationale Führerscheine und Sprachkenntnisse vorweisen, in Italien muss der Zeiger der Druckluft-Manometer ihrer Loks rot sein, in allen anderen Ländern schwarz. Feuerlöscher sind in Dänemark mit Kohlendioxid verpflichtend, in Österreich aber mit Schaum und in Italien mit Pulver. Nicht nur in Deutschland, in ganz Europa mehrten sich Zweifel, ob Güterverkehr auf der Schiene überhaupt eine Zukunft habe.

Sehr zum Verdruss Mehdorns, war Schenker 1991 wieder an den Logistiker Stinnes verkauft worden. Denn die Firma war inzwischen längst nicht mehr allein Lastwagenspediteur, sie war zumindest auf dem europäischen Markt ein führender Logistiker. „Mobility networks logistics", das Motto des ganzen Konzerns, verkörperte Schenker allein. 2002 stand Stinnes mit dem Herzstück Schenker zum Verkauf und Mehdorn schlug zu. Für 2,5 Milliarden Euro verleibte der Staatskonzern sich die börsennotierte Firma und damit die Keimzelle für einen Global Player ein. „Eine Weichenstellung für das 21. Jahrhundert", rühmte der Bahnchef den Kauf. Man könne jetzt Kunden mit einer eigenen Spedition von „Fabriktor zu Fabriktor" beliefern.

Mit einem Schlag hatte Mehdorn nicht nur Deutschlands größten Lkw-Spediteur – 2007 fuhren mehr als 20.000 Lkws unter seiner Flagge – auch bei Schiff und Flugzeug spielte man ganz vorn und weit jenseits der Grenzen mit. Anfang 2007 meldete das Unternehmen nach dem Kauf einer Reihe von Logistikern stolz, man spiele nun in der ersten Liga – zu Lande, zu Wasser und in der Luft: Nummer 1 im europäischen Landverkehr, Nummer 2 in Luftfracht weltweit, Nummer 3 in Seefracht weltweit. Jeder fünfte Bahner hat seinen Job im Ausland. In rund 150 Ländern quer über den Globus ist das DB-Logo mittlerweile vertreten. Eine Expansionsstrategie, die Mehdorn schon bei Heidelberger Druck verfolgte, als er das Unternehmen an die Börse brachte. Der Druckmaschinenhersteller fuhr die Mehdorn-Strategie, nach herben Verlusten in den neuen Sparten, bald wieder zurück.

Schenker war profitabel und die Sparte Güterverkehr wuchs mit den weiteren weltweiten Käufen schnell auf nahezu die Hälfte des Gesamtumsatzes. Der Bahnchef hatte nun die Wachstumsstory, auf die der Kapitalmarkt so scharf ist. Es war ein Riesenschritt Richtung Börse für Mehdorn, misstrauisch beäugt von seinen Kritikern im Parlament. Denn die Güterbahn, damals noch unter dem Namen DB Cargo, war mit dem Kauf

Schenkers keinesfalls saniert. Die Abgeordneten wollten lieber wissen, was aus Gleisanschlüssen der Firmen in ihrem Wahlkreis werden würde. Dazu trieb der Einkaufsbummel auf den Logistikmärkten die Schulden des Bundesunternehmens, einst vom Steuerzahler übernommen, erneut in die Höhe.

Die Kritiker der weltweiten Expansionspläne beruhigte die Konzernführung mit dem Hinweis, von Schenkers Vertriebsnetz werde die Güterbahn langfristig profitieren. Wenn die Grenzen für die Züge endgültig fielen, könnten sie die Waren des Exportweltmeisters quer durch ganz Europa fahren und am Zielpunkt sorgt Schenker für Güter für den Rücktransport. Ein Argument, das allerdings für den späteren Kauf des US-Logistikers Bax Global ebenso wenig gelten konnte wie für neue Töchter in Asien.

Unruhe gab es zudem, da zwar Milliarden für Schenker und die Lkws flossen, die heimische Güterbahn DB Cargo jedoch „Mora C“ verordnet bekam. So hieß die Medizin, an der sie gesunden sollte, analog zum Personenverkehr das marktorientierte Angebot Cargo. Als wesentlicher Grund für die schwachen Zahlen der Konzerntochter war zu viel Verkehr auf der Schiene ausgemacht worden. Genauer gesagt, zu viele Einzelwagen, die dann noch aus dem Bayerischen Wald oder der Eifel von mittelständischen Maschinenbauern oder Baustoffhändlern abgeholt werden mussten. Was dem Modellbahner Spaß macht, das Rangieren, sind für die große Bahn nur Kosten. Von gut 2.000 Güterverkehrsstellen – also Umschlagplätzen – sollten rund die Hälfte abgeschaltet werden, zu guter Letzt blieb davon noch ein Drittel. Jährlich 250 Millionen Euro sollte diese Maßnahme sparen. Ähnlich erging es den privaten Industriegleisanschlüssen, sie schrumpften von rund 6.000 auf 4.000.

Probleme mit dem Schotter hatten nun Betriebe wie beispielsweise die „Odenwälder Hartstein Industrie“. Der Betrieb mit seinem Steinbruch in Groß Bieberau brachte im Jahr rund 100.000 Tonnen Material mit eigener Eisenbahn die vier Kilometer bis zum Städtchen Reinheim, wo DB Cargo übernahm. Bis „Mora C“ seinen Tribut forderte und den Anschluss dichtmachte. Seitdem rumpelt der Schotter per Schwerlaster zu seinen Kunden. Darunter die DB selbst, die die Steine für ihr Gleisbett braucht.

Scheinbar unversöhnlich standen sie sich mal wieder gegenüber: Rendite und Regionalförderung, Profit und Politik. Den „Mora C“-Konstrukteur und damaligen Bahnlogistikchef Bernd Malmström ließen die massenhaften Proteste aus der Provinz ungerührt. Politiker und Manager könnten eben nur ein relativ kurzes Wegestück gemeinsam gehen: „Wir haben die gleiche Zielrichtung, mehr Verkehr auf die Schiene zu bringen – das ist es aber auch schon. Wenn sich der Verkehr nicht rechnet, nehme ich ihn auch nicht, wenn er verkehrspolitisch gewollt ist.“ Das Dilemma: Güter auf die Bahn – aber wohin die Verluste?

Eine Antwort war der Staat. Kurioserweise legte der Bund Ende 2004 ein Programm für Gleisanschlüsse auf, mit dem Firmen bis zur Hälfte der Investitionskosten bezahlt werden konnten. Verkehrsminister Manfred Stolpe sprach von einem wichtigen Impuls für mehr Verkehr auf der Schiene. Und Mehdorn lobte: „Anstöße aus der Politik zur finanziellen Unterstützung der Schnittstellen, wie etwa die Gleisanschlussförderung sind die richtigen Signale.“

Hatten die DB-Manager allerdings geglaubt, mit „Mora C“ sei die Sparte börsenreif saniert, sahen sie sich nach kurzem Zwischenhoch getäuscht. 2004 blickten sie wieder in ein rotes Loch. Das Konjunkturtief drückte die Transporttarife, die Gewinnmargen schmolzen wie der Schneemann im Regen. Malmström verschrieb „Mora C“ in hoch dosierter Form: Selbst traditionelle Transporte wie etwa Kohle aus dem Hafen Rotterdam in Richtung Ruhrgebiet wollte die Bahn aufgeben.

Das ging den Regierungsvertretern im Aufsichtsrat dann doch zu weit. Unmissverständlich signalisierte der Eigentümer diesmal dem Bahnchef, politisch sei ein solcher Schrumpfkurs weder gewollt noch durchzuhalten. Mehdorn lenkte ein. Malmström ging.

7.
Der gescheiterte Börsengang 2006

„Wer an den dicksten Stellen mit dem Kopf
durch die Wand will, bewegt am Ende gar nichts –
er holt sich nur gewaltige Beulen.“

Anlauf zum großen Sprung

Es sollte ein ganz großer Tag und ein Tag für die ganz Großen werden. Blattgold von 23 Karat strahlte an den Säulen im Foyer des neu eröffneten Berliner Hotels Ritz Carlton, mehr als 500 Gäste ließen sich im Glanz von Dutzenden Kronleuchtern im großen Ballsaal nieder. Die Aufsichtsräte hatte er geladen, die früheren Bahnchefs, den Verkehrs- und Finanzminister und den Mann auf den es ankam, den Kanzler selbst. Kurz, es sollte der Tag des Hartmut Mehdorn werden.

Zehn Jahre nach der Bahnreform, dem runden Geburtstag der Deutschen Bahn AG, sollte Gerhard Schröder den wichtigen Menschen im Saal und den Zweiflern und Nörglern außerhalb das Signal geben: Der Weg für „Blue Chip“, die Börsennotierung der Bahn bis 2006 ist frei. Schröder plauderte wie üblich ganz locker, einen Ellenbogen aufs Pult gestützt, ein Bein über das andere, gab seine Anekdote von der gescheiterten Bewerbung als Jungwerker bei der Bundesbahn zum Besten, und enttäuschte den Bahnchef nicht: „Der Börsengang der Bahn ist ein wichtiges Ziel der Bundesregierung“, sagte er. Wenn die Bahn in diesem Jahr eine schwarze Zahl schaffe, dann sei die Chance da.

Die werde die Bahn nutzen, versprach Mehdorn an diesem Januartag 2004, der wie an Geburtstagen üblich voll mit Lobesreden auf den Jubilar war. Dabei fiel die Bilanz der zurückliegenden Jahre recht zwiespältig aus: Ob der Bundeshaushalt wirklich entlastet wurde? Fraglich. Mehr Verkehr auf der Schiene? Vielleicht, aber sicher keine Marktanteile der Straße abgenommen. So hatten sie schon Tage vor der Feier gemosert, die üblichen Verdächtigen, die sogenannten Verkehrsexperten, Wissenschaftler, Skeptiker und Besserwisser, die ihm diesen Tag vermiesen wollten. Wie beim Fußball ist es, wo alle Zuschauer der bessere Trainer sind. Trost hat ihm einer seiner Nachbarn gespendet, ein früherer Direktor des Berliner Zoos. Der erzählte ihm von Zoobesuchern, die ein Aquarium zu Hause gehabt hätten, und daher meinten, ihm erklären zu können, wie man einen Zoo leite.

Sollen sie doch lamentieren über fehlende Gleisanschlüsse und Interregios, Verspätungen und Schlangen an den Schaltern: Jetzt geht es um Roce, Ebit oder Gearing – kurz: um schwarze oder rote Zahlen –, solche Wünsche des Marktes muss er erfüllen. Sonst kein Börsengang, kein Kapital und damit aus der Traum vom weltweit führenden Mobilitäts- und Logistikunternehmen.

Weit ärgerlicher ist da, dass auch diese Bilanz Anfang 2004 durchwachsen ausfällt. Gut, der mit Steuergeld gepäppelte Nahverkehr brummt. Die gekaufte Spedition Schenker liefert börsenreife Gewinne. Aber: IC und ICE fahren noch immer horrende Verluste ein, die einmal vergraulten Kunden kehren nicht zurück, echte Besserung ist nicht in Sicht. Bereits im Frühjahr mussten Fernreisende mehr bezahlen und im Sommer wurde die zweite Preiserhöhung angekündigt. Mit dem Börsengang habe dies nichts zu tun, hatte das Unternehmen beteuert.

Auch sonst Probleme allerorten: Die Güterbahn Railion ist trotz „Mora C" wieder auf dem Weg in die Miesen. Das Schienennetz – trotz Stilllegungen und Sparkurs – in den roten Zahlen. Dazu hat die zum Start praktisch schuldenfreie Bahn ihre Verbindlichkeiten massiv hochgetrieben. Rund 14 Milliarden Euro weist die Bahn 2003 aus. Klar, dass die Miesmacher unken, mit der Börse werde es erstmals nichts. Fast selbstverständlich, dass Hartmut Mehdorn es ihnen zeigen will. Er wird der Bahn auf der Reise zur Börse Pünktlichkeit beibringen.

Denn der Fahrplan steht ja schon, die „Blue-Chip"-Arbeitsgruppen tagen. Die nächste Station heißt Morgan Stanley. Die US-Investmentbanker hatten die Bilanzen des Unternehmens im Bundesauftrag seit Mitte 2003 unter die Lupe genommen und nach kapitalmarkttauglichen Renditezahlen geforscht. Für Mai 2004 war die Veröffentlichung der Kernpunkte einer 1.500-Seiten-Studie vorgesehen, die für kräftig Rückenwind sorgen sollte.

Doch stattdessen wehte ein laues Lüftchen, das zudem noch von vorn kam. Zwar wurde sein Management gelobt und ein „beachtlicher Sanierungserfolg" attestiert. Die Chance, dass das große Ziel bis 2006 erreicht werde, bestehe noch, hieß es, worauf aber eine Kaskade von Einschränkungen folgte, die jedem Leser deutlich machte, auf welch brüchigem Gleis das Projekt fuhr. Und wie sehr das Unternehmen Börse von Zahlungen des Staates abhängt, weil die DB ein „Eigenmittelproblem" hat, wie die Banker ganz offen schrieben. Selbst für einen integrierten Börsengang, also mit dem Netz, müssten auf mindestens zehn Jahre die Hilfen des Steuerzahlers festgeschrieben werden, die Länder auf Dauer mit ausreichenden Regionalisierungsmitteln ausgestattet und Baukostenzuschüsse statt Darlehen vergeben werden, verlangten die Investmentbanker.

In den nächsten Jahren müssten zudem alle Töchter, inklusive Fernverkehr und dem subventionierten Netz, schwarze Zahlen schreiben. Überhaupt: Die geplanten Gewinnsteigerungen des Konzerns reichten nicht aus, um bei Investoren zu landen. Da müsse die Bahn noch etwas drauflegen. Besonders genau würden die potenziellen Geldgeber daher das Ergebnis des Jahres 2004 prüfen. Ergebnis der Studie war eine lange Liste mit Forderungen und nicht die erhoffte Reservierung für einen Platz auf der Liste der Dax-Unternehmen zwischen Daimler und Deutscher Bank.

Da hatte Hartmut Mehdorn ein dickes Problem. Das Geschäft lief schlecht in den ersten Monaten des Jahres, genauso wie die Konjunktur in Deutschland insgesamt. Der Konzern lag trotz Sparprogramm unter den Planungen und drohte am Ende des Jahres aus der Spur zu laufen und mit einem Minus dazustehen. Der Fernverkehr stand immer noch unter PEP-Schock und der Güterverkehr entwickelte sich zum neuen Krisenfall. Dazu rann Mehdorn die Zeit durch die Finger, denn die Entscheidung der Regierung musste bald fallen, um Abgeordnete und Länder noch zu einem Ja vor der nächsten Wahl bewegen zu können.

Und was kommt aus dem Verkehrsministerium? Sehr viel Schweigen. Morgan Stanley habe wohl sorgfältig gearbeitet, ließ das Haus lediglich mehrdeutig wissen. Manfred Stolpe war durch das Schicksal seines Vorgängers Kurt Bodewig gewarnt. Es galt das gesprochene Kanzlerwort aus dem Ritz Carlton – und das war pro Börsengang.

Und was tat der Bahnchef? Er verhängte einen radikalen Ausgabestopp über den gesamten Konzern, keine Investition mehr ohne Sondergenehmigung. „Selbst in den Stellwerken fehlte das Klopapier", erinnert sich ein Bahner mit Grausen. Mit beiden Füßen steht der Bahnchef auf der Sparbremse und erhöht den Druck: Die Vorgaben der einzelnen Vorstandsbereiche werden erneut verschärft. Seine Planungen würden immer eingehalten, hatte Hartmut Mehdorn einmal behauptet. Das solle so bleiben.

Das Parlament probt den Aufstand

Die Sitzung im Bundestag am 17. Juni 2004 schien mit den üblichen Kabbeleien zwischen Koalition und Opposition zu Ende zu gehen. Viele der blauen Sitze unter dem mächtigen Bundesadler waren wie so häufig unbesetzt. Das Statistikabbaugesetz und die Förderung von Regionalsprachen standen auf der Tagesordnung. Als einer der letzten Punkte kam an diesem Abend im Hohen Haus die Bahnprivatisierung zur Sprache, kaum beachtet von den Journalisten, denn die Zeitungen hatten schon Redaktionsschluss. Sie verpassten Szenen ungewöhnlicher Eintracht am früheren Tag der Deutschen Einheit im sonst so zänkischen Haus: Der FDP-Mann applaudierte der SPD-Frau, der Unions-Abgeordnete der FDP – und alle zusammen dem Grünen-Verkehrsexperten Albert Schmidt für seinen Satz: „Der Deutsche Bundestag ist selbstbewusst genug, heute zu sagen: Wir wollen nicht nur mitreden, wir sind an dieser Stelle die Vertreter des Eigentümers und haben es zu entscheiden."

Mit den Stimmen aller Fraktionen beschlossen sie einen Antrag, wonach die Deutsche Bahn erst nach „mehrjähriger positiver Gewinnentwicklung" an die Börse gehen könne. Und selbst dann müsse erst einmal über das Modell diskutiert werden. Dass Morgan Stanley aus Sicht des Kapitalmarktes die Variante mit Netz bevorzuge, könne für das Parlament nicht maßgebend sein. Der Beschluss war nichts weniger als eine klare Absage an Hartmut Mehdorn.

Es war eine klammheimlich eingefädelte Revolte der Verkehrsexperten nicht nur gegen den Verkauf im Eiltempo, zumindest in der SPD galt sie auch als ungebührlich gegenüber der eigenen Fraktionsspitze, die überrumpelt wurde und sich besonders daran störte, dass die Opposition von Union und FDP mit im Boot gesessen hatte. Ein Hauch von Anarchie durchwehte die Fraktionen, in denen sonst hinter den Kulissen eiserne Fraktionsdisziplin durchgesetzt wird. Ein Affront gegen das SPD-geführte Verkehrsministerium und dessen Strippenzieher, die gemeinsame Sache mit der Bahnspitze machten, war es obendrein.

Der Beschluss des Parlaments, obwohl nicht bindend für die Regierung, löste ein kleines Beben aus. Die Parlamentarische Staatssekretärin, die das Band zwischen Verkehrsressort und Abgeordneten sein sollte, musste wenig später die Zuständigkeit für das Thema abtreten. Der SPD-Verkehrsexperte Reinhard Weis erinnert sich, dass er bei der anstehenden Wiederwahl zum verkehrspolitischen Sprecher in der Fraktion keine Unterstützung von deren Spitze mehr erhalten habe. Er wurde abgelöst. Erschütterungen registrierten Verkehrsexperten zudem am Potsdamer Platz: Die Lobbyabteilung der Bahn, sonst meist lange vorab über alle Verkehrsthemen in Parlament und Regierung informiert, wurde kalt erwischt. Journalisten wurden eilig zusammengerufen, um ihnen gewunden darzulegen, warum der

Antrag des Parlaments eigentlich doch mit den Vorstellungen der Bahn deckungsgleich sei.

Der Aufstand der Volksvertreter war die öffentliche Antwort auf den Geheimplan „Blue Chip“, mit seinen Arbeitsgruppen zwischen Ministerien und Bahntower. Bereits im Mai hatte der Verkehrsausschuss mit einem ähnlichen Beschluss appelliert, nicht am Parlament vorbeizuhandeln. Alle die Fragen, die später immer wieder gestellt wurden, lagen auf dem Tisch: Was wird aus dem Ziel mehr Verkehr und mehr Wettbewerb auf der Schiene, wenn die Bahn das Netz kontrolliert? Schielt man nur auf die einmaligen Verkaufserlöse beim Börsengang und vergisst, dass der Steuerzahler auf Dauer die Schiene und vielleicht auch die Dividenden der Aktionäre bezahlt? Die Fragen waren weitgehend ungehört verhallt. „Das hat uns mächtig verärgert“, erinnert sich der SPD-Experte Weis.

Stattdessen war Mehdorn zu den Ministerpräsidenten der Länder gereist, hatte bei den Fraktionsspitzen vorgefühlt und für den Börsengang getrommelt. Im Finanzjargon nennt sich dies ein Top-Down-Ansatz, man spricht mit den Großen, dann werden die Kleinen schon spuren. Etwas, was im Unternehmen funktionieren mag, in der Parteiendemokratie jedoch eine riskante Strategie ist, wie Hartmut Mehdorn drei Jahre später noch einmal schmerzhaft lernen musste.

Im Sommer 2004 setzten die Abgeordneten noch einmal nach: Von der Bundesregierung verlangten sie ein Gutachten, in dem der Verkauf des Konzerns ohne das staatlich finanzierte Netz, das Herz der Eisenbahn, geprüft werden sollte. Also die Variante, die Mehdorn fürchtete und hasste wie der Reisende die betriebsbedingte Störung. Allein dieses Gutachten, wie immer es ausfallen mochte, war eine tödliche Gefahr, es drohte den ganzen Fahrplan durcheinanderzubringen.

Politiker hätten jetzt den Zeitpunkt gesehen, ihr Projekt abzumoderieren, wie es im Berliner Jargon heißt; der leise Rückzug unter möglichst geringer öffentlicher Begleitung und möglichst großer Gesichtswahrung. In der Laufbahn eines Politikers, so er sie denn fortsetzen möchte, gehört dies zum unerlässlichen taktischen Rüstzeug, das er hin und wieder einsetzen muss, wenn die Aussicht auf Erfolg ebenso schwindet wie die Zahl der Gegner steigt. Politiker ist Hartmut Mehdorn nicht, und Gegner werden bekämpft.

Brieffeindschaft mit dem BDI

Rund 1.300 interne und externe Schreiben verließen 2004 Hartmut Mehdorns Büro unter seinem Briefkopf, das sind jeden Tag mehr als drei, Sonntage mitgezählt. Besonders reich bedacht wurde in diesem so wichtigen Jahr für den Bahnchef der Bundesverband der Deutschen Industrie (BDI). Der mächtige BDI stand zwar nicht im Verdacht, ein Privatisierungsgegner zu sein, jedoch sympathisierte er mit der Trennung von Netz und Betrieb, jenem fast religiösen Dogma Mehdorns, dem die Post einen gewichtigen Teil seiner Schreiben verdankt.

Im Frühjahr hatte sich der Bahnchef bereits bei BDI-Chef Michael Rogowski vehement gegen das geplante Forum des Verbandes mit dem Deutschen Industrie- und Handelskammertag (DIHK) gewandt, bei dem die „sogenannten Verkehrsexperten" sprechen sollten. Mehdorn vermutete hinter dem BDI den Verband der Automobilindustrie (VDA) mit der Absicht, seine Bahn und damit einen Konkurrenten zu zerschlagen und zugleich die begehrten Gelder des Bundes für die Straße abzuzweigen. Als der Bahnchef dann auch noch Wind davon bekam, dass nicht nur der Bundestag, sondern ebenfalls der BDI ein Gutachten zur Bahnprivatisierung wollte, war es wieder Zeit, zum Stift zu greifen.

Verschnupft monierte er, die DB sei an der „sogenannten Expertenauswahl" für das Gutachten nicht beteiligt und habe daher auch kein Interesse an dessen Ergebnis, das er sich ohnehin denken könne. Darauf ließ er es jedoch nicht beruhen. Einen weiteren Brief erhielt sein Freund Wendelin Wiedeking. Mit dem Porsche-Chef verband die DB zum einen eine enge Geschäftsbeziehung, weil Wiedeking seine Sportwagen per Bahn in die Häfen und anschließend zum Transport in alle Welt verschickte. Zum anderen war Wiedeking wie Mehdorn den „FROGS" zuzurechnen, den „Friends of Gerhard Schröder". Nur mit einem Börsengang sei es möglich, dass die Bahn frei von politischen Einflüssen wachsen könne, schrieb er Wiedeking. „Unsere Bemühungen dazu werden in den letzten Wochen sehr polemisch und auf befremdliche Art und Weise vom VDA angegriffen", rief ihn Mehdorn um Hilfe.

Wiedeking enttäuschte nicht und sandte wiederum VDA-Chef Bernd Gottschalk ein geharnischtes Schreiben, das sich im Wesentlichen der Argumente des Bahnchefs bediente und die Einmischung des VDA beklagte. „Ich jedenfalls wehre mich strikt gegen dieses aus meiner Sicht falsche, offensichtlich unabgestimmte und obendrein unkluge Verfahren."

Der Bahnchef brauchte gerade jetzt jede Hilfe, wenn Projekt „Blue Chip" vor der geplanten Bundestagswahl im Herbst 2006 noch etwas werden sollte. Denn in Berlin ticken politische Uhren wie in einem Countdown, in dessen Takt sich jedes Regierungsprojekt einfügen muss. Etwa ein Jahr vor der Wahl stehen sie völlig still. Spätestens dann ist Wahlkampf und in diesem Schlachtgetümmel hat kein ernsthaftes Gesetzesvorhaben eine Chance, schon gar kein Börsengang eines Staatsunternehmens, mit dem kein Politiker bei seinen Wählern punkten kann. Ein weiteres Jahr davor muss das Gesetz auf den Hürdenlauf im Parlament geschickt werden, sonst kommt es vor der toten Zeit nicht mehr ins Ziel. Es drohte, wie Mehdorn es später formulierte, der Teufel mit seinem liebsten Möbelstück, der langen Bank.

Der Druck auf den Bahnchef verstärkte sich von allen Seiten: Im Konzern wurde gespart, dass es quietschte und die Gewerkschaften unruhig wurden. Das Parlament hatte sich gegen ihn gestellt, die Stimmung in der Öffentlichkeit für die Privatisierung nach dem Modell Mehdorn verschlechterte sich zusehends. Mehr denn je kam es auf das zweite Netz der Bahn an, auf Berater, Beauftragte und Bevollmächtigte.

Anfang September wollte sich der Vorstand daher mit der streng vertraulichen Vorstandsvorlage „Interessenvertretung des DB Konzerns in einflussreichen Verbänden zur Begleitung des Börsenganges“ befassen. „Positionen der relevanten Verbände gegen die DB-Interessen sind zu begrenzen, wo möglich zu vermeiden“, hieß es dort bei TOP 2.2. Akribisch listete das Papier sämtliche Gruppierungen auf, in denen die Bahn vertreten war, inklusive Mitgliedsbeiträge. Und der weitverzweigte Konzern mischte fast überall mit, vom DIHK (750.000 Euro), dem Arbeitgeberverband BDA (345.000 Euro) bis zum alternativen Verkehrsclub Deutschland (Drei Netzkarten = 20.000 Euro). Nur in „Ausnahmefällen“ sollten Mitgliedschaften gekündigt werden, warnen die Autoren vor einem Rückzug in den Schmollwinkel.

Während bei den Bahn- und Verkehrsverbänden mit entsprechend großem DB-Einfluss Unterstützung registriert wurde, war dies bei anderen erheblich schwieriger: „Die Wirtschaftsverbände lehnen den Börsengang der integrierten Bahn ab. Diese Ablehnung muss weitestgehend neutralisiert werden“, lautet die Order im Militärjargon. Nur leider: Beim BDI sei eine Privatisierung mit dem Schienennetz gegen die Autoindustrie im VDA „nicht möglich“, räumen die Autoren resigniert ein. Der Verband wolle es in staatlicher Hand wissen. Warum, dazu fällt in dem DB-Papier zum Schluss ein vielsagender Satz: „Darüber hinaus würde im Fall einer Staatsnetz AG der Druck auf die Absenkung der Trassenpreise zunehmen, was Verladerinteressen entspricht.“

Die DB befürchtete also, die Nutzung der Schienen durch die Bahnen könnte billiger werden, wenn der Konzern ohne Netz privatisiert werde. Gut für die Wirtschaft und eben die Autoindustrie, die dann Autos, Rohstoffe und Container auf der Schiene günstiger transportieren lassen könnte, möchte man meinen. Und ebenso gut für die DB-Güterbahn und den Personenverkehr, die dann ebenfalls günstiger fahren und vielleicht sogar die Preise senken könnten. All dies wäre geeignet, mehr Verkehr auf die Schiene zu bringen. Aber eben nicht gut für einen integrierten Konzern mit Schienennetz, der möglichst hohe Gebühren kassieren will und damit die Konkurrenz und deren Kunden zur Kasse bitten kann.

Auf der Suche nach Verbündeten und Seelenverwandten in der Industrie fiel der Blick des schwer Bedrängten folgerichtig auf die anderen Konzerne, die über Monopole in Deutschland verfügten. Mehdorn störte es dabei offenbar nicht, dass deren Ruf in der Öffentlichkeit bereits damals nicht der beste war: Er schrieb also an das Oligopol der vier großen Stromversorger in Deutschland. Jeder der Chefs von E.ON, RWE, Vattenfall Europe sowie EnBW bekam Post von ihm – wie die Post selbst. Schließlich war der Bund größter Aktionär der Deutschen Post AG, die über Briefmonopol und Vertriebsnetz verfügte. Nicht vergessen wurde auch die Deutsche Telekom.

Die Haltung des BDI – ohne Netz echter Wettbewerb – schrieb er an Zumwinkel, Bernotat und Co, könne sie doch nicht ruhen lassen: „Diese Logik ist für eine Netzindustrie wie die Bahn, aber auch Ihr Unternehmen verheerend", warnte er die Vorstandschefs, die mit den Netzmonopolen in ihren Häusern gut verdienten. Allen voran die Stromkonzerne. Kurz vor seiner schwungvollen Unterschrift warf er daher einen weitsichtigen Blick in die Zukunft: „Da, sollte sich die Haltung des BDI durchsetzen, auch Ihr Unternehmen vor der gleichen Frage stehen wird, würde mich Ihre Bewertung dieses Vorgangs interessieren."

Mehr als drei Jahre später wird den Stromkonzernen und den Regierungen nicht nur in Deutschland genau diese Frage gestellt: Ob deren Monopolnetze nicht von den Konzernen gekappt und dem Staat oder zumindest einem neutralen Unternehmen gegeben werden müssten? Weil die Wettbewerber sie nicht fair nutzen könnten und den Haushalten damit die Tür zu niedrigeren Preisen versperrt und den Konzernen das Tor zur Abzocke geöffnet werde. Von empörten Verbrauchern kam die Frage, vom Kartellamt und aus den Parteien; am lautesten aber von der EU-Kommission, die die Trennung von den Netzen verlangt. Die Debatte in der Energiepolitik verengte sich etwa im Jahr 2007 fast allein darauf, sodass ein Energiemanager stöhnte: Ganz egal, welche Frage gestellt wird, als Antwort wird immer „Trennung“ erwartet.

Sollte die Kampagne des Bahnchefs im Sommer 2004 zum Ziel gehabt haben, den BDI/DIHK-Kongress zu verhindern, oder gar dessen Haltung zu ändern, so ging das gründlich schief. Am 22. September wurde im Haus der Wirtschaft deutlich für eine Trennung von Netz und Betrieb plädiert. Zuvor schon hatte Mehdorn die interne Anweisung gegeben: „Bitte alle Beiträge oder sonstige finanzielle Unterstützung an den BDI einstellen.“ Für das Projekt Börsengang 2006 war sowohl dies wie der BDI-Kongress insgesamt irrelevant. Die Entscheidung über „Blue Chip“ 2006 war da schon gefallen.

Alles auf Rot

Zur gleichen Zeit als sich Hartmut Mehdorn mit den Funktionären des BDI herumschlug, bekam er einen Bericht auf den Tisch, bei dem er rotsah. Irgendwann zum Jahrtausendwechsel war weltweit bei den Beratern die Masche aufgekommen, die Ergebnisse von Studien und Analysen mittels Ampelfarben anschaulich zusammenzufassen. Und auf dem Bericht von Morgan Stanley über das erste Halbjahr 2004 der DB leuchtete Mehdorn neben Grün und Gelb auch kräftiges Rot entgegen. Nicht nur IC und ICE fuhren weiter unter statt nach Plan, ähnlich schlecht sah die Rendite des Gesamtkonzerns aus, die weit entfernt von dem lag, was Investoren erwarten. Die Autoren schreckten zwar davor zurück, Mehdorns Ziele unerreichbar zu nennen, doch genau dies schimmerte zwischen den Zeilen durch.

Wer in solche Bedrängnis gerät, muss ganz nah zusammenrücken: Auf dem Truppenübungsplatz „Hammelburg" in der Rhön, wo sonst die Bundeswehr-Eliteeinheit Kommando Spezialkräfte (KSK) den Nahkampf trainiert, war in diesen Septembertagen ein kurioses Kommando KFK unterwegs. Die Konzern-Führungs-Kräftekonferenz (KFK) der Deutschen Bahn hatte sich das Gelände ausgesucht, um Zusammenhalt und Teamgeist mit einem Hauch von Überlebenstraining zu stärken, wie der „Spiegel" berichtete. Rund 80 Manager, in militärische „Züge" unterteilt, waren demnach auf einer Ortskampfbahn unterwegs, schwangen an Tauen über Wassergräben, stiegen Kletterwände empor und sanken dann erschöpft ins Biwak. Wer den Feind an diesem Tag darstellte, ist leider nicht überliefert. Unbekannt ist ebenso, ob sie den geordneten Rückzug trainierten. Genau diese Strategie war in den folgenden Tagen gefordert.

Das Kommando dafür, so schien es zumindest, kam per Brief. Geschrieben hatte ihn diesmal Gewerkschaftschef Norbert Hansen an Aufsichtsratschef Michael Frenzel, Mehdorn bekam ihn parallel zugestellt. Hansen verlangte darin nichts anderes als die Absage an den Börsengang 2006. Kaum verklausuliert warf der Gewerkschaftschef Mehdorn Realitätsverlust vor, er habe sich schlicht verrannt: „Ein Vorgehen nach dem Prinzip ‚Augen zu und durch' würde die Glaubwürdigkeit der Verantwortlichen und Handelnden sowie das Image des Unternehmens nachhaltig beschädigen." Eine Hinhaltetaktik, um eigene Fehler nicht zugeben zu müssen, dürfe es nicht geben. Weder Unternehmen noch Kunden sei damit gedient, „wenn der begonnene Weg fortgesetzt wird, obwohl alle wissen, dass es so nicht kommt“. Die Chance für ein modernes Verkehrssystem würde verspielt, ließe man „Blue Chip“ laufen. Abgesehen davon: Weder die DB-Zahlen erlaubten einen Börsengang noch gebe es in Bundestag und Bundesrat dafür eine Mehrheit.

Adressiert war das Schreiben vor allem an die eigenen Gewerkschaftsmitglieder. Die Unruhe in den Werkstätten, Stellwerken und Zügen war groß, der radikale Sparkurs, die Debatte um längere Arbeitszeiten verbunden mit Stellenabbau, der weiter mehrere Tausend Arbeitsplätze im Jahr vernichtete, ließ den Unmut im Konzern brodeln. Das konnte für Hansen selbst gefährlich werden, der Ende des Jahres beim Gewerkschaftstag auf seinen Posten wiedergewählt werden wollte. Dass er bis dato als Unterstützer von „Blue Chip“ galt, war bedrohlich.

Der Brief war praktisch öffentlich, er fand umgehend den Weg in die Zeitung, und schien somit eine frontale Kampfansage an Bahnchef und Regierung, Kanzler Schröder eingeschlossen. Gut gesetzt, um bei der Belegschaft zu punkten. Tatsächlich aber war zum Zeitpunkt des Datums im Briefkopf das Projekt „Blue Chip“ 2006 bereits zu den Akten gelegt. Letztlich von Schröder selbst, der in den Tagen zuvor mehrere Stunden mit Aufsichtsratschef Frenzel konferiert hatte. Alles sei in diesen Stunden besprochen worden, alle Optionen, einschließlich des Rauswurfs des Bahnchefs, wurde kolportiert. Am Ende stand das Aus für den Börsengang 2006. Mehdorn aber blieb ein weiteres Mal.

Noch wenige Tage vor dem Nein des Kanzlers hatte der Konzern die zweite Preiserhöhung innerhalb von zwölf Monaten angekündigt. Allzu offenkundig war die Verbindung zu „Blue Chip“, als dass die als Grund angeführten steigenden Energiepreise verfangen konnten. Der Bürger als Melkkuh für einen Börsengang, für den eh keine echte Chance mehr bestand – dieses Medienecho hallte schmerzhaft im Kanzleramt. Das Thema Bahn hatte wieder die Nordkurve erreicht, in der die Politiker Massen von Bahnfans buhen hören konnten und fürchteten, gleich forderten sie den Kopf des Trainers. Die Regierung Schröder, ohnehin in ihrer Abenddämmerung, konnte ein neues Pfeifkonzert nicht brauchen, das hörte sie schon von den Arbeitslosen, die montags gegen die Hartz-Gesetze auf die Straßen gingen.

Die öffentliche Absage seines Traums mit dürren Worten Frenzels erreichte den Bahnchef in Form eines Zettels inmitten einer Betriebsrätekonferenz. Angereichert hatte Frenzel die Mitteilung mit Lob und sogar einem Bekenntnis zum „integrierten Konzern". Die Regierung brauchte keine quälende Nachfolgersuche. Der Zeitplan aber für den Börsengang sei „nicht realistisch", stand dort.

„Wer an den dicksten Stellen mit dem Kopf durch die Wand will, bewegt am Ende gar nichts – er holt sich nur gewaltige Beulen"[23], hatte Mehdorn zu Beginn seiner Amtszeit gewarnt. Nun war er selbst reichlich verbeult. Einer der bittersten Momente seiner Karriere muss dies gewesen sein. Der Macher, ohne Wattebäuschen an den Händen, er konnte nur warten, bis der Croupier den „Blue Chip" vom Tisch kratzte. Äußerlich fast unberührt habe er die Mitteilung entgegengenommen, berichteten Mitarbeiter aus seiner Nähe. Wie geplant habe er vor den Betriebsräten gesprochen, das heiße Thema des Tages, das seine Gedanken dominieren musste, habe er nicht angeschnitten.

Eines hatte er vorsorglich noch Minuten vor der Depesche Frenzels per Nachrichtenagentur mitgeteilt: Das Datum des Börsengangs habe nichts mit seiner Position als Vorstandschef zu tun. Nein, ein Handtuchwerfer ist er nicht.

---

23 „Horizont", 1.10.2000

Die nächsten Tage wurden nicht leichter für ihn: „Die Bahn kommt nicht – aber Mehdorn bleibt“, „Es fährt ein Zug nach nirgendwo“, „Haltesignal überfahren“, „Notausstieg“ oder „Es wird einsam um Hartmut Mehdorn“, hießen die Schlagzeilen in der Presse. Es war die Stunde seiner Feinde, der ewig Gedemütigten und Überrollten. Es war auch die Stunde der Rache: Kaum ein Zufall, dass eben jener Brief, in dem er sich verächtlich über die „sogenannten Verkehrsexperten“ hergemacht hatte, jetzt, ein halbes Jahr später, in den Zeitungen rauf und runter zitiert wurde. „Für mich ist das Thema Mehdorn damit beendet, er ist gescheitert“, erklärte der einst vom Bahnchef verklagte Horst Friedrich von der FDP. „Meine Auffassung ist, dass er dem Unternehmen am meisten dient, wenn er persönlich seine Konsequenzen zieht“, legte ihm Dirk Fischer von der CDU nahe. Selbst Vertreter der Regierungskoalition von SPD und Grünen sprachen von einem schwer gestörten Verhältnis zwischen Mehdorn und Parlament.

Wie üblich im Berliner Politikgeschäft wurden gezielt Namen von Nachfolger für Mehdorn ins Gespräch gebracht, die angeblich bereitstünden. Kaum jemand sonst hätte dies überstanden, doch der Bahnchef konnte sich weiter auf Schröder stützen: Mit dem Börsengang, ließ der Kanzler eilig wissen, rechne er jetzt zwischen 2006 und 2008. Wohl kein zufälliges Datum, denn 2008 lief Mehdorns Vertrag aus.

So äußerlich ungerührt, wie er diese Schläge wegsteckte, so sehr muss es in ihm gearbeitet haben. Denn im Bahntower, berichten Mitarbeiter, wurde es in den nächsten Wochen ungemütlich, Mehdorn witterte Verrat, der ungeheure Druck der vergangenen Monate musste raus, ein Ventil öffnete sich: „Es begann eine regelrechte Hexenjagd“, erinnerte sich ein Manager aus dem Bahn-Tower. Ermittler der hauseigenen „Compliance“-Abteilung machten sich auf die Suche nach Verrätern, intensive Gespräche wurden im kleinen Kreis geführt, Unterlagen sichergestellt, eine Reihe von Bahnern musste die Schreibtische räumen. Mit „allen uns zur Verfügung stehenden Mitteln“ werde er gegen diese Leute vorgehen, drohte Mehdorn. Die Konzernsicherheit hatte schon zuvor per Aushang nach Informanten der Nachrichtenagentur Reuters, „Süddeutscher Zeitung“, „Frankfurter Allgemeinen Zeitung“ und „Focus“ gesucht.[24] Nachdem ein Manager gefeuert wurde, schrieb Mehdorn zur Abschreckung einen Brief an alle seine Mitarbeiter: „Diejenigen, die jetzt ein schlechtes Gewissen haben müssen, sollen wissen, dass wir schrittweise unsere Lecks einkreisen, die Sachverhalte aufklären und in der Konsequenz die dazugehörigen Strafverfahren einleiten.“

24 Preuß, Erich: Bahn im Umbruch, Tatsachen-Hintergründe-Konsequenzen, Stuttgart 2004, S. 128

8.
Ringen im Namen des Volkes

„Da kann ich doch nicht mit einem Stöckchen hinterhertrotten wie bei einer Gänseherde, puttputt."

Die große Koalition – Mehdorns kleine Chance

Es mag ein Trost für Hartmut Mehdorn gewesen sei, dass das Ziel einer Bahnaktie „B" auf der Kurstafel in Frankfurt im Jahr 2006 ohnehin nicht erreichbar gewesen wäre. Im Mai 2005 plädierte Schröder für Neuwahlen, alle politischen Projekte wurden eingefroren, ein Privatisierungsgesetz hätte keine Chance gehabt. Es war Wahlkampf.

Das bot dem Bahnmanagement Gelegenheit, kurz und tief durchzuatmen. Der Druck wegen des „Blue-Chip"-Programms sei kaum noch erträglich gewesen, berichteten Manager. Jetzt konnte Mehdorn die allzu ehrgeizigen Gewinnziele kürzen, einen erneuten Schulterschluss mit der Gewerkschaft suchen und den Umbau des Konzerns weiter vorantreiben. Seine Angst vor einer Abspaltung des Netzes hatte ihn über die Jahre hinweg angetrieben, den Konzern immer enger zusammenzuschweißen. Eine alte Bierdose soll dabei eine Rolle gespielt haben: Auf dem Mannheimer Bahnhof forderte Mehdorn einen Eisenbahnmitarbeiter auf, eine umherliegende Dose aufzuheben und in den Mülleimer zu werfen. Der Mann, offenkundig ohne Kenntnis seines obersten Chefs, lehnte kühl ab, mit der Begründung, dafür seien die Kollegen von Station&Service zuständig. Er stehe aber beim Fernverkehr unter Vertrag. Mehdorns Erkenntnis aus der Geschichte war rasch formuliert: Wir brauchen den Konzern aus einem Guss.

Die Zentrale am Potsdamer Platz in Berlin bekam noch mehr Macht, de facto eine Sabotage der Bahnreform. Zwar blieben die vier Aktiengesellschaften Netz, Güterbahn sowie Nah- und Fernverkehr formal bestehen, deren Selbstständigkeit in der Reform angelegt war. Die Vorstandsvorsitzenden dieser AGs aber verschwanden einer nach dem anderen aus Mehdorns Führungszirkel. Stattdessen formte er die drei Bereiche „Infrastruktur und Dienstleistungen", „Personenverkehr" und „Logistik". Besetzt mit absolut loyalen Vorständen oder – wie Kritiker sagen – mit Ja-Sagern. Wie ein Riegel klammerte zudem ein neu geschaffenes Ressort „Systemverbund Bahn“ die Konstruktion zusammen. Mehdorn machte seinen Konzern wetterfest für stürmische Zeiten. Denn die Ära Schröder, seines Patrons, neigte sich offenkundig dem Ende zu.

Ebenso wie für die SPD ging die Bundestagswahl jedoch für Mehdorn glimpflich aus: Die gefürchtete Koalition von Union und FDP blieb aus – auch eine Beteiligung der Grünen unterblieb, die kurzzeitig diskutiert wurde und eine mächtige Koalition der Trennungsbefürworter bedeutet hätte. Stattdessen regierten die Sozialdemokraten weiter mit. Schröder hatte quasi als Abschiedsgeschenk in der letzten Runde der Koalitionsgespräche den Börsengang in den Koalitionsvertrag geschrieben – mit Billigung von Unionsfraktionschef Volker Kauder und Bayerns Ministerpräsident Edmund Stoiber, auf Bayern und Baden-Württemberg konnte sich Mehdorn ja meist verlassen. Merkel hielt sich zurück, denn die Aufgabenverteilung in der großen Koalition will respektiert werden: Den Verkehrsminister stellte mit Wolfgang Tiefensee wieder die SPD. Und in dessen Haus blieben Bahnschlüsselpositionen wie des Abteilungsleiters Eisenbahnen unangetastet.

Die Verkehrs- und Haushaltspolitiker der Sozialdemokraten sahen Mehdorns Pläne zwar weiter mit großem Unbehagen: Die Gegenströmung war jedoch in der Partei- und Fraktionsführung um Franz Müntefering und Peter Struck fest verankert, was mit deren Gewerkschaftsnähe und besonders der zu Transnet-Chef Norbert Hansen zu erklären ist. Müntefering etwa war auch als Vizekanzler und Arbeitsminister Stammgast beim Transnet-Sommerfest in einem Berliner Hinterhof, wo Hansen traditionell kleine Gedichte rund um die Eisenbahn vortrug, um dann im Plausch mit Müntefering und Mehdorn bei Bier und Schweinebraten zu versinken.

Struck und Müntefering schuldeten Hansen zudem etwas: Als einer der wenigen im Gewerkschaftslager hatte er die unpopuläre Agenda 2010 mit den Hartz-Gesetzen zum Arbeitsmarkt mitgetragen. „Hansen ist unser Mann“, habe Struck öfter deutlich gemacht, sagt der SPD-Abgeordnete Peter Friedrich, der mit seinem Fraktionschef später heftig aneinander geraten sollte.

Entgegen kam Mehdorn auch, dass in der SPD das Konzept des „Europäischen Champions“ Widerhall fand. Der Gedanke also, dass man einen Konzern in Deutschland stark machen muss, damit er in Europa und weltweit bei den ganz Großen, eben den „Blue Chips“, mitspielt. Was in diesem Fall hieß: Die Infrastruktur muss beim Unternehmen bleiben und damit – so verlangt es das Grundgesetz der Bundesrepublik – der Bund beteiligt. Dies würde einer staatlichen Industriepolitik den Weg bereiten, die etwa die Franzosen bei der Luftfahrtindustrie und bei der Eisenbahn vorexerzierten. Ihre SNCF ist ein nationales Heiligtum, gegen den französischen Bahnmarkt kann der deutsche bis heute als Hort der Liberalität gelten.

„Ich gehöre nicht zu denjenigen, die beim Stichwort Industriepolitik sagen: igitt, igitt“, betonte Hartmut Mehdorn. „Ich fand auch, dass es ein Fehler war, sich von der Idee der Deutschland AG zu verabschieden.“ Also jener symbiotischen Verflechtung der deutschen Konzerne und Banken untereinander, die sich Anfang des Jahrtausends allmählich zu lösen begann.

In dieses Bild passt auch Mehdorns Aufsichtsratschef Werner Müller, der als Wirtschaftsminister mit dem Argument des starken nationalen Konzerns die Fusion des Stromgiganten E.ON mit dem Gasriesen Ruhrgas befürwortete und damit einen Fastmonopolisten auf dem Energiemarkt weiter stärkte. Gegen den Widerstand des Kartellamtes, das aus Wettbewerbsgründen den Zusammenschluss untersagt hatte, setzte sein Staatssekretär die Fusion per Ministererlaubnis durch. Müller hatte sich selbst für befangen erklärt.

Auf welch unsicheres Terrain sich die Politik damit begab, zeigte sich bald darauf. Müllers Nachfolger Wolfgang Clement, eigentlich Befürworter der Konzernfusion, beklagte zugleich die heftig steigenden Energiepreise, die der Wirtschaft schweren Schaden zufügten. Die im europäischen Vergleich hohen Energiepreise in Deutschland werden allerdings zum großen Teil auf die Marktmacht der vier großen Energiekonzerne zurückgeführt.

Volksvertreter und Verräter

Mit dem Einzug von Angela Merkel ins Kanzleramt legte sich zunächst Ruhe über das Projekt Börsengang, das von der großen Politikbühne abgetreten und wieder ein Fall für Lobbyisten und Gutachter hinter den Kulissen wurde. Die Verbindung Schröder-Mehdorn mit Rotweinrunden gab es nicht mehr, die Kanzlerin pflegte fortan ein eher distanziertes Verhältnis zum Bahnchef, wie er bald erfuhr. Kurz nach ihrem Amtsantritt hatte er ein Geschäft auf Gegenseitigkeit mit einem Parteifreund Merkels, dem Hamburger Bürgermeister Ole von Beust, eingefädelt. Danach sollte die Firmenzentrale vom ungeliebten Berlin in die Hansestadt abwandern und im Gegenzug die Bahn im Hamburger Hafen einsteigen. Hatte Mehdorn dafür auf die Rückendeckung der Kanzlerin gesetzt, so sah er sich jetzt getäuscht, sie ließ ihn kühl abblitzen.

Mehdorns Unternehmen „Blue Chip“ stand nun auf der Agenda weit hinter Gesundheitsreform, Krippenplätzen und Klimaschutz. Der Börsengang bis 2009 war im Koalitionsvertrag festgeschrieben. Was genau aber mit dem milliardenschweren Volksvermögen geschehen sollte, schien ein Fall für Spezialisten, Analysten und Volkswirte.

„Ach, das Loch Netz!“, habe Ex-Kanzler Schröder geseufzt, erinnert sich ein Ex-Regierungsbeamter, wenn das Thema mal wieder unverhofft auftauchte wie Nessie aus dem schottischen See, wobei das Ungeheuer in den vermischten Spalten der Zeitungen deutlich mehr Leser zu fesseln schien als die Zukunft von ein paar Tausend Kilometer Stahl. Unter der Wasseroberfläche brodelte es schon länger, bis im Januar 2006 das Ungeheuer wieder auftauchte, es hieß nicht Nessie sondern „Primon".

Die Studie „Primon" – Privatisierungsvarianten mit und ohne Netz – hatte der Verkehrsausschuss 2004 der Regierung aufgezwungen. Damals sollte sie zunächst den Börsengang verzögern, jetzt sollte sie zeigen, welches Modell für Bundeshaushalt und Steuerzahler am besten war. Das Resultat galt als vorweggenommene Entscheidung, politisch nur schwer zu korrigieren. Entsprechend heftig und lange wurde zwischen Wissenschaftlern und Bankern im Gutachterkonsortium gerungen. Obwohl die Beteiligten zur strengsten Vertraulichkeit verpflichtet waren, sickerte manches durch. Mal lag das eine Modell vorne, dann wieder das andere. Teil des Expertenkonsortiums, wenn auch nicht federführend, war wieder die US-Bank Morgan Stanley, die wegen ihrer engen Verbindungen zu Verkehrsressort und Bahn von den Abgeordneten misstrauisch beäugt wurde. Das Ergebnis war ernüchternd und ein typischer Kompromiss: alle Modelle wurden für möglich erklärt, die Unterschiede zwischen den Varianten minimal. Mit der Einschränkung, dass das Modell Mehdorn, der Börsengang mit Netz, am schnellsten umzusetzen sei.

Erstmals versuchten Gutachter zudem, den Wert der Deutschen Bahn mit 30 Milliarden Euro Umsatz öffentlich in Zahlen zu gießen: Was sind 800 Tunnel und 28.000 Brücken in den Augen eines Börsianers wert? Was fast 5.000 Lokomotiven und weit über 100.000 Wagen? Was die fast zwei Milliarden Reisenden im Jahr und täglich 32.000 rollende Züge?

Gerade dies war aber für Finanzminister und Haushaltspolitiker ein entscheidender Punkt, schließlich wollte man idealerweise ein milliardenschweres Risiko loswerden und ebenso hohe Summen einstreichen. Das Resultat war wohl ernüchternd: Die einmaligen Verkaufserlöse wurden nicht höher als 15 Milliarden Euro geschätzt, beim Modell Mehdorn auf knapp neun Milliarden.

Die scheinbar stattliche Summe schrumpft schnell, wenn man ins Kalkül zieht, dass der Staat allein für Netz und den Nahverkehr rund 10 Milliarden Euro aufbringt – jährlich. Der Bruttoanlagenwert, also der Wiederbeschaffungswert der Bahn, wird auf über 180 Milliarden Euro berechnet, wovon der Großteil auf das Netz entfällt. Der wirkliche Wert der Bahn für die Deutschen, für Verkehrssicherheit, Klimaschutz, Energieverbrauch und Erschließung von Regionen, ist mit derartigen Zahlen eh nicht zu fassen. Hartmut Mehdorn ist um keinen Vergleich verlegen, um klarzumachen, warum solche Rechnungen im Wirtschaftsleben üblich sind. Der Kölner Dom habe ebenfalls einmal unheimlich viel gekostet, wäre aber wohl schwer zu verkaufen. „Man müsste noch Geld dazu bekommen, um ihn zu kaufen“, sagte er im Sender „Phoenix“, „weil er außer der Kollekte am Sonntagmorgen im Gottesdienst keine Einnahmen hat.“ Einzuwenden wäre, dass auch niemand die Privatisierung der Kathedrale plant.

Das Gutachten war Auftakt für die nächste Runde im endlosen Poker. Auf der einen Seite saß Hartmut Mehdorn, der – ungeachtet der Studie – stur behauptete, die Börse bestehe auf dem Netz: „Es geht – was den Kapitalmarkt angeht – ohnehin nur integriert.“ An ihrer Seite wusste die Bahn dabei die Gewerkschaft Transnet. Auf der anderen Seite Verkehrs- und Haushaltspolitiker von SPD, Union, Grünen und FDP. Sie wollten das Herz der Eisenbahn weiter allein beim Staat schlagen lassen. Offen schien zunächst die Haltung von Verkehrsminister Tiefensee, er schwieg. Beide Seite wussten: Nur solange kein einziger privater Investor an der Deutschen Bahn beteiligt ist, können Parlament und Regierung frei entscheiden. Ist ein Teil des Ganzen verkauft, regieren die Gesetze des Kapitalmarkts, der Konzern ist praktisch für immer in seiner Form zementiert.

Wohl selten zuvor in der Geschichte der Bundesrepublik hat ein Ziel so viele Abgeordnete so unterschiedlicher Parteien geeint, um dem Verkauf – oder die Verschleuderung wie sie präzisieren – von Volksvermögen zu vereiteln. In ihren Büros rund um den Bundestag arbeiteten sie Hand in Hand, beschafften vertrauliche Papiere und formulierten gemeinsam eigene, horchten in Ministerien hinein, organisierten Verbündete und Experten, bearbeiteten ihre Fraktions- und Parteispitzen und fütterten die Presse. Dass im sonst so zerstrittenen Parlament so enge Allianzen geschmiedet wurden, war nicht allein dem Ziel sondern ebenso dem Mann an der Bahnspitze geschuldet. Vor allem die altgedienten Parlamentarier erinnerten sich an die Frontalzusammenstöße im Verkehrsausschuss und sein Spiel über die Bande des Kanzleramtes.

Und die neu in den Bundestag gewählten Abgeordneten lernten Mehdorn schnell kennen: Der neue Vizefraktionschefs der Union, Hans-Peter Friedrich, hatte sich gerade den Journalisten vorgestellt und dabei zurückhaltend die eine oder andere Einschätzung abgegeben. Unter anderem hatte er leise Zweifel an Mehdorns Modell der Bahn geäußert. Der CSU-Politiker war kaum zurück im Büro, da klingelte auch schon das Telefon. Am anderen Ende der Leitung Georg von Waldenfels, Ex-Finanzminister von Bayern und DB-Lobbyist, der Friedrich gern die Vorzüge der integrierten Bahn nahebringen wollte. „Sie können mich mal“, rief der genervte Friedrich nach dem zweiten Anruf in die Muschel.

Dabei war der Verhandlungsführer der Union von seinem ersten Treffen mit Mehdorn – wie so viele vor ihm – ganz angetan. Er habe auch nicht empfindlich reagiert, als der Bahnchef nach wenigen Sätzen heftig mit dem Kopf schüttelte oder einen deutlichen Wissensvorsprung für sich reklamierte: „Davon verstehen Sie gar nichts.“ Im Gegenzug habe er dem Bahnchef die Trennlinie deutlich gemacht: „Sie vertreten die Anliegen der Deutschen Bahn, ich die der Bürger.“ Das mache eine Einigung mit dem Bahnchef schwierig. „Eigentlich machte er als Vorstandsvorsitzender, was er machen muss: Er wollte heraus der Obhut des Staates, aber den Steuerzahler trotzdem anzapfen.“

Das Unternehmen stockte unterdessen seinen gewaltigen Lobbyapparat weiter auf. Der Kampf um den Börsengang, er wurde eine Materialschlacht von Studien, Anwälten, Beratern, Personal und damit vor allem Geld. Ein ungleiches Duell. Anders als der Bahnchef können sich die Parlamentarier auf kein über die Republik gespanntes Netz von Bankern, Beratern und Bevollmächtigten mit millionenschwerem Etat stützen. „Ich habe eine Sekretärin, einen Referenten und ein Telefon", sagt Hans-Peter Friedrich.

Der Bahnchef selbst trat seltener an die Öffentlichkeit, stattdessen wurde der neuen Politikvorstand Otto Wiesheu vorgeschickt. Vor wenigen Monaten feilschte er in den Koalitionsverhandlungen noch im Namen der Union, jetzt war er geschmeidig auf den Bahnvorstandssessel gerutscht. Das Briefeschreiben ließ sich der Vorstandschef jedoch nicht nehmen. Zum Beispiel an den Vorsitzenden des Verkehrsausschusses, in dem er über schlechte Presse klagte: „Wir stellen auffällig viele ‚Storys' fest, in denen vertrauliche Unternehmenszahlen und -informationen ohne Sachkenntnis oder vorsätzlich verzerrend zusammengestellt und nahezu zu Verschwörungstheorien aufgebauscht werden." Ziel sei es, „auf den Entscheidungsprozess zur Privatisierung der DB AG polemisch Einfluss zu nehmen." Ein Mitarbeiter einer Bundestagsfraktion biete solche „Storys" offenbar gezielt an.

Wenn der Bahnchef damit ausdrücken wollte, dass massiver Widerstand gegen seinen Börsengang im Parlament organisiert wurde, lag er damit völlig richtig. Zu glauben, diesen mit solchen Schreiben verringern zu können, erwies sich als ebenso falsch. Womöglich wollte er einfach seinen Ärger nach der morgendlichen Lektüre der Pressemappe loswerden. Abgeordnete wie der FDP-Experte Horst Friedrich, einer seiner Lieblingsgegner, nahmen die Vorlage dankend auf: „Mehdorn ist hypernervös, weil er merkt, dass seine Börsengang-Propaganda nicht mehr verfängt."

Die Parlamentarier ließen nicht locker. Zur Vertiefung des Gutachtens holten sie die Meinung von weiteren Experten aus Verkehrsbranche und Wissenschaft ein. Ein Dutzend Sachverständige waren geladen, der öffentliche Auftritt von elf von ihnen wurde als Hinrichtung von Mehdorns Börsengang inszeniert: Die Bundeskasse, der Wettbewerb, die Umwelt, die Bahnfahrer seien nur einige der zahlreichen Verlierer, denen als Gewinner höchstens der Aktionär der DB gegenüberstehe. Einer genoss seinen Auftritt augenscheinlich besonders, dessen Einladung man durchaus als gezielte Bosheit gegen Mehdorn verstehen durfte: Thilo Sarrazin, Berliner Finanzsenator, Ex-Netzvorstand und Mehdorns Lieblingsfeind. Der zwölfte Experte und einzige Sympathisant des Bahnchefs trat angesichts der Übermacht gar nicht erst an.

Und was sagte der Verkehrsminister? Eine Woche zuvor hatte bei zahlreichen Redakteuren in Berlin das Telefon geklingelt. Der Sprecher Tiefensees legte ihnen ein Termin ans Herz, der leicht hätte übersehen werden können. Am Freitagnachmittag wolle der Minister zum Thema Nahverkehr sprechen und dabei – am Rande – den einen oder anderen Fingerzeig zur Perspektive der DB geben.

So kam es, dass sich kurz vor dem Wochenende eine große Runde von Hauptstadtjournalisten inklusive der „Tagesschau" in einem Berliner Hotel einfand und Tiefensee lauschte. „Zehn Jahre Regionalisierung" war das Thema der Veranstaltung, eigentlich eine gute Gelegenheit, die Vorzüge des Wettbewerbs im Schienenverkehr zu loben. In der ersten Reihe hockte Hartmut Mehdorn und wartete gespannt, was Tiefensee zu sagen hatte.

In selbst für Politiker außergewöhnlich gewundenen Formulierungen, durchsetzt mit „wenn" und „könnte", deutete der Minister für äußerst aufmerksame Verkehrsexperten vage die Möglichkeit eines Verkaufs der Bahn mit Schienen und Bahnhöfen an. Einen Moment wirkte er dabei wie ein Vater, der mit erhobenem Zeigefinger seinem jugendlichen Sohn den ersten Diskobesuch am Samstagabend gestattete und dabei seine Gutmütigkeit unter einer Vielzahl von Mahnungen versteckte.

Sollte jemand im Raum die Stoßrichtung von Tiefensees Konjunktiven nicht verstanden haben, so half ein Blick auf Hartmut Mehdorn. Der war von seinem Sitz aufgesprungen und applaudierte dem Minister stehend. „Das deckt sich mit den Ansichten, die wir bei der Bahn haben“, rief er ganz aufgedreht einem Journalisten noch aufs Tonband, bevor ihn sein Pressechef zur Eile drängte. Bloß jetzt nichts mehr vermasseln.

Das Parlament – gar nicht Souverän

Quer durch die Mitte Berlins verliefen die Fronten jetzt übersichtlich: Auf der einen Seite Bahn, Gewerkschaft und Verkehrsministerium auf der anderen Verkehrspolitiker aus allen Fraktionen im Bundestag. Irgendwo dazwischen als große, schweigende Unbekannte die Kanzlerin, auf deren Gunst beide Seiten hofften.

Mochten Wissenschaftler, Verkehrs- und Haushaltsexperten sowie Ordnungspolitiker gut fundierte Analysen für Schienenwege und Bahnhöfe im Staatsbesitz liefern, Hartmut Mehdorn konnte die Kanzlerin mit zwei handfesten Gründen ködern: Schnelles Geld und Ruhe in der Bahn. Man könnte auch sagen, sein Trumpf ist die Trägheit. „Warum etwas ändern, was funktioniert“, fragte der Bahnchef daher gern – frei nach dem internationalen Trainermotto „Never change a winning team“. Ging es nicht am schnellsten, den Konzern so, wie er war, an die Börse zu bringen? Es würde Jahre dauern und vielleicht sogar Milliarden kosten, den von ihm gezielt verzahnten Konzern wieder zu zerlegen. Bliebe er wie er war, könnte die Kanzlerin dann nicht das Versprechen aus dem Koalitionsvertrag am einfachsten einlösen, die Bahn bis 2009 an die Börse zu bringen? Schnell würde Geld fließen, Bund und Bahn könnten es unter sich aufteilen und die Gewerkschaften hielten sogar still. Der Charme der Schlichtheit solcher Lösungen kann Politiker durchaus bezaubern.

Einen weiteren Trumpf lieferten die Zahlen: Die anziehende Weltkonjunktur zog das Unternehmen mit sich hoch. In den Häfen stapelten sich die Container und die Bahn schaffte es kaum, sie wegzubekommen. Rund eine Million der Kisten rollten 2006 auf der Schiene. Der heiße Sommer ließ den Wasserstand der Flüsse sinken und die Konkurrenz der Binnenschiffe lag auf dem Trockenen. Früher als geplant fuhr sogar der Fernverkehr aus den roten Zahlen heraus, beflügelt von Neubaustrecken, der Fußball-Weltmeisterschaft, Sonderangeboten und steigenden Benzinpreisen, die Bahnfahren wieder attraktiver machten. Was Mehdorn nicht davon abhielt, mit eben diesen explodierenden Energiekosten die eigenen regelmäßigen Preiserhöhungen zu begründen. „Das Unternehmen ist kapitalmarktfähig", meldete er stolz.

Nicht alle waren beeindruckt: Prüfer des Rechnungshofes aus Bonn steckten ihre Nasen immer wieder tief in Bahnbilanzen und Schriften des Verkehrsministeriums. Und da roch es nicht gut, fanden sie. Mal äußerten sie Zweifel an der Erfolgsstory der Bahn, mal am Zustand des Netzes, mal warfen sie dem Bund vor, das Unternehmen zu üppig zu unterstützen.

Besonders pikant war ein Bericht vom 31. Juli 2006 über das „juristische Eigentum an Grundstücken der Deutschen Bahn AG". Die Prüfer bemängelten, dass Immobilien in den Büchern der Netztochter standen, wo sie eigentlich hingehörten. „Damit liegt ein eindeutiger Gesetzesverstoß vor", urteilten sie. Das Netz habe sogar Pacht für seine eigenen Grundstücke an die Muttergesellschaft zahlen müssen. Was zunächst klang wie eine Bilanzierungsfrage aus den Tiefen des Rechnungswesens, warf ebenso schlichte wie brisante Fragen auf: Rechnet der Konzern die eigene Tochter arm? Womöglich, damit der Staat sich schließlich angewidert abwende und sie unter den Fittichen des Mutterkonzerns ließe, wie von Hartmut Mehdorn gewünscht?

Unbestritten ist, dass die DB einer der größten Immobilienbesitzer in Deutschland ist. Unbestritten ist auch, dass viele Grundstücke und alte Bahnhöfe auf dem Land eher Bürde für die Börse sind. Besonders im Herzen von Großstädten aber haben Immobilien einen beträchtlichen Wert, etwa solche, die nach Stilllegungen von Gleisen frei wurden. Rund 1,6 Milliarden Euro strich die Bahn zum Beispiel im Jahr 2007 für ein Immobilienpaket ein.

Der Rechnungshof verlangte „unverzüglich eine Korrektur der Eigentumsverhältnisse" vom Bund. Abgeordnete drohten sogar mit dem Untersuchungsausschuss, der Bund geriet in Verlegenheit. Nach wochenlangem Tauziehen lenkte die Bahn ein, die Immobilien sollten in den Büchern umplatziert werden.

Solche kleinen Triumphe konnten die Volksvertreter feiern, allein, in der Sache ging nichts voran. Alle paar Wochen prallte ihre Arbeitsgruppe Börsengang auf die der Regierung unter Führung des Verkehrsministeriums. Mit der Gewaltenteilung nahm man es dabei ernst, traf sich mal in Räumen der Parlamentarier, mal in Tiefensees Ministerium. Koalition und Regierung brauchten einander, doch sie belauerten sich misstrauisch. Es wurde geschrien, gedroht, gefeilscht und finitiert. Im Sommer 2006 schien es, als lenke die Regierungsseite ein. Aus der Mittagspause flogen SMS-Nachrichten, jetzt sei klar, das Netz gehe nicht an private Investoren. Am Abend war alles wieder etwas anders.

Allmählich kroch in den Verhandlungsführer der Union Hans-Peter Friedrich, einem Neuling im Bundestag, das Gefühl hoch, die Parlamentarier seien in diesem Ringen David und Sisyphos zugleich. Noch zu Beginn der Debatten habe er einem erfahrenen SPD-Kollegen optimistisch zugeraunt: „Wir werden den Konzern in die Knie zwingen." Der habe seinen Kopf etwas schräg gelegt und ihn angeschaut wie ein Greenhorn im Wilden

Westen, das noch viel lernen muss. Er habe dann die zahllosen Anzeigen der Bahn in den Zeitungen registriert, sagt Friedrich, deren Bedeutung für die Verlage er kenne: „Da war mir klar, warum sich viele Journalisten mit dem Thema schwertun."

Der Druck lastete in jenen Tagen aber besonders auf den SPD-Parlamentariern: Sie konnten die Konfrontation mit Tiefensee schlecht auf die Spitze treiben, schließlich durften sie ihren Minister nicht beschädigen. In den Abgeordnetenbüros rund um den Boulevard „Unter den Linden" wurden gemeinsame Anträge für den Bundestag geschrieben und wieder verworfen. Ein Vorstoß des Parlaments gegen den SPD-Minister wäre ein klarer Bruch der Spielregeln der großen Koalition.

Tiefensee wiederum lief die Zeit davon. Das letzte große deutsche Staatsunternehmen zu privatisieren, mit diesem Regierungsauftrag würde er sich einen Namen machen können – oder aber scheitern. Fast ein Jahr nach Amtsantritt hatte er nicht mal die SPD-Fraktion hinter sich und der Bahnchef drängelte.

Es musste Bewegung in die festgefahrene Debatte kommen und so wurde ein neuer Vorschlag geboren, ein typisches Kind der großen Koalition. Es hieß „Eigentumssicherungsmodell" und war in den Details so kompliziert, wie der Begriff es befürchten lässt. Der Name legte den trügerischen Gedanken nahe, hier solle das Eigentum des Volkes gesichert werden. Tatsächlich hatte es den Segen Mehdorns und war eine raffinierte Konstruktion, mit der die Bahn gut leben konnte und die Parlamentarier formal ihren Willen bekamen.

Das Tiefensee-Modell

Das „Eigentumssicherungsmodell" wurde vom Verkehrsministerium entwickelt, um die Deutsche Bahn an die Börse zu bringen. Maximal 49,9 Prozent der Bahn können dem Modell folgend verkauft werden, der Staat soll die vom Grundgesetz geforderte Mehrheit behalten.

Rechtlich bleiben Schienen, Bahnhöfe und Energieversorgung – kurz das Netz – beim Staat.

Wirtschaftlich soll die Bahn es jedoch für mindestens 15 Jahre nutzen und auch bilanzieren, damit bleibt der Konzern integriert, de facto steht das Netz unter dem Einfluss der Investoren.

Der Staat muss für 15 bis 18 Jahre jedes Jahr bis zu 2,5 Milliarden Euro für Investitionen in das Netz zahlen, im Gegenzug soll die Bahn es instand halten – dazu wird eine gesonderte Vereinbarung geschlossen.

Will der Staat das Netz nach 15 Jahren wieder in Eigenregie übernehmen, muss er der Bahn eine Entschädigung in Höhe des bilanziellen Eigenkapitals zahlen, nach dem Stand von Ende 2006 rund 7,5 Milliarden Euro.

Juristen hatten feinsinnig das rechtliche und wirtschaftliche Eigentum tranchiert: Rechtlich sollten dem Staat weiter Schienenwege, Bahnhöfe und Energieversorgung gehören, wirtschaftlich kontrollierte es jedoch die Bahn und durfte es vor allem in die eigenen Bücher nehmen. Bilanzieren – das war das entscheidende Wort für die Bahn, denn damit blieb im Kern alles beim Alten: Die Bundeszuschüsse flossen weiter, die Kreditwürdigkeit litt nicht und zwischen Netz und anderen Töchtern konnten Gewinne und Verluste wie bisher verrechnet werden. Jeder Aktionär bekam also Zugriff und Einfluss auf das Ganze.

Tiefensees Wundertüte sei eine Mogelpackung, lautete daher das Fazit von Experten und doch tat sie ihre Wirkung. Schon vor der Präsentation des Modells trat bei den SPD-Parlamentariern ein Umschwung ein, ein Mysterium, wie selbst enge Mitarbeiter der SPD-Abgeordneten staunten. „Das ist die eierlegende Wollmilchsau“, jubelte SPD-Fraktionsvize Ludwig Stiegler und niemand widersprach. Hatte Vizekanzler Müntefering ein Machtwort gesprochen, hatte Fraktionschef Peter Struck zu den gefürchteten Einzelgesprächen geladen? Hatte die Gewerkschaft bei den Genossen Druck gemacht? Was war ihnen versprochen worden? Die Antwort war Schweigen.

Bei der nächsten Sitzung im Saal des Verkehrsausschusses nickten die Sozialdemokraten Tiefensees Modell ab, die Vertreter der Union schüttelten den Kopf. Die ganz große Koalition der Mehdorn-Gegner, die in diesem Saal vor Jahren geschmiedet wurde, sie war zerbrochen.

Und die Union? Noch stand sie. Die Treffen im Herbst 2006 schienen zur Farce zu verkommen. Auflösungserscheinungen waren am Rande der Sitzungen zu beobachten. Von einem Moratorium, sprich „Aus" für die Pläne bis 2009 wurde geraunt. Über Tiefensees Versuche die Union zu gewinnen, wurde geschmunzelt. Als er ein leicht variiertes „Koalitionsmodell" ins Gespräch bringen wollte, spotteten Abgeordnete über das Koalitionssicherungsmodell, des Ministers Autorität litt. „Kommt heute wieder der Minister oder mal der Staatssekretär selbst?", lästerte ein Abgeordneter. „Die haben sich wundgerieben", stöhnte ein Mitarbeiter des Kanzleramtes, der ahnte, dass es allmählich Zeit zum Eingreifen war. Und mit einem Kopfnicken Richtung Bahntower vermerkte er: „Der Mann dort oben macht es nicht gerade einfacher." Öffentlich sprach Tiefensee jetzt von einem möglichen Scheitern der ganzen Privatisierung.

Hans-Peter Friedrich traf sich mit Mehdorn und legte ihm ein Konzept vor, um ihn doch noch von der Trennung zu überzeugen. Danach hätte die Bahn immer noch über das Netz verfügen könne, es praktisch gepachtet, es wäre aber nicht in seiner Bilanz erschienen. Aber genau darum ging es. Die Antwort war daher erwartet skeptisch, aber überraschend konziliant im Ton. Er freue sich über den „fachlichen Dialog", der mit dem Unternehmen eröffnet sei, schrieb Mehdorn anschließend.

Was ihn nicht hinderte, einen vom gleichen Tag datierten Alarmbrief an die Kanzlerin zu schreiben und in gewohnter Weise zu klagen. Er sei sehr erstaunt, dass Friedrich nach jahrelanger Diskussion „ein derartiges Papier“ vorgelegt habe. Solche Pläne „sollten nicht ernsthaft von einem verantwortungsbewussten Eigentümer vertreten werden“, watschte er Merkels Fraktion ab. Zum integrierten Börsengang gebe es eigentlich keine Alternative. Sollte er scheitern, brauche er zwei Milliarden Euro – als Ausgleich für entgangene Börseneinnahmen, hielt er der Kanzlerin vor Augen. Und ein paar Tage später lud er die Journalistenschar in die „Austernbar“ in seinem Hauptbahnhof, damit sie den Hilferuf in alle Welt verbreiten.

Die Rufe aus der „Austernbar“ wurden offenbar erhört. Merkel führte in ihrem Abgeordnetenbüro gegenüber dem Bundestag ein längeres Gespräch mit Friedrich. Friedrich hatte die Gefahr vor Augen, dass er sein Mandat als Verhandlungsführer verlieren könnte, dass das ganze Thema im Koalitionsausschuss beschlossen werden würde. Der Ausschuss ist so etwas wie die letzte Instanz in der Koalition mit den Partei- und Fraktionsführungen. Hier entscheiden keine Verkehrsexperten, hier wird entschieden nach Koalitionsräson, vor allem aber haben hier die Verfechter des Bahnnetzes in Staatsbesitz kaum Truppen. Es wurde eng für Friedrich.

Im November schickte der Chef des Bundeskanzleramtes, Thomas de Maizière, einen „Auftrag an das Bundesverkehrsministerium“. Auf zwei Seiten stand der Marschbefehl. Im Frühjahr 2007 sollte der Entwurf stehen, Ende des Jahres von Bundestag und Bundesrat gebilligt sein. Auf den ersten Blick schienen diese Eckpunkte ein Sammelsurium von Forderungen, die einander widersprachen, ein Katalog, der es allen recht machen wollte. Im Kern jedoch war es das geflüsterte Machtwort der Kanzlerin und CDU-Vorsitzenden, entlang den Vorgaben von Tiefensee und Mehdorn die Bahn an die Börse zu bringen. SPD und Union beschlossen Ende 2006 im Bundestag einen fast wortgleichen Fahrplan für den Weg zur Börse. Die einst so selbstbewussten

Verkehrspolitiker – sie schienen zu sogenannten Verkehrsexperten geschrumpft zu sein.

Einige Wochen später offenbarte ein weiteres Schlaglicht die wahren Machtverhältnisse im Dreieck Bund, Parlament und Bahnvorstand. Das Verkehrsministerium hatte einen ersten Gesetzentwurf erarbeitet, den Friedrich für die Union als inakzeptabel ablehnte. Tatsächlich änderte sich der Entwurf in einer ganzen Reihe von Passagen – aber anders als von dem Parlamentarier gedacht.

Die Experten der DB hatten das Papier ebenfalls gründlich gelesen und analysiert. Sie waren gar nicht zufrieden mit der Arbeit aus dem Hause Tiefensee, wie Mehdorn dem Verkehrsminister mitteilen musste und ihm daher schlicht Versagen vorwarf: „Unser Fazit: Die DB AG ist mit diesem Entwurf nicht privatisierungsfähig." Betroffen fühle er sich durch zahlreiche Verschärfungen, die vorher gar nicht diskutiert worden seien.

Es folgte eine eigentümliche Bewertung der Arbeit der Bundesregierung: An jede Passage, die der Bahn nicht passte, schrieben ihre Experten einen Kommentar. Und an ganz schlimmen Stellen malten sie nicht etwa eine rote Ampel, nein, sie illustrierten den Text mit einem Bömbchen – mit brennender Zündschnur.

Die Knallkörper taten ihre Wirkung vor der Explosion: Die meisten Passagen verschwanden im nächsten Gesetzesvorschlag oder wurden deutlich DB-freundlicher formuliert. Folgte Empörung bei den Volksvertretern? Jedenfalls keine vernehmbare. Der Vizefraktionschef der Union, Friedrich, nannte die neue Version kurz darauf eine gute Gesprächsgrundlage.

Die Parlamentarier waren eingeknickt, die Signale standen auf Grün, Tiefensee und Mehdorn konnten zufrieden sein. Bis Ende 2007 würden Bundestag und Bundesrat den Börsenzug durchwinken. Ab Herbst sollten interessierte Investoren aus aller Welt einen ersten Blick in die Bahnbücher werfen dürfen.

„Mobility networks logistics" – Hartmut Mehdorns Vision des Global Players, des „Blue Chip" an der Börse – sie rückte in greifbare Nähe. Seinen Vertrag verlängerte der Aufsichtsrat bis 2011, womit sicher schien, dass Mehdorn seinen schönsten Tag als Bahnchef nicht verpassen würde. Die Aufsichtsräte inklusive der Regierungsvertreter nahmen es dabei nicht so genau mit den eigenen Standards für verantwortungsvolle Unternehmensführung, den Corporate-Governance-Grundsätzen. Denn danach dürfen Vorstände grundsätzlich nicht älter als 65 Jahre sein. 2011 wird Hartmut Mehdorn 69.

Wie oft hatten sie ihn in den Zeitungen weggeschrieben, wie oft waren Namen von Nachfolgern lanciert worden, wie oft hatten die Feinde ihn gedemütigt am Boden gesehen! Er war immer noch da.

Wir sind die Bahnfahrer

Irgendwann in der Sitzung platzte dem Sozialdemokraten der Kragen: „Es kann doch nicht sein, dass wir hier nicht darüber abstimmen", rief der junge SPD-Abgeordnete Peter Friedrich seinem Fraktionschef Struck zu und knallte seinen Aktenordner auf den Tisch. Das Thema Bahnprivatisierung sollte wieder einmal übergangen werden. „Was soll der Scheiß?!", fauchte Peter Struck, der seine Abgeordneten mit fester Hand geschlossen hinter den Börsengang bringen wollte. Friedrich brüllte zurück, Struck blieb stur, die Sitzung lief nach Tagesordnung weiter. Allerdings ohne Friedrich, der wütend den Saal verließ. Sein Ziel war gewesen, den SPD-Parteitag über die Privatisierung beraten zu lassen, bevor die Fraktion ihn im Bundestag endgültig beschließt. Genau das wollte Struck verhindern.

Obwohl von Seiten des Parlaments und der Ministerien die wichtigsten Hürden beiseite geräumt worden waren, kroch Unbehagen durch das Regierungsviertel. Wer gerade noch den Börsengang öffentlich als „vernünftigen Kompromiss“, „gangbaren Weg“ oder mit ähnlichen Worthülsen aus der Stanzmaschine der Politik-Rhetorik gelobt hatte, senkte im Gespräch unter vier Augen die Stimme, als spreche er über etwas Unanständiges. Dagegen machte die Anekdote der Führungskraft einer Koalitionsfraktion schnell die Runde, die beim Sommerfest eines Wirtschaftsverbandes mit schwerer Zunge sagte, leider könnten seine Leute den Zug nun nicht mehr aufhalten, das müsse schon der Koalitionspartner machen. Der wiederum hoffte auf die andere Seite.

Berichtet wurde aus Fraktionssitzungen der Union, in denen Widersacher des Verschleuderns staatlicher Infrastruktur stürmischen Applaus ernteten, während sich bei den Worten der Kanzlerin kühl keine Hand regte. SPD-Parlametarier kritisierten, dass es weder einen Parteitagsbeschluss, noch eine echte Diskussion in der Fraktion gegeben habe. Die Linken bei den Sozialdemokraten forderten, sich von der „Fixierung auf einen Börsengang“ zu lösen. Im Finanzministerium schrieben Fachbeamte heimlich Papiere und zogen darin die verkündete Erfolgsbilanz des Unternehmens insgesamt in Zweifel.

Tiefensee verteidigte den Plan mit dem Hinweis, dass der Bund weiter eine Mehrheit der Bahn-Aktien halten werde, er also das Sagen habe. Das zog nicht einmal in der eigenen Fraktion. Scheer und Peter Friedrich hielten ihm entgegen: „Die privaten Anteilseigner, besonders wenn es sich um solche aus dem Nahen Osten oder um Gazprom handeln sollte, werden kaum ein Interesse an der nachhaltigen Erfüllung des grundgesetzlichen Mobilitätsauftrages haben.“ Die Vertreter des Bundes im Aufsichtsrat würden in einer ständigen Zwickmühle sein: Plädierten sie für das renditeträchtigere Terminal in China, setzten sie sich dem Vorwurf aus, gegen Geist oder sogar Wort des Grundgesetzes zu verstoßen. Im anderen Fall schadeten sie dem Unternehmen – und damit den Privatinvestoren. Hielten sie diese

Linie durch, würden diese sich früher oder später wieder verabschieden, die Privatisierung wäre gescheitert. Wohl kein wahrscheinlicher Fall – das Pendel würde im Zweifel für den Kapitalmarkt ausschlagen.

Der Berliner Finanzsenator Thilo Sarrazin rechnete seinem SPD-Kollegen und Finanzminister Peer Steinbrück ein drohendes Desaster für den Steuerzahler und den Bund vor: Weniger als neun Milliarden Euro könne der Bund beim Verkauf von knapp der Hälfte der Bahnanteile bekommen. Bei einem Verkauf ohne die Infrastruktur wären es aber laut Gutachten nur unwesentlich weniger. Der Bund verschenke also Schienenwege, Bahnhöfe und Energieversorgung, die er zuvor fast komplett selbst bezahlt habe, 30 Milliarden Euro allein seit 1994. Ärgerlich fand Sarrazin besonders, dass nach 15 Jahren das Netz zwar wieder an den Bund fallen könne. Dafür müsse der Steuerzahler dann aber rund acht Milliarden Euro an die DB überweisen, also etwa so viel, wie der gesamte Bahnverkauf gebracht haben würde. Andere beschrieben das so: Man stellt sein Haus zur Verfügung, der Mieter zahlt keine Miete, und wenn man es zurückhaben will, muss es teuer wieder gekauft werden.

Über je mehr Hürden Parlament und Regierung die Gesetzespläne schleppten, desto heftiger wurde der Widerstand abseits der Zirkel von Berlin Mitte. Während die Spitzen von Union, SPD und Regierung die Börsenpläne pflichtschuldigst öffentlich verteidigten, gingen Abgeordnete der Koalition zur Guerillataktik über. Nach der Devise der Feind meines Feindes ist mein Freund wurde weitergekämpft. Und Mehdorn hatte viele Feinde. Beeinflussen, Behindern und vor allem Bremsen – dies war die Strategie. Den Börsengang so nah an die nächste Wahl schieben, dass Tiefensees Plan in die Todeszone aller Gesetze geriete. Zwei kleine Chancen wurden dafür gesehen: Zum einen der Widerstand der Bundesländer, zum anderen der Parteitag der SPD. Wenn dort über den Börsengang abgestimmt werde, dann werde es eng, dachte sich auch Peter Friedrich, Strucks Widersacher in der Fraktion.

Friedrich – Namensvetter der Verkehrsexperten von Union und FDP – hatte sich in das Thema seiner Kollegen eingemischt, was eigentlich unter den Abgeordneten als ungebührlich galt. Einmal als Privatisierungsgegner ausgemacht, fühlte er sich unter ständiger Beobachtung der DB-Politabteilung: „Bei Veranstaltungen hatte ich ständig einen von ihren ‚Politikschergen' an meiner Seite, der sich eifrig Notizen machte." Dass er sich damit gegen das Verkehrsressort stemmte, galt unter Parlamentariern als noch riskanter. Denn ob Umgehungsstraßen, Schienen oder Bahnhöfe – jeder möchte in seinem Wahlkreis gern Bänder bei der Eröffnung durchschneiden. Und meist zahlt der Bund solche Projekte zumindest mit. Andererseits machte er bei seinen Wählern an der Basis immer die gleiche Erfahrung: „Bei jeder Versammlung war die Stimmung bei dem Thema klar: einstimmige Ablehnung."

Das Bündnis „Bahn für alle" erhielt so mächtigen Zulauf: Die Gewerkschaften IG Metall und Verdi, die Globalisierungskritiker von attac, die Umweltschützer vom BUND, der Verkehrsclub VCD oder die Jusos. Verunsicherte Bahnfahrer verstopften mit Briefen die Postfächer ihrer Abgeordneten. Auf Bahnhöfen bildeten sich Trauben von keineswegs nur jungen Menschen, die mit einem per SMS organisierten „Flash Mob" gegen die Privatisierung protestierten oder sich wie beim Kirchentag an den Händen nahmen und ihre Bahnhöfe „umarmten". Im Internet wurde „Bahnopoly" gezockt, wo der Spieler von geldgierigen Investoren in die Pleite getrieben wurde. Vor den Bahnhöfen parkten Fahrräder mit Heuschreckenplakaten und in den Zügen warteten neben Reiseplänen Protestflugblätter auf die Bahnfahrer. Ein SPD-Landesverband nach dem anderen sprach sich gegen den Bahnverkauf aus.

Brennstoff erhielt die Kampagne immer wieder aufs Neue. So sickerte durch, dass das Netz nach der DB-Planung im Jahr

2011 den höchsten Betriebsgewinn aller Sparten mit mehr als einer halben Milliarden Euro abliefern sollte. Wie konnte das sein? Galten die Schienenwege nicht als chronisch defizitär, sollte nicht deshalb der Steuerzahler jährlich auf Dauer Milliarden Euro zuschießen? Und die neuen Eigentümer auf solche Summen zugreifen? Warum protestierte die Gewerkschaft Transnet nicht, als bekannt wurde, dass der Konzern in den nächsten fünf Jahren noch über 10.000 Stellen in Deutschland abbauen wollte?

Dann schickte Fraktionschef Struck ein achtseitiges Dossier an die Abgeordneten, in dem die Privatisierung der Bahn verteidigt wurde. Kurz darauf folgte eine korrigierte Fassung. Im Unterschied zur ersten fehlte nur ein einziger Satz. Gestrichen wurde die Aussage: „Kein Investor kann auch nur einen Zentimeter Schiene ohne Absprache mit Bund und Land stilllegen."

Der Co-Chef Investmentbanking der US-Bank Lehman Brothers in Deutschland, Michael Bonacker, wurde gefragt, wie denn die Pläne zum Bahnbörsengang aus Sicht der Finanzinvestoren zu beurteilen seien. Die Antwort war vielsagend: „Einerseits wird der Staat wohl viel Geld in das Schienennetz stecken. Stellt ein Investor sich hier clever an, könnte das Engagement unter Umständen sehr profitabel sein." Verlange der Staat aber für seine Steuergelder eine Gegenleistung, werde es schwierig: „So könnten Finanzinvestoren unrentable Strecken wahrscheinlich nicht in dem Maße stilllegen, wie sie das gerne tun würden. Damit entstünde ein stetiger Herd von Unruhe und Streitigkeiten."[25]

Unterdessen meldete das Unternehmen Rekordzahlen, kaufte weiter Speditionen und Bahnen quer durch Europa, während Bundesregierung und Koalition das Projekt eisern vorantrieb. Zweifel von Verfassungsrechtlern und Experten der Bundesregierung, ob der Börsengang mit Schienennetz im Einklang mit dem

25 „Wirtschaftswoche", 30.07.2007

Grundgesetz steht, wurden ebenso oft erhoben wie verworfen. Der Börsenzug rollte schier unaufhaltsam durch das Jahr 2007.

Die, die ihn stoppen wollten, suchten weiter händeringend nach dem Rettungsanker: Die Bundesländer vielleicht, die im Bundesrat ihr Ja geben mussten? Sie versuchten es, allen voran Alois Rhiel, der CDU-Wirtschafts- und Verkehrsminister aus Hessen, der sich sonst mit den Netzgrößen der Energiebranche anlegte und die Länder auf Anti-Mehdorn-Kurs einschwor. Wo würden die Züge der Privatbahn noch halten? Was würde aus dem Wettbewerb im Nahverkehr, mit dem die Länder sparen wollten? Und wen interessierten kaputte Gleise auf Nebenstrecken in Ostfriesland oder Ostwestfalen? Im Verkehrsministerium blieben die Bahnprivatisierer rund um Tiefensee dennoch entspannt. „Die Länder sind doch viel zu zerstritten untereinander“, sagte ein Ministerialer. Natürlich müsse der Bund ihnen ein Teil des Börsengolds abtreten. „Aufhalten wird das uns aber nicht.“

Rhiel selbst wurde in jenen Tagen natürlich ebenfalls mit einem Schreiben des Bahnchefs bedacht. Es war insofern ungewöhnlich, als Mehdorn diesmal auf einen Frontalangriff verzichtete, sondern dem hessischen Verkehrsminister und Bahnexperten süffisant einen standardisierten Sammelbrief sandte, den er mit den Worten enden ließ: „Die beiliegende Broschüre zeigt Ihnen die Deutsche Bahn AG in ihrer ganzen Bandbreite als Europas größtes Verkehrsunternehmen und dokumentiert unsere unternehmerische Aufstellung, mit der wir Zukunft bewegen wollen. Herzlichst Ihr Hartmut Mehdorn.“

Im September 2007 erreichte Tiefensees Gesetzentwurf den Bundestag, der erstmals über den Plan debattierte, womit er nach allen Regeln des Parlamentarismus wohl in einigen Punkten geändert, jedoch nicht mehr gestoppt werden konnte. „Auftrag erfüllt!“, hatte zuvor das Verkehrsministerium auf ein Papier für Journalisten geschrieben, woraus eher ein Seufzer der Erleichterung als Jubel zu hören war.

Oktober-Resolution: Genossen stoppen Mehdorn

„Auf hoher See, vor Gericht und beim Parteitag sind wir in Gottes Hand“, sagen Abgeordnete gern, wenn sie nach Prognosen zu dessen Ausgang gefragt werden. Das jährliche Treffen ist für Minister und Abgeordnete so etwas wie eine Zeugnisvergabe, die zu einem Tribunal anschwellen kann, bei denen Projekte der Regierung zum Schafott gebracht und deren Protagonisten gleich hinterhergeschleift werden.

Erfahrene Politikhaudegen wie SPD-Fraktionschef Peter Struck stellen sich darauf ein. Bei strittigen Plänen ist es daher bisweilen besser, sie den Delegierten in möglichst schon entschiedener Form zu präsentieren. Die Hemmschwelle, Fraktion oder Minister bloßzustellen, ist dann höher. Struck hatte sogar erwogen, den Bundestag noch wenige Tage vor dem Parteitag in Hamburg das Bahngesetz beschließen zu lassen. Die SPD-Linke wollte genau das nicht. Struck musste letztlich nachgeben, die Wut der Delegierten hätte die ganze Fraktion treffen können. Formal sind die Abgeordneten nicht an Beschlüsse des Parteitages gebunden, über das Votum der Genossen sich hinwegzusetzen, ist aber ebenso undenkbar.

Besonders heikel drohte der Parteitag zu werden, weil ein Vorschlag von äußerster Brisanz für die Privatisierer diskutiert werden sollte. Einem aggressiven Pilz glich er, der an die Wurzel gesetzt, den Baum von der Nahrungszufuhr abschneidet und eingehen lässt. „Volksaktien-Modell“ lautete der verführerische Name für die SPD, es klang nach Bürgerbahn, ähnlich wie sie die Kampagne „Bahn für alle“ verlangte. Dieses Modell hatte den Vorzug, dass es auf Tiefensees Plan aufgepfropft werden konnte und ihm formal nicht widersprach. Danach dürften an der Bahn nur Investoren ohne Stimmrecht beteiligt werden, die dafür mit höherer, jährlicher Dividende entschädigt werden sollten. Der Staat würde also weiter das alleinige Sagen haben, internationale Investoren blieben draußen. Denn gerade bei angelsächsischen Geldgebern sind solche Anteilsscheine, mit denen kein Druck auf das Management ausgeübt werden kann, äußerst unbeliebt.

Mindestens ebenso wie in der Bahn selbst: Schnell war ausgerechnet, dass nie genügend Aktionäre für solche Papiere und damit auch nie die Summen gewonnen werden konnten, die sich das Management erhoffte. Zugleich würde die höhere Dividende den Renditedruck auf das Unternehmen eher erhöhen, was das ganze Modell widersprüchlich machte. Konstruiert hatte es maßgeblich der Berliner Finanzsenator Thilo Sarrazin, Mehdorns treuer Widersacher, dem dies bewusst sein musste – aber um ein logisches Alternativmodell ging es ja nicht mehr. Es ging darum, Mehdorn zu stoppen.

So fuhren Beamte des Verkehrsministeriums, Transnet-Gewerkschafter und Bahnlobbyisten mit einem mulmigen Gefühl in trüben Spätoktobertagen nach Hamburg, viele mit dem Zug, denn aus dem Bahnhofdammtor führt der Weg direkt in das Congress Centrum Hamburg. An Bord des ICE aus Berlin formten sich im Bistro Grüppchen von Politanalysten, die beim Kaffee an den Tischen gelehnt versuchten, Puls und Fieberkurve der Versammlung zu diagnostizieren. Die Genossen standen schließlich von vielen Seiten unter Druck: Die Linkspartei stark, der Parteivorsitzende schwach, die Umfragewerte miserabel und drei Landtagswahlen vor der Tür. Keine gute Zeit, für unpopuläre Pläne wie den Bahnverkauf. Für jeden Minister wäre es schwer, einen Parteitag dahinterzubringen. Aber Wolfgang Tiefensee aus Sachsen hat keinen starken Landesverband, kein Mandat im Bundestag, seine Wurzeln in der Partei geben wenig Halt.

In Hamburg wartete der Bahnchef bereits, unübersehbar wenige Meter vom Bahnhof entfernt. Eine mannshohe Hartmut-Mehdorn-Figur hielt die SPD als Marionette in ihren Fängen und ließ sie „Bahnopoly" spielen. Die Schlossallee fehlte auf dem riesigen Spielplan, dafür ging die Reise über tote Gleise, Weichenfriedhöfe und den Bahnhof Kleinkleckersdorf – inklusive Übernachtung. Zu gewinnen gab's hier nichts, man konnte nur verlieren. Das Ereignisfeld verlangte von den Delegierten: „Notbremse ziehen", die Bahnprivatisierung stoppen.

Die DB selbst zeigte natürlich ebenfalls Flagge. Anzeigen in Zeitungen und Zeitschriften war in diesen Tagen wieder auffallend häufig zu finden: „mobility, networks, logistics" – die sonst so intensiv propagierte Globalisierung der Bahn blieb dabei allerdings auffällig blass. Stattdessen erlebte der alte Name ein erstaunliches Comeback: *„Freie Straßen brauchen vor allem eins: Die Deutsche Bahn."* Der Begriff „deutsch" in allen Abwandlungen tauchte im folgenden Text noch gleich viermal auf. Im Handbuch des Parteitages selbst warb die DB natürlich auch: *„Von ‚Moin, Moin!' bis ‚Grüß Gott' – wir fahren überall"*, wurden die Delegierten aus dem ganzen Land umschmeichelt – und ein Nahverkehrszug rollte vor Alpenkulisse durchs Land.

Noch hofften die Privatisierer rund um Tiefensee auf einen Erfolg ihres Kniffs: Auch sie plädierten jetzt vor den Genossen für das Volksaktienmodell – in der augenzwinkernden Gewissheit, dass es später gegen die Union ohnehin nicht durchzusetzen sein werde und man dann wieder auf Tiefensees Gesetzentwurf zurückfallen könne. Ihre Gegner hatten sich mit der Devise in Stellung gebracht: entweder Volksaktien oder Privatisierung abblasen.

Der Parteitag wird zum Fanal: Ein Raunen läuft durch die Reihen im großen Saal des Congress Centrums, als bekannt gemacht wird, dass 32 Delegierte zum Thema Bahn sprechen wollen, die Liste geschlossen und die Redezeit auf drei Minuten begrenzt werden muss. Erster ist Generalsekretär Hubertus Heil, er spricht vom integrierten Konzern und – verräterisch – nur vom „Vorrang" für Vorzugsaktien. Wenige bemühen ihre Hände zum Beifall.

Dann tritt der Minister ans Pult: Tiefensee ist kein schlechter Redner, er ist routiniert, die langen, ausladenden Arme scheinen den ganzen Parteitag umfassen zu wollen. Vor ihm die skeptischen Delegierten im gedämpften Licht. Sie kommen aus Ostfriesland, wo kaum noch ein Fernzug hält, aus dem Odenwald mit den toten Gleisanschlüssen, dem Schwarzwald, den kein Interregio mehr kreuzt oder aus Brandenburg, wo der kleine Ort Tiefensee vom Bahnnetz abgehängt wurde. „Wir wollen die Bedienung der Regionen", sagt der Minister. „Wir brauchen eine starke Deutsche Bahn AG". Schließlich sei der europäische Wettbewerb hart. Tiefensees warme und tiefe Stimme klingt ganz anders als die von Hartmut Mehdorn, der mit leicht gepresster Stimme spricht und sich schnell verhaspelt. Tiefensee ist auch mindestens einen Kopf größer als Mehdorn und so wie man trotzdem häufig befürchtete, er schaute zum Bahnchef auf, so glaubt man auch, es hier zu spüren. Zum Schluss seiner Rede bittet der Verkehrsminister der Bundesrepublik Deutschland um Unterstützung und Vertrauen.

Künstler, Clowns und Kabarettisten sehen beim Blick in ihr Publikum Farben: Die in der ersten Reihe, die echten Fans, die leicht zu Begeisternden – ein helles Gelb. Oder die Gruppe mit dem Schmunzeln auf den Lippen, immer wieder mit spontanem Beifall – eine Zone des warmen Orange; in den hinteren Reihen die Skeptiker und Zurückhaltenden, die gewonnen werden wollen – ein mattes Grün. Zum Schluss seiner Rede bittet der Verkehrsminister der Bundesrepublik Deutschland um Unterstützung und Vertrauen. Er schaut in ein dunkelblaues Meer.

Die Unruhe im Saal hat sich da schon langsam auf das Podium zur Parteiführung verlagert, denn den Gegnern des Börsengangs schlägt am Rednerpult eine Welle der Sympathie entgegen und der Ton wird schärfer. Von Peter Conradi etwa, einem ausgebufften Exparlamentarier, der vor blindem Vertrauen in

Minister und Fraktionsspitze warnt und mit dem Finger auf die treibende Kraft zur Börse zeigt, die er in der Vorstandsetage am Potsdamer Platz sieht: „Die tanzen uns doch auf der Nase herum." Und nachdem er den 475 Delegierten zugerufen hat: „Die Bahn gehört auf die Schiene, nicht an die Börse!", da färbt sich der Saal feurig rot.

Demütigend lange muss der nächste Redner warten, bis er endlich gehört werden kann. Am Pult steht Norbert Hansen, Transnet-Chef und Delegierter, und kämpft gegen die Lawine an, die unaufhaltsam ins Rutschen kommt. Auf dem Podium bildet sich eine Traube rund um Tiefensee, viele aus der Partei- und Fraktionsspitze könnten mitgerissen werden. Parteichef Kurt Beck, einen Tag zuvor im Amt bestätigt, tritt wenige Minuten später ans Mikrofon und stellt nichts weniger als die Vertrauensfrage: Wenn die Volksaktien nicht durchzusetzen seien, dann werde jede andere Lösung vorher mit den Parteigremien abgestimmt, auch im Lichte des Parteitages, verspricht er. „Herzliche Bitte, folgt dem!", verlangt Beck und die Delegierten fügen sich. Die Debatte über den Börsengang der Deutschen Bahn AG ist geschlossen.

Es bleiben zurück: Ein schwer angeschlagener Minister, ein isolierter Gewerkschaftschef und eine Reihe von Lobbyisten mit betretenen Mienen, die Hartmut Mehdorn melden müssen, dass sein Börsengang gestoppt wurde. Nicht auf den letzten Metern, die er schon 2003 gesehen hatte, nein, auf den allerletzten Zentimetern. Gestoppt nicht von der Kanzlerin, von Ministern oder Ministerpräsidenten, nicht von Fraktions- oder Parteichefs, ja nicht einmal von den Verkehrsexperten. Lokalpolitiker sind es gewesen, aus dem Odenwald, der Eifel oder Ostfriesland, geleitet von einem Bauchgefühl, angestachelt von einem Geist des Widerstandes gegen den Verkauf eines Stückchen Heimats und gegen die Vision des „Global Players".

9.
Endstation Börse?

„Hat immer gekämpft, hat nie alles erreicht.
Das ist sein Schicksal."

Zwischen Bürger- und Börsenbahn

„Ich habe schon zwei Söhne gezeugt, habe einen Baum gepflanzt, ein Buch geschrieben und einen Börsengang gemacht“, sagte Hartmut Mehdorn einmal auf die Frage, ob die Privatisierung sein persönliches Ziel sei. Wenige werden ihm geglaubt haben, auf dessen Schreibtisch kleine Modelle von Bulle und Bär – dem Symbol der Börse – beobachtet wurden. Der Kapitalmarkt ist nötig für das Unternehmen, so das Credo des Managers, der schon die Heidelberger Druckmaschinen an die Börse gebracht hatte, da der Staat die Milliarden für die Expansion zum „Global Player“ oder „European Champion“ ihm nicht geben wird. Auf Mehdorns Wunschliste stehen Investitionen und Käufe im Güterverkehr, vor allem in Osteuropa aber auch weltweit, um die Logistik-Sparte zu stärken. Deutschland kommt dabei kaum vor, der Personenverkehr noch weniger.

Wofür braucht der Staatskonzern das Geld, wo er doch bereits jetzt einen Gewinn von über zwei Milliarden ausweist, der weiter steigen soll? Gehört die Bahn nicht auf die Schiene, statt an die Börse? Sollte sie sich also auf ihr Kerngeschäft konzentrieren und Züge in Deutschland für die Menschen vor Ort fahren lassen? Ist die Absage vom SPD-Parteitag an die Vorstellungen von Mehdorn und Tiefensee die Chance für eine Alternative?

Ja, sagen die Verfechter der Bürgerbahn und wollen die DB AG komplett in Staatshand lassen – mit Netz, Personen- und Güterverkehr. Der Marburger Professor Wolfgang Hesse verlangt einen Strategiewechsel zu BB 2020 – Bürgerbahn oder Bessere Bahn – den Abschied von der Vision eines weltweiten Logistikkonzerns: Er plädiert für den Verkauf von Logistikfirmen wie Schenker, die nichts mit der Schiene zu tun haben, aber mehr als ein Drittel des Konzernumsatzes liefern. Das Geld würde Hesse in den Ausbau der Bürgerbahn stecken.

Statt teuren ICE-Hochgeschwindigkeitsverkehrs mehr Direktverbindungen zwischen den zahlreichen deutschen Mittelstädten und eine Wiederbelebung des Interregio. Mit Kinderabteilen, Fahrrad-Mitnahme, Bord-Bistro und Abfahrten im Stundentakt. Das Streckennetz soll erhalten oder gar ausgebaut, Fahrzeiten durch enge Taktdichte und bessere Verknüpfung reduziert werden. Niemand wohnt danach weiter als zehn Kilometer von einem Bahnhof entfernt und wartet nicht länger als eine Stunde auf den nächsten Zug. Die Zahl der BahnCard-Kunden könne von drei Millionen auf 20 Millionen steigen. Kurz: Die Deutsche Bahn konzentrierte sich auf die Kunden hierzulande – und nicht mehr nur auf ICE-Kunden in Großstädten.

Mehr Züge, mehr Service, mehr Angebot würden mehr Menschen in die Züge locken. Wie im Nahverkehr müsse der Staat künftig auch für Fernverbindungen einen Mindeststandard garantieren. Strecken würden ähnlich den Regionalbahnen ausgeschrieben und im Wettbewerb vergeben. Ja, da die Deutschen dann doppelt so viele Kilometer in den Zügen sitzen würden wie heutzutage, könne nicht nur das Geschäft wachsen, es könnten sogar wieder mehr Eisenbahner beschäftigt werden. „Man kann diese Bahn wirtschaftlich betreiben", sagt Hesse, schränkt aber ein, dass der Staat die Bedingungen für die umweltfreundliche Bahn bessern müsse: zum Beispiel mit einem Tempolimit auf Autobahnen und einer Besteuerung des Flugbenzins.

Pate für das Bürgerbahnmodell steht die Schweiz. Obwohl deutlich kleiner als Deutschland, fahren die Schweizer pro Kopf doppelt so viele Kilometer und sind mit ihrer Bahn obendrein enger verbunden. Ein Viertel der Schweizer hat ein Abo, das vergleichbar mit der deutschen BahnCard ist. Hierzulande haben sie nicht einmal vier Prozent, ein Anteil, den die Schweizer allein an Jahresabos, also BahnCard 100 besitzen, mit der sie nicht nur mit Zügen, sondern auch mit Bussen, Schiffen und selbst Seilbahnen im ganzen Land unterwegs sein können.

Attraktiv ist die enge Verknüpfung von Zügen und auch Bussen, die so eng abgestimmt fahren, dass Stationen lange wie tot daliegen, bis sie kurz vor der Abfahrtzeit urplötzlich zum Leben erwachen. Europameister im Bahnfahren sind die Schweizer und zugleich Opfer des eigenen Erfolgs. Es wird immer schwerer, einen Sitzplatz in den Zügen zu ergattern, sie fahren an der Kapazitätsgrenze. Ein Börsengang der SBB (Schweizerische Bundesbahnen) ist bei den Nachbarn im Süden bislang kein Thema.

Ob die Bürgerbahn nach Schweizer Muster eine Chance in Deutschland hätte, ist keineswegs sicher. Die Schweiz ist nicht nur kleiner, die 7,5 Millionen Bewohner konzentrieren sich auch auf wenige Ballungsräume, was Verbindungen einfacher macht. Vor allem aber ist Mehdorns These nicht von der Hand zu weisen, dass sich die Bahnen der europäischen Länder für härteren Wettbewerb untereinander rüsten müssen, etwa mit Milliardeninvestitionen in schnelle Fernzüge, die nach Frankreich oder Italien pendeln können.

Für die Eisenbahn, die ihre Vorteile auf Strecken im Reiseverkehr bis 600 Kilometer ausspielen kann, ist es eine Gelegenheit, gegen das Auto oder das Flugzeug zu punkten. Ab 2010 hat die EU den Fernverkehr über Grenzen hinweg freigegeben, bislang funktioniert er nur mit komplizierten Kooperationen. Die dominanten Staatsbahnen in den bislang nach außen gut abgeschotteten Märkten Europas werden einen schärferen Wind zu spüren bekommen, der für die Kunden erfrischend sein kann. Und das nicht nur im Fernverkehr.

Immer mehr Großstädte wie Stockholm, Prag oder Lyon wollen die attraktiven Pendlerverbindungen künftig nicht mehr allein den heimischen Unternehmen überlassen, sondern sie im freien Wettbewerb quer durch Europa vergeben. Mit dabei sein werden nur größere Verkehrsunternehmen oder Konsortien. Der Mischkonzern Siemens etwa baut mit Partnern für Milliarden eine Stadtbahn in Tel Aviv, um sie anschließend in der israelischen Metropole über viele Jahre zu betreiben.

Die Schweiz ist kein EU-Mitglied und kann daher vielleicht auf eine etwas längere Schonfrist hoffen, was Konkurrenz aus dem Ausland betrifft. Doch SBB-Chef Andreas Meyer, 2007 von der DB in das Nachbarland gewechselt, warnt und will sich für Käufe im Ausland rüsten: „Wenn sich im internationalen Umfeld etwas ändert, brauchen wir eine Kriegskasse", zitiert ihn die „Berner Zeitung". Die Bahngesellschaften der umliegenden Länder hätten ihre bereits gut gefüllt. „Solche Entwicklungen können wir nicht außer Betracht lassen." Das erregte Aufsehen, denn die Schweizer unterstützen ihre Bürgerbahn ebenfalls mit Milliarden. Gewinne sieht man daher gern in erster Linie im eigenen Land investiert. Stattdessen denkt das Management daran, international auf Einkaufstour zu gehen. Eine Debatte entbrennt also, die zwischen Deutschland und der Schweiz so parallel läuft wie die Schienenstränge eines Gleises.

Noch deutlicher wird der Spagat zwischen heimatlichen Bedürfnissen und dem rauen Wettbewerbsklima im Güterverkehr. Da hat die SBB ein echtes Problem, der Konkurrenzkampf reißt tiefe Löcher in die Kasse. Denn was für den Fernverkehr ein Vorteil ist, ist für die Güterbahn entscheidend. Sie muss ihre Waren in möglichst langen Zügen über möglichst lange Strecken transportieren, um profitabel zu sein und die Konkurrenz des Lastwagens abzuhängen. Auf dem kleinen Heimatmarkt lässt sich so schwer Geld verdienen, obwohl das Land eine Schwerverkehrsabgabe auf allen Straßen kassiert, auch um die eigene Bahn zu schützen. SBB Cargo hat sich daher auf einen harten Konkurrenzkampf mit der DB entlang des Rheines eingelassen. Das ist gewissermaßen der Highway Number One des Güterverkehrs in Europa: Vom Hafen Rotterdam führt er zum Ruhrgebiet, weiter über den Großraum Rhein-Main und die Chemiestandorte um Basel durch die Schweiz bis nach Italien. Die Folge: Erst sanken die Frachtraten, dann stiegen die Verluste. Mittlerweile schließen die Eidgenossen den Einstieg eines privaten Investors nicht mehr aus.

Die DB-Güterbahn Railion steht vor ähnlichen Herausforderungen: Zwar hat die größte Volkswirtschaft Europas einen attraktiveren Heimatmarkt, der aber wird mit dem weiteren Fall der Grenzen im Schienengüterverkehr verstärkt Ziel der Konkurrenz sein. Zum anderen locken Chancen gerade in den boomenden Staaten Osteuropas, wo sich Verbindungen bis nach Russland sichern lassen. Bis zu drei Milliarden Euro brauche die DB, um dort zum Zuge zu kommen, argumentiert Hartmut Mehdorn.

Eine staatliche Bürgerbahn steht im zusammenwachsenden Europa also vor einem schwierigen Dilemma: Entweder kann sie selbst auf dem Heimatmarkt, immerhin der größten Volkswirtschaft des Kontinents, bis zur Unwirtschaftlichkeit zurückgedrängt werden. Oder aber sie braucht staatliche Unterstützung in Milliardenhöhe, um im Wettkampf der großen Verkehrskonzerne – eine Reihe finanziert am Kapitalmarkt – bestehen zu können. Kann es aber Aufgabe des Steuerzahlers sein, einen Konkurrenzkampf gegen weltweite Logistikfirmen mit unsicherem Ausgang zu finanzieren?

Was Mehdorn mit seiner Modellbahn machen würde

Bestimmt hatte Hartmut Mehdorn im Oktober 2007 schon ein bisschen geträumt. Im Vorzimmer seines Büros steht ein kleiner Zen-Garten, ein Stückchen Sand mit einer Harke, in das er am Ende des Arbeitstages manchmal noch ein Muster zieht. Vielleicht ein „DBX“, so könnte das Kürzel der Bahnaktie an der Börsentafel auftauchen. Vielleicht malt er auch eine „2003“ oder „2004“ hinein – die Daten seiner Schlappe beim Preissystem und der Absage des Börsengangs – letztlich aber Zahlen die Mut machen: Er ist noch da, was wenige Manager nach solchen Rückschlägen von sich sagen können. Sein anderer Traum, der, um die Welt zu segeln, muss warten. Mehr als acht Jahre an der Spitze eines Konzerns, welcher Chef eines „Blue Chip“ im Dax hat das geschafft? Zwei Kanzler hat er da oben erlebt, vier Verkehrsminister und drei Aufsichtsratsvorsitzende. Und einen SPD-Parteitag, mag er in Gedanken hinzufügen. Auch im Jahr 2008 ist er noch da, es bleibt Zeit zum Kämpfen für das Modell Mehdorn.

Natürlich, die Einnahmen aus dem Börsengang müsste er mit dem Finanzminister teilen. Aber die zwei Milliarden, die er braucht, die wären wohl drin. Vor allem aber bliebe „sein“ Konzern bestehen, wie er ihn geformt und jahrelang verteidigt hat. Mit Schienennetz und Bahnhöfen, mit Logistiksparte, Güterbahn und Personenverkehr.

Die Vorzüge für Aktionäre liegen auf der Hand: Auf der einen Seite hat der Konzern seine starke Burg in Deutschland, befestigt durch rund 2,5 Milliarden Euro Staatsgeld jedes Jahr, mit dem das Netz in Schuss gehalten werden soll und über das er aber ziemlich frei verfügen kann. Die 34.000 Kilometer Schienen, Bahnhöfe und Energieversorgung stehen weiter in seiner Bilanz. Dazu kommen die Milliarden der Länder für den Nahverkehr, von denen er für die DB auf Jahre hinaus einen großen Teil sichern konnte, die als satte Gewinne von DB Regio fließen. Selbst IC und ICE liefern – wenn auch bescheidene – Gewinne. Das ist die Basis, weitgehend gesichert gegen unliebsame Konkurrenten durch die Kontrolle über das Netz.

Diese Vision verspricht solide Gewinne – aber wenig Wachstumsphantasie, nach denen sich weltweite Investoren sehnen. Ohne diese kein Erfolg an der Börse. Dafür hat er die Logistik- und Gütersparte, die schon heute mehr als die Hälfte der Erlöse bringt und die boomt, solange die Weltwirtschaft und die Exportnation Deutschland florieren. Speditionen in Europa, Asien und den USA hat die Bahn bereits gekauft, Geld für die weitere weltweite Einkaufstour bekommt sie günstig, weil der private Konzern das Netz als riesiges Vermögen plus Staatsgeld in der Hinterhand hat. Und der Staat wegen des Grundgesetzauftrages für die Schienenwege weiter direkt am Unternehmen beteiligt bleiben muss. Mehdorn kann also mit vom Staat polierter Rüstung in den weltweiten Kampf um Marktanteile für „mobility, networks und logistics" ziehen. Sollten seine Truppen mal ordentlich verprügelt werden, bleibt der Rückzug in die sichere Burg, geschützt von der Staatsgarantie, die den völligen Bankrott verhindern wird. Der Steuerzahler haftet immer mit.

Dass allerdings selbst bei brummender Weltkonjunktur das Geschäft der Speditionen und Logistiker voller Risiken steckt, zeigt ein zweiter ehemaliger Staatskonzern. Die Deutsche Post, die lange mit ihrem staatlich garantierten Briefmonopol kräftige Gewinne machte, wollte sich bei dessen Auslaufen mit der Expansion in die weltweite Logistik für das rauhe Klima des Wettbewerbs winterfest machen. Seit Jahren kämpft das Unternehmen nun mit Verlusten der Tochter in den USA.

Und was würde die DB in Deutschland machen? Investoren werden über ihren Einfluss im Aufsichtsrat immer Druck machen, das Geld dorthin fließen zu lassen, wo es den meisten Ertrag abwirft, um Dividenden zu zahlen und den Aktienkurs steigen zu lassen. Umgekehrt stehen solche Sparten unter Beobachtung, die schwache Renditen erwirtschaften. Zum Beispiel der Fernverkehr: Trotz regelmäßiger Preiserhöhungen, Spezial- und Sonderangeboten bei Lidl und Tchibo, trotz besserem Service und neuer Hochgeschwindigkeitstrassen sind die IC und ICE mit schwachen Renditen unterwegs.

Investoren werden schnell ungeduldig: Die Fußball-WM und der Papst waren schon da und neue Rennstrecken wird die Bahn auf absehbare Zeit kaum noch bekommen. Mehr Rendite muss daher anders erzielt werden: So wird es wohl nach dem Interregio auch den Intercity (IC) treffen, der auf vielen Strecken kaum langsamer als der ICE ist, aber billiger. Zudem ist er der letzte Fernzug, in dem ein Fahrrad mitgenommen werden kann. Nach Unterlagen des Aufsichtsrats beginnt bei der DB ab 2015 die „ICE-Welt". Die biete dem Kunden ein „einheitliches ICE-

Produktbild", mehr Service und mehr Komfort. Von niedrigeren Kosten durch eine „Vereinheitlichung der Produktplattform" profitiere wiederum der Konzern. Zwar erklärt die Pressestelle, der „Intercity als Produktkategorie wird nicht abgeschafft", was aber in seltsamen Kontrast zu Äußerungen des Bahnchefs selbst steht, wonach man „den Ersatz unserer IC-Flotte durch neue ICE-Einheiten" plane, wie er in einer DB-Broschüre verrät.

Obwohl von kaum einem Reisenden wahrgenommen, dürfte die Zukunft des Netzes noch wichtiger sein; ob die Züge pünktlich sind und was das Ticket kostet, hängt entscheidend hiervon ab. Ein Anlagevermögen von über 100 Milliarden Euro steckt darin, mit vielen interessanten Grundstücken, die zu Geld zu machen sind. Das Netz ist ein Schatz, um den Mehdorn jeden Tag gekämpft hat. Das Netz ist aber auch ein Schwamm, der jeden Tag Millionenbeträge scheinbar spurlos aufsaugt und dessen Baustellen nie weniger zu werden scheinen. Strecken und Bahnhöfe werden über Jahre gebaut, Ersatzgleise für Jahrzehnte verlegt so wie viele Brücken und Tunnel ihre Aufgabe im Staatsdienst seit über einem Jahrhundert verrichten. Bauwerke, mit denen Werte für Generationen geschaffen werden, die allein daher in augenfälligem Kontrast zu den Weltbörsen stehen, wo Milliardenwerte in Minuten erblühen und in Sekunden wieder in sich zusammenfallen.

Das Netz ist eine Versuchung für jeden Vorstandsvorsitzenden, der Analysten und Anleger alle drei Monate mit Quartalszahlen beeindrucken muss. Was hier investiert wird, zahlt sich viele Jahre später aus, was mit Streckenstilllegungen gespart werden kann, hilft schon bei der nächsten Bilanz. Es ist eine Versuchung, weil der Staat sich verpflichtet hat, jedes Jahr bis zu 2,5 Milliarden Euro in das Netz und den Konzern zu pumpen. Eine Versuchung ist es für ihn, von seinen Konkurrenten immer mehr für das Fahren auf den Gleisen zu kassieren, obwohl es von der Schiene die Güter und Menschen vertreibt, die dieses Netz bezahlen. Es ist ein Fluch, wenn sich die Hände von Renditejägern auf das Monopol eines Staates legen.

Die Bahn wird anders – auch ohne Börse

Als Hartmut Mehdorn sich Ende 2006 mit seinem Brandbrief an die Kanzlerin wandte, sprach er von seinen großen Zweifeln, ob am Ende des politischen Prozesses überhaupt eine Entscheidung für eine Privatisierung stehen werde. „Dann bliebe es bei der DB AG wie heute als hundertprozentiges Bundesunternehmen", stellte er kühl fest. „Dieses Szenario wäre natürlich auch gangbar."

Mit Netz, ohne Netz, Bürgerbahn, Börsenbahn – wäre dies nicht die einfachste Antwort auf eine Reihe von verwirrenden Fragen? Hatte nicht auch die Gewerkschaft Transnet diesen „Plan B" – den Plan „Bund" – ins Spiel gebracht, könnten nicht letztlich alle damit gut leben, wenn der größte verkehrspolitischen Streit der vergangenen Jahre auf diese Weise friedlich zu Grabe getragen würde? Gut, Hartmut Mehdorn müsste aus süßen Träumen erwachen, dem Albtraum einer Zerlegung des Unternehmens entginge er jedoch. Seit 2004 schreibt das Unternehmen schwarze Zahlen, 2006 wies es einen Gewinn von über zwei Milliarden Euro. Kann das nicht einfach so weitergehen?

Es kann nicht. Vor allem drei Gründe sprechen dagegen. Erstens: Ein Bundesunternehmen mit Milliardengewinn wird diesen auf Dauer kaum für sich behalten können. Der alleinige Aktionär wird auf seiner Dividende bestehen, besonders in Zeiten, in denen der Bundeshaushalt in Bedrängnis gerät. Er wird der DB in die Tasche greifen, wie er die Investitionen für die Schiene immer gekürzt hat, wenn es die Kassenlage verlangte. Der Anreiz für die Bahn, profitabel zu sein, könnte schnell erlahmen, der Weg zurück zur Bahn von gestern führt verlockend bequem bergab, wie Mehdorn auch die Kanzlerin warnte: „Wir müssten als ‚Staatsunternehmen' mit wachsenden Widerständen gegen Produktivitätssteigerungen mit allen daraus resultierenden Folgen für die Wettbewerbsfähigkeit des Unternehmens rechnen."

Zweitens: Der Konzern, den der Bahnchef geformt hat, basiert auf der Idee des Global Players, in erster Linie, was Güterverkehr und Logistik betrifft. Die Bahn mit ihrer Spedition Schenker gehört zwar zu den Großen im internationalen Vergleich, was auf dem zersplitterten Markt jedoch lediglich bedeutet, dass die DB einen Anteil von unter drei Prozent hält. Wer hier überleben will, muss wachsen; wer wachsen will, muss kaufen. Dafür braucht er Geld. Selbst wenn der Staat ihm den Ausfall der Börsenerlöse von vielleicht zwei Milliarden Euro dank guter Haushaltslage zuschießen würde, der Steuerzahler würde Mehdorns Strategie nie langfristig sichern können.

Der Bund sollte sein Geld ohnehin nicht aus der Hand geben: Warum sich an einem Konzern beteiligen, der Autos in die USA verschifft, Computerteile von dort nach China fliegt, wo seine Lastwagen Container mit T-Shirts und Jeans an Hafenterminals verladen, um diese nach Hamburg zu bringen? Daseinsvorsorge und Gemeinwohl sichert das nicht – dafür aber sollten Staatsunternehmen und Steuergeld reserviert bleiben, statt es auf dem internationalen Logistikmarkt zu riskieren. Mit Blick auf den Börsengang und die erhofften Milliarden für den Haushalt hat der Bund dies schon zu lange gemacht.

Drittens: Das Ringen um den Börsengang hat das Ziel von 1994 – mehr Verkehr auf die Schiene – verblassen lassen. Die DB sollte sich sanieren, profitabel und reif für den Kapitalmarkt werden. Das politische Ziel mochte hin und wieder parallel damit laufen, jedoch keineswegs immer. Dies war den Vätern der Bahnreform bewusst, weshalb sie auf Wettbewerb mit vielen Bahnen setzten. Bald 15 Jahre später ist das Resultat ebenso bescheiden wie es aus DB-Sicht erfreulich sein muss: Im Güter- und Nahverkehr halten die Konkurrenten geringe Anteile am Markt, im Fernverkehr ist die DB praktisch noch immer allein unterwegs.

Allerdings müssen sich die Wettbewerber ankreiden, dass sie sich nicht einmal dauerhaft zu einem schlagkräftigen Verband zusammenzuschließen vermochten. Nie stand der DB als Altmonopolisten auf Dauer ein Herausforderer auf Augenhöhe gegenüber, der etwa wie Vodafone gegen die Telekom hartnäckig und mit Macht antrat. Auch Connex mit seinem ehemaligen DB-Manager Hans Leister nicht. Ende 2004 trat die Privatbahn aus dem Konkurrenzverband „Mehr Bahnen!" aus. Leister vermutet einen Deal zwischen Mehdorn und der französischen Geschäftsführung. Er selbst verließ das Unternehmen bald darauf.

Von einem Preisverfall an den Reiseschaltern – oder mehr noch Automaten – wie etwa beim Telefonieren war nichts zu bemerken. Die Bahnpreise sind seit 1995 um rund 40 Prozent gestiegen und damit stärker als die Kosten der Autofahrer. Und dies trotz des dramatischen Benzinpreisanstiegs der vergangenen Jahre, rechnete der ADAC vor.

Preiserhöhungen bekommt der Kunde häufig nur indirekt mit: Allein durch Preissteigerungen wie in der Vergangenheit für die Nutzung von Schienen, Bahnhöfe und Energie fielen Mehrkosten von einer Milliarde Euro in den nächsten fünf Jahren für die Bundesländer an, heißt es in einer Studie in ihrem Auftrag. Die würde bedeuten, dass fünf bis zehn Prozent des Zugangebots gekürzt werden würde. Weitere Folge: Kleine Stationen mit weniger als 100 Ein- und Aussteigern würden dichtgemacht. Die Länder wollten damit vor einem Börsengang nach Mehdorns und Tiefensees Plan warnen. Dieses Szenario kann aber beim Status quo ebenso drohen.

Ohne Netz und doppelten Boden

Am 5. Oktober 1999, gegen acht Uhr morgens: Der 31-jährige Lokführer Michael Hodder fährt seinen Regionalzug Thames Train Turbo aus dem Londoner Bahnhof Paddington in Richtung Bedwyn. Wenig später passiert er das unübersichtliche Signal SN109. Dass etwas dramatisch falsch läuft, wird ihm klar, als er den Intercity aus Cheltenham bemerkt. Die Notbremsung kommt zu spät. Um 8.11 Uhr rasen die Züge ineinander. Hodder und 30 weitere Menschen sterben, 400 werden verletzt.

Die Katastrophe von Paddington 1999 ist nur Höhepunkt einer Serie von Zugunglücken in Großbritannien. Als ein Jahr später ein Intercity bei Hatfield auf völlig maroden Schienen entgleiste, entfachte dies eine erbitterte Debatte über die Folgen der Privatisierung einer Eisenbahn. Für die einen war der britische Weg Beweis, dass der Verkauf von Bahnen ins Desaster führen muss, für andere ein Argument gegen die Aufspaltung der Staatsbahn in einzelne Unternehmen, wieder anderen sahen das Kernproblem in der Infrastruktur als Renditeobjekt.

Großbritannien ging mit der Totalprivatisierung seiner Bahn einen ebenso radikalen wie einsamen Weg in Europa, das in noch fast jedem Land von den Staatsbahnen dominiert wird. In mehr als 100 Unternehmen ist die altehrwürdige British Rail zerlegt worden, auch die Netzgesellschaft kam eigenständig an die Börse. In den ersten Jahren wurden die Schienenwege ausgequetscht und lieferten den Aktionären satte Ausschüttungen plus rasant steigende Aktienkurse. Nach den Unglücken ging es ebenso schnell bergab; für die jahrelang vernachlässigten Reparaturen und Modernisierungen war kein Geld mehr da, das Unternehmen ging pleite und das ausgelutschte Netz fiel den Briten wieder vor die Füße, zurück zu Vater Staat – nicht ohne den Aktionären eine milliardenschwere Abfindung zahlen zu müssen, bevor der Steuerzahler es mit weiteren Milliarden Pfund sanieren durfte.

Obwohl das Scheitern offensichtlich war, die britische Bahnreform anschließend an einer ganzen Reihe von Stellschrauben verändert wurde, es blieb bei der Trennung der Schienen von den verschiedenen privaten Bahngesellschaften. Die Briten pumpen jedoch seither nicht nur viel Geld in ihre Schienenwege, sie machen das Netz auch sonst stark: „Network Rail“ selbst ist für den Ausbau des Netzes zuständig, vergibt die verfügbaren Trassen, dem Unternehmen gehören die Bahnhöfe und es arbeitet den Fahrplan für alle Bahnen aus. Die wiederum sind zur Zusammenarbeit verpflichtet, um die verschiedenen Angebote übersichtlich zu bündeln und das Bahnfahren möglichst einfach zu machen. Reisende können so eine Fahrkarte quer durch das Land und mit verschiedenen Gesellschaften kaufen und etwa im Internet eine Auskunft über alle Verbindungen erhalten. Dort trifft der Fahrgast auch noch auf das alte Logo der „British Rail“, der früheren einheitlichen Staatsbahn. Wichtigstes Ziel von „Network Rail“: Das Netz in Schuss halten und günstig Trassen anbieten, damit mehr Züge fahren, die über ihre Gebühren das erhalten und günstige Trassen erst möglich machen.

Jeder der in Großbritannien Bahn fährt, weiß, dass das System weit entfernt von Perfektion ist. Noch immer leidet das Netz unter jahrzehntelanger Vernachlässigung und privater Ausbeutung. Das System hat aber trotz der Turbulenzen Erfolge vorzuweisen: Seit dem Ende von British Rail 1994 hat die Leistung der Eisenbahnen im Reise- und Güterverkehr um über 40 Prozent zugelegt. Dazu hat die Citymaut in der Pendlermetropole London beigetragen, die Autofahren fast unerschwinglich macht. Es gilt aber auch als Erfolg der Privatbahnen, die mit Angeboten um Kunden und staatliche Lizenzen zum Betrieb der Strecken kämpfen. Selbst Auto und Lastwagen konnten Marktanteile abgejagt werden. Was die Regierung mit dem Verkauf des siechen Staatskonzerns ursprünglich gar nicht im Sinn hatte, sie wollte lediglich Kasse machen. Die Eisenbahn galt bis dahin als Auslaufmodell, ein weidwundes Tier, das man loswerden und irgendwann unbemerkt auf den Straßen vom wachsenden Verkehr überrollen lassen wollte.

In Deutschland klangen die Aufgaben in der Bahnreform ehrgeiziger, man erinnert sich: Zur gleichen Zeit, 1994, fiel der Startschuss für eine Aufholjagd gegenüber der Straße. 15 Jahre später ist der Rückstand allenfalls um wenige Zentimeter verkürzt, was stark damit zusammenhängt, dass die Börse nicht auf der gleichen Strecke liegt wie das politische Ziel.

Nach dem Stoppsignal des SPD-Parteitages, hat der Staat nun weiter alle Aktien in der Hand: Mit dem über fünf Generationen aufgebauten, immer noch engmaschigen Fahrweg und den Bahnhöfen hat er die Chance, seine Eisenbahn stark zu machen. Voraussetzung: Der Mut, den Auftrag des Grundgesetzes, das Gemeinwohl auf Schienen, ernst zu nehmen. Mit Stations-, Trassen- und Energiepreisen sitzt er in dem Stellwerk, wo entschieden wird, wie viele Züge fahren und kann sich doch dabei des Marktes mit seinen verschiedenen Bahnen bedienen. Wie könnte das 2020 aussehen?

Am Leipziger Hauptbahnhof kauft sich Familie Schumacher im Reisezentrum eine Karte für die Fahrt an die Nordseeküste. Am Eingang prangt, wie vor 20 Jahren, das DB-Logo, nur die Schalter sind in den Stationen seit einiger Zeit besser besetzt. Das haben Vertreter von Fahrgastverbänden, die mit im Aufsichtsrat der staatlichen Gesellschaft sitzen, durchgesetzt. Die Ticketpreise sind in den vergangenen Jahren – wenn auch mäßig – weiter gestiegen. Trotzdem fahren die vier dieses Jahr nicht mit dem Auto in Urlaub. Ein Grund ist, dass die BahnCard jetzt auf dem ganzen Netz, bei allen Bahnen und selbst im Stadtverkehr gilt. Zum anderen wegen des Benzinpreises von drei Euro und der PKW-Maut, die fällig ist. Dafür nehmen Schumachers sogar in Kauf, dass man gegenüber 2010 um eine halbe Stunde länger fährt. Grund: Die „ICE-Welt“ gibt es hier nicht mehr, die Ex-DB-Tochter „mobility“ – seit einigen Jahren an der Börse – hat im harten Bieterverfahren die Ausschreibung verloren. Die private „Nordbahn“ hatte mit dem besseren Servicekonzept überzeugt, so können sogar die Räder in den Extrawaggon mit eingeladen werden.

Die Familie macht es sich im Doppelstockzug bequem. Den hat das Unternehmen geleast und nicht gekauft, weil unklar ist, ob es den Folgeauftrag in zehn Jahren gewinnt. Seinen Strom zieht es zum Selbstkostenpreis der Netzgesellschaft aus der Oberleitung, der für alle Gesellschaften im Land gilt. Die Züge sind zwar keine 200 Stundenkilometer schnell, dafür aber pünktlich. Hohe Vertragsstrafen an die Infrastrukturgesellschaft sowie Geld zurück für die Passagiere sind der Hauptgrund. Ob man sich auf die Züge zwischen Hamburg und Leipzig verlassen kann, haben die Schumachers zu Hause gecheckt: Die Pünktlichkeit sämtlicher Fernzüge in Deutschland – zu DB-Monopolzeiten ein streng gehütetes Geheimnis – ist per Mausklick auf der Netzseite für jedermann abrufbar, ebenso wie Verbindungen und Fahrpreise aller anderen Bahnen. Zu verschmerzen ist die gemütlichere Fahrt gegenüber dem ICE auch, weil keine zusätzlichen Langsamfahrstellen bremsen. Seitdem mehr Verkehr auf der Schiene ist, fließt auch mehr Geld aus Trassengebühren ins Netz.

Auf den modernen Strecken entlang von Metropolen wie Leipzig-Berlin-Hamburg ist das kein Wunder, ganz anders als auf den Nahverkehrsrouten im dünn besiedelten Mecklenburg-Vorpommern, die der Zug durchquert. Da sich die Regierenden trotz – und in einigen Gebieten vor allem wegen – der fortdauernden Abwanderung für regelmäßige Zugverbindungen ausgesprochen haben, sind die Verbindungen nach Greifswald und Uckermünde mit ausgeschrieben worden. Wer Leipzig–Hamburg fahren darf, muss Uckermünde mit bedienen.

Und was ist aus „mobility“, den Fern- und Nahverkehrszügen der DB, geworden? Im harten Konkurrenzkampf hat das Unternehmen gelernt, der IC fährt weiter, um Kunden zu bedienen, die mehr Zeit und weniger Geld haben. Noch immer ist es die größte Bahngesellschaft in Deutschland, wenn auch selbst auf Langstrecken kein Monopolist mehr. Länder und Städte mit dem Ausbau von Strecken und Bahnhöfen zur großzügigen Vergabe von lukrativen Aufträgen zu verleiten, funktioniert nicht mehr, seit Stationen und Schienen vom Konzern getrennt sind.

Trotzdem ist „Mobility“, der alte DB-Personenverkehr, profitabel und erheblich gewachsen. Einen Teil der Börseneinnahmen blieben im Unternehmen, damit wurde die Expansion ins Ausland vorangetrieben. „mobility“ fährt jetzt manche Strecken in England und Ungarn und ist sogar erstmals in Frankreich im Regionalverkehr zum Zuge gekommen. Die Strecke Paris–Stuttgart und Frankfurt–Paris boomt bereits seit Jahren.

Und die Güterbahn? Die EU hat den Druck auf die Öffnung der Schienenmärkte verstärkt und so fährt sie erheblich weiter als noch Anfang des Jahrtausends. Das sowohl Lkw-Maut ebenso wie Energiepreise steigen, trifft zwar Fuhrunternehmer und Verbraucher gleichermaßen, es hilft der Bahn aber zusätzlich. Im europäischen Ausland profitiert das Unternehmen vom weitverzweigten Vertrieb der Spedition Schenker, der ebenfalls privatisiert wurde. Die Schenkerleute helfen, die Züge in Polen oder Italien wieder zu füllen. Im Inland drückt die Konkurrenz zwar weiter mächtig, dafür lohnen sich aber eine Reihe von einst stillgelegten Gleisanschlüssen wieder, seitdem es Nachlässe bei den Trassengebühren für jede Lkw-Ladung gibt, die auf die Schiene wandert. Ein System, das schon in Großbritannien Anfang des Jahrtausends Erfolg hatte. Vielleicht ist auch der Bahn-Plan Realität, Güterzüge von Hamburg nach Peking fahren zu lassen. „Die Transsibirische Eisenbahn und die Landbrücke nach China oder auch Iran oder Irak werden mit Sicherheit ein großes Thema“, sagt Exbahnvorstand Bernd Malmström, der inzwischen als Berater der Logistikbranche arbeitet und weiter Chancen für die Güterbahnen sieht. Über diese eurasische Landbrücke könnte ein Teil der rasant wachsenden Gütermenge zwischen Asien und Europa abgewickelt werden. Die DB lässt bereits Testzüge fahren, die weniger als 20 Tage unterwegs und damit doppelt so schnell wie das Schiff sind.

Zu optimistisch solch ein rosarotes Börsenende der Debatte? Vielleicht. Teuer für den Staat, da er viele unwirtschaftliche

Nachtverkehr ab ca. 0.10 Uhr bis ca.

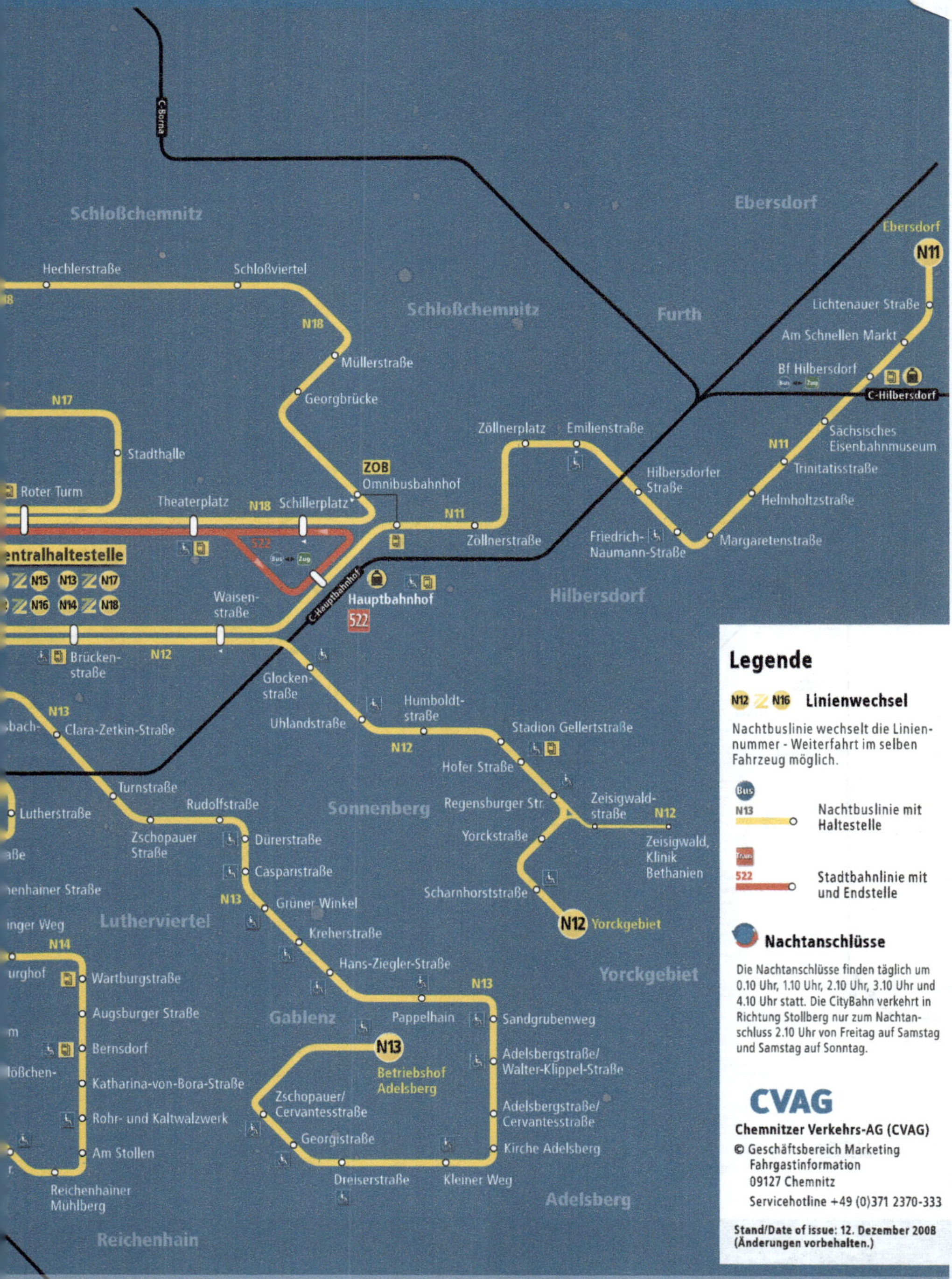

Legende

N12 / N16 Linienwechsel

Nachtbuslinie wechselt die Liniennummer - Weiterfahrt im selben Fahrzeug möglich.

Bus N13 — Nachtbuslinie mit Haltestelle

Tram 522 — Stadtbahnlinie mit und Endstelle

Nachtanschlüsse

Die Nachtanschlüsse finden täglich um 0.10 Uhr, 1.10 Uhr, 2.10 Uhr, 3.10 Uhr und 4.10 Uhr statt. Die CityBahn verkehrt in Richtung Stollberg nur zum Nachtanschluss 2.10 Uhr von Freitag auf Samstag und Samstag auf Sonntag.

CVAG

Chemnitzer Verkehrs-AG (CVAG)

© Geschäftsbereich Marketing
Fahrgastinformation
09127 Chemnitz
Servicehotline +49 (0)371 2370-333

Stand/Date of issue: 12. Dezember 2008 (Änderungen vorbehalten.)

Tagesverkehr bis ca. 0.00 Uhr; gültig ab 10. August 2009
Angaben ohne Gewähr, Änderungen vorbehalten

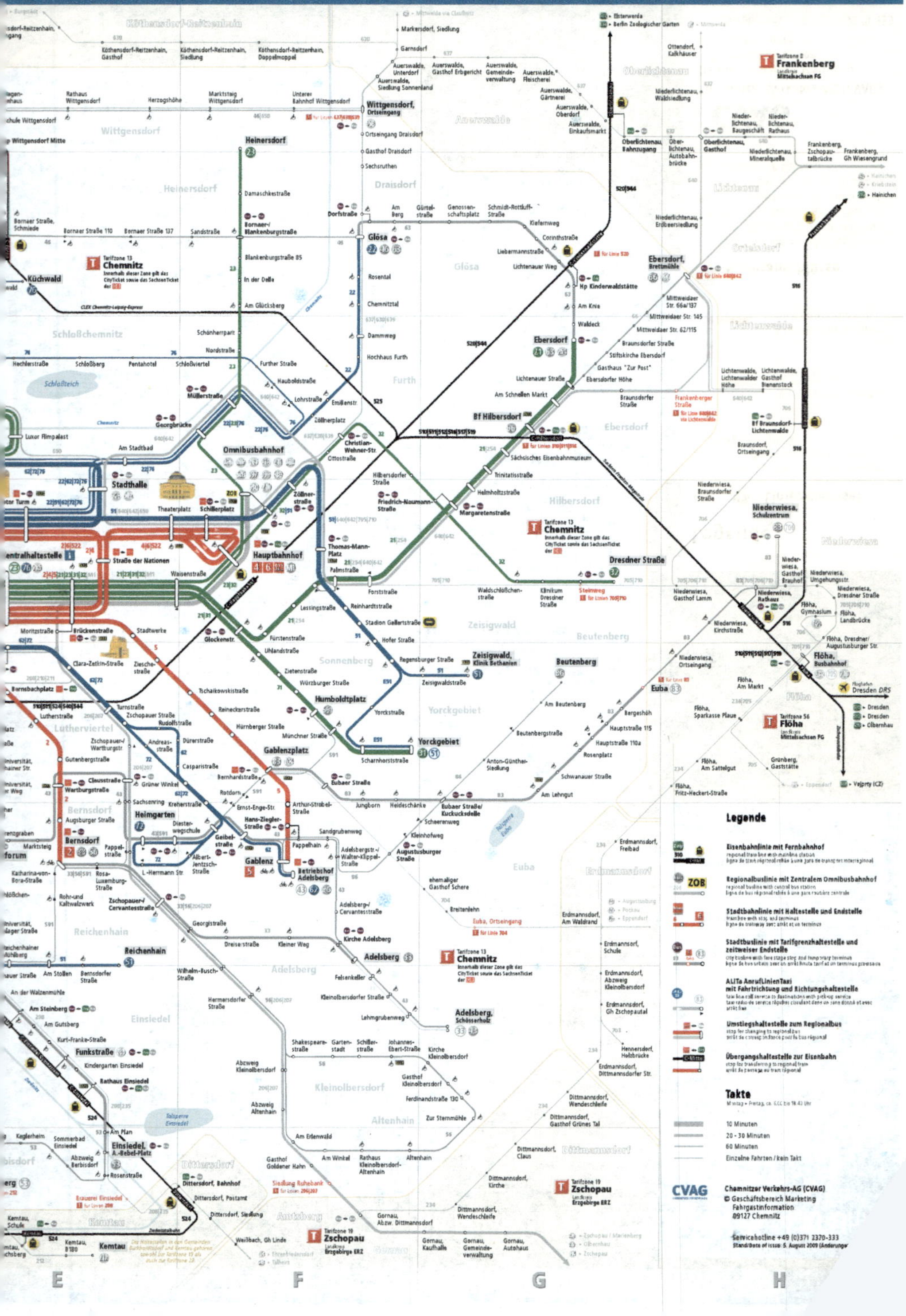

Tram Bus Liniennetzplan Chemnitz und Stadtregion

mit Regional- und Fernbah

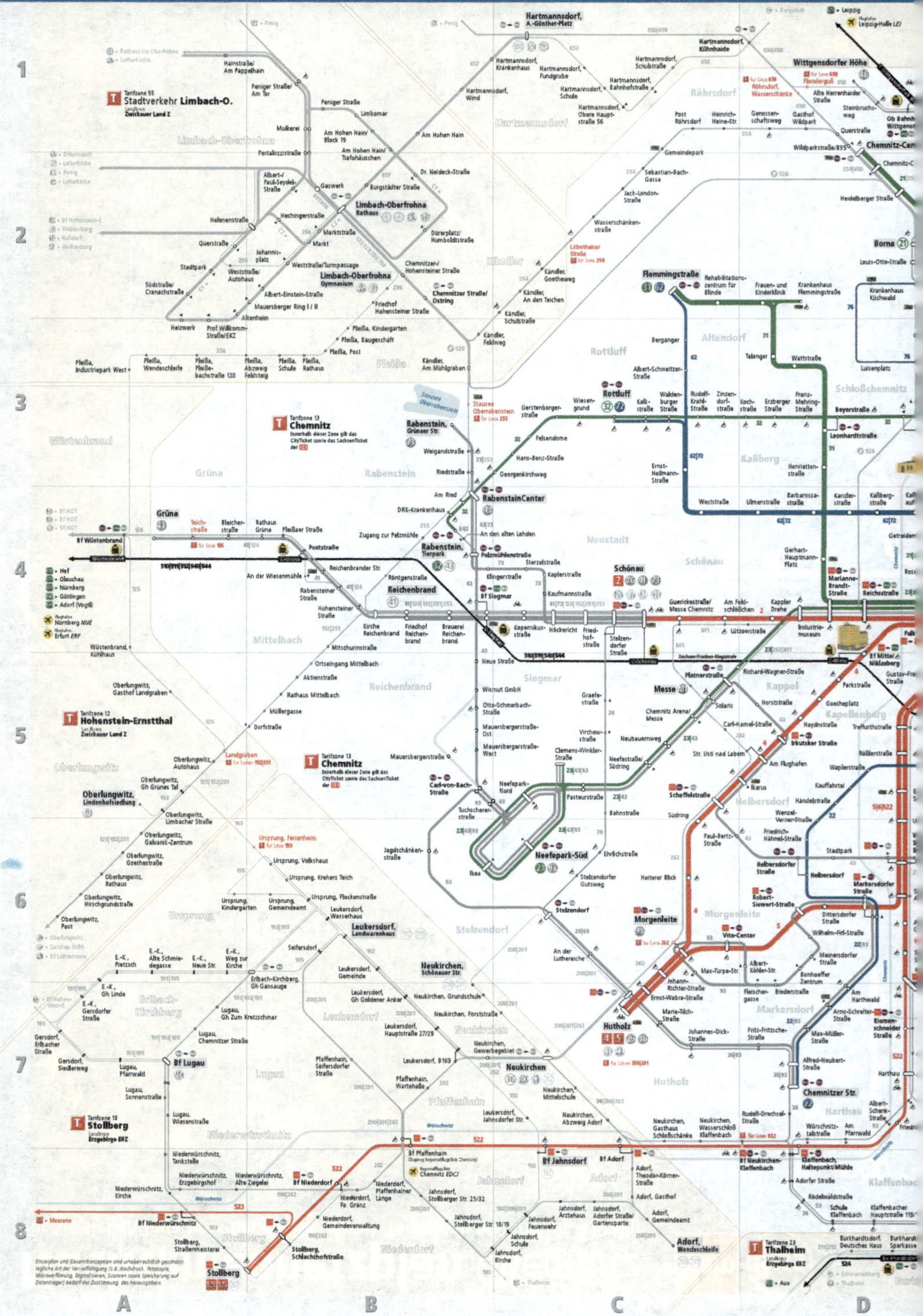

Nachtliniennetzplan Chemnitz

Tram Bus

Für Sie sieben Tage rund um die Uhr mobil- Täglich ab 0.10 Uhr bis 4.10 Uhr.

Züge, also das Gemeinwohl, über subventionierte Wegekosten finanzieren muss? Wahrscheinlich. Dass ein von Privatinvestoren gesteuerter Konzern dem Steuerzahler jedoch nichts von dieser Last abnimmt, dies darf als sicher gelten.

Speedy Gonzalez und Lame Ducks – das Versagen der Politik

Hartmut Mehdorn muss immer noch hetzen. Mehr als je zuvor. Zweimal wähnte er sich auf der Zielgeraden, jedesmal musste er in die Extrarunde. Niemals wusste er, welche die letzte ist. Sein Vertrag läuft bis 2011, dann ist er 69; er muss schneller laufen. „Ich bin Speedy Gonzalez, ihr seid Lame Ducks“ – mit dieser Einstellung ist er durch das Regierungsviertel gefegt. Während im Ministerium in der Invalidenstraße konferiert wurde, war am Potsdamer Platz schon entschieden. Wurde Mehdorns Begehr zwischen Aktendeckeln auf dem Wägelchen vom Referats- zum Abteilungsleiter geschoben, klärte der Bahnchef die Sache mit dem Kanzler.

Hatte er nicht Recht? In seinen acht Bahnjahren sah er vier Verkehrsminister. Klimmt war gerade mal ein Jahr da, mit Bodewig musste er kämpfen, Stolpe kämpfte mit der Lkw-Maut und Tiefensee mit der SPD. Da war genug Platz für Entscheidungen, bei denen andere kniffen. Zum Beispiel der Transrapid Berlin–Hamburg: „Na, Herr Klimmt, machen wir das Ding heute kaputt?“, begrüßte er einmal seinen Lieblingsverkehrsminister und drehte dem Prestigezug mit der passenden Handbewegung symbolisch die Gurgel um, noch bevor es in die Gespräche ging. Während niemand Totengräber der Schwebebahn sein wollte, verbuddelte Mehdorn das Projekt, dem die Politik Strecke und Milliardenkosten mit völlig unrealistischen Planzahlen aufbürden wollte.

Meistens ist Mehdorn eilig, und wenn er mal nicht eilig ist, dann ist er rasend. Immer im Dienst seiner Sache. „Ich habe höchstens mal als junger Manager einen Strafzettel bekommen, weil ich zu schnell ins Büro gefahren bin, nicht umgekehrt." Fehler hat er dort viele gemacht, vom Preissystem PEP bis zum Auftritt im Verkehrsausschuss. Er hat Interregios abgeschafft und mit subventionieren Regionalzügen ersetzt, Loks verschrottet, statt sie der Konkurrenz zu verkaufen, er hat den Bundeshaushalt angezapft und Schalter geschlossen. Hartmut Mehdorn ist Vorstandsvorsitzender der Deutschen Bahn AG. Er muss mehr Geld in die Kasse holen, nicht mehr Verkehr auf die Schiene.

Das ist Aufgabe des Verkehrsministers. Dass sie zuletzt alle von der SPD gestellt wurden, machte es nicht leichter. Mehr als andere Parteien zerfallen die Sozialdemokraten in der Verkehrspolitik in Wettbewerbsförderer, Privatisierungsfeinde, Gewerkschaftsfreunde und Fans eines großen deutschen Unternehmens als „European Champion". Im Zweifel lagen Daseinsvorsorge für Gewerkschaft und Bundesunternehmen der Partei näher als andere Ziele.

Dabei ist die Schiene längst dem Schicksal entronnen, ein Fall für „Pufferküsser" zu werden, die bei romantischen Dampflokfahrten im Winterwald von der guten alten Staatsbahnzeit träumen. Schon in den vergangenen Jahren haben die lange totgesagten Eisenbahnen kräftig aufgeholt. Weil Konjunktur, Export und Häfen florieren und Container gut auf die Eisenbahn passen. Die DB und vor allem die privaten Bahnen transportierten nicht nur mehr – sie behaupteten sich auch gegen die Konkurrenz der Straße.

Die Chance für die Renaissance der Schiene ist da, weil die Vorzüge der Bahn zunehmend ins Gewicht fallen: Ein Zugreisender verbraucht rechnerisch weniger als die Hälfte an Treibstoff des Autos, entsprechend weniger Treibhausgase heizen die Atmosphäre auf. Steigende Spritpreise kommen der Bahn also entgegen. Ebenso wie eine erleichterte Fahrt für die Güterbahnen über die Grenzen hinweg.

Warum sollten wir an diese mühsam und teuer aufgebaute Schaltzentrale der Verkehrs-, Klima- und Energiepolitik Investoren lassen, die das System allein auf Rendite programmieren? Wenn die Schiene als Kern der Eisenbahn in der Verantwortung des Staates ist, dann muss er höchstes Interesse haben, dass der Verkehr brummt und die Einnahmen aus der Nutzung der Schiene fließen. Nur so bleibt das Netz bezahlbar. Über die Preise für Gleise und Stationen hat die Regierung selbst einen Hebel in der Hand, um Bahnfahren für Menschen und Güter billiger zu machen. Oder umgekehrt mehr Geld für Neubau und Wartung zu verlangen. Straßenmaut, die Ökosteuer, Tempolimit oder das noch steuerfreie Flugbenzin – an diesen Stellknöpfen zu drehen, um Verkehr von der Straße zu leiten, bleibt außerdem.

Mit dem Netz bleiben die unangenehmen Fragen jedoch ebenfalls bei ihr: Welche Strecken wollen wir uns leisten, angesichts sinkender Geburtenzahlen und Abwanderung? Welche sind trotz roter Zahlen sinnvoll, wo fahren künftig Busse, die mindestens ebenso umweltfreundlich und sparsam wie die Bahn sind? Die Antworten müssen wir selbst und unsere Vertreter in Parlament und Regierung geben. Die Antworten einer Privatfirma unter Renditedruck der Börse kennen wir schon.

Und Hartmut Mehdorn? Macht er das mit? „Die Politiker sollen uns von der Kette lassen“, hat er oft gefordert. Ja, lasst Mehdorn von der Kette. In den Wettbewerb mit anderen Bahnen und Spediteuren in Deutschland und der Welt. Ohne Garantie von Vater Staat, ohne Vollkasko-Sicherung, ohne doppelten Boden und vor allem ohne Netz. „Mutter und Baby mussten sich trennen. Der Börsengang ist der Schnitt in die Nabelschnur“, hat Mehdorn gesagt. „Dann muss das Baby erwachsen werden und am Markt auch so agieren.“

Bahn und Börse – Ein Schlusswort von David Hansemann

Bahn und Börse bildeten schon früh ein Paar wie Bulle und Bär: In England brach das Eisenbahnfieber im 19. Jahrhundert aus, 1835 rollte zwischen Nürnberg und Fürth der erste Zug in Deutschland.

Zwei Jahre später, 1837, bewogen die immer zahlreicheren Strecken unter Kontrolle von Aktiengesellschaften den preußischen Bankier und Politiker David Hansemann zur Feder zu greifen – um sich zu wundern und zu warnen:

„Bei der Anlage von Kanälen oder Kunststraßen ist in Deutschland früher nie als Hauptsache erwogen worden, wie viel direkter Gewinn vom Anlage-Kapital zu beziehen sein werde. Die Nützlichkeit der Anlage war stets die Hauptfrage. Anders scheint es den Eisenbahnen zu ergehen, obgleich sie hinsichtlich des allgemeinen Nutzens weit über Kunststraßen stehen und selbst den Kanälen in den meisten Fällen vorzuziehen sind."

„Werden die Eisenbahnen durch Privat-Unternehmung gebaut, dann treten die Privat-Interessen, – manchmal tief verborgen im Hintergrunde, – sehr häufig in Kolision mit dem allgemeinen Wohl, und bemühen sich, zuweilen mit Erfolg, nachtheilige Bestimmungen über die Richtung der Bahn und andre Konzessions-Bedingungen selbstsüchtig durchzusetzen."

„Staatsbeamte haben gegen meine Ansicht, daß der Staat die Eisenbahnen bauen müsse, mir eingewendet: die Regierungsbehörden hätten ohnehin schon zuviel zu verwalten, und es sei nicht zweckmäßig, die Last der Verwaltung noch zu vermehren, und die große gewerbliche Privatthätigkeit zu beschränken. (...) Indessen mißverstehe man mich nicht. Es ist keinesweges meine Absicht, daß der Staat den Betrieb auf den Eisenbahnen übernehme. Dieser Betrieb ist einem großen Fabrik-Geschäfte nicht unähnlich, in welchem kaufmännische und technische Kenntnisse, so wie die speziellste Aufsicht erforderlich sind; ein Betrieb dieser Art, um vorteilhaft zu sein, muß durch Privat-Interesse wesentlich unterstützt werden ..."

„Wie theuer es den Staaten zu stehen kommen kann, wenn sie die wichtigsten Verkehrsmittel in privilegierte Privat-Hände legen, hat das Haus Thurn und Taxis gezeigt. Welche Regierung hat, als anfänglich diesem Hause Privilegien für die Postverwaltung ertheilt wurden, wohl sich vorgestellt, daß dadurch einstens den Staaten beträchtliche Nachtheile und Entschädigungspflichten von Millionen erwachsen könnten! Warum unseren Nachkommen, selbst schon den Zeitgenossen, nicht nur die Möglichkeit, sondern die höchste Wahrscheinlichkeit der Leistung ähnlicher Opfer auferlegen, wenn dieß so leicht vermieden werden kann?"

Hansemann, David: „Die Eisenbahnen und deren Aktionäre in ihrem Verhältnis zum Staat", Leipzig/Halle 1837

Aussteigen, bitte!

Doch die Fahrt zur Börse ist noch nicht zu Ende, wenn auch das hohe Tempo während der letzten Recherchen zu diesem Buch gebremst wurde. Offen blieb so, ob die Bahn die Börse bis zu den nächsten Wahlen noch erreicht oder ob das brisante Thema der nächsten Regierung überlassen wird. Der Leser möge es dem Autor nachsehen, wenn das eine oder andere so vom Zug der Zeit überrollt wurde. An den Grundfragen hat sich unterdessen nichts geändert: Wie viel Bahn wollen wir Bürgerinnen und Bürger uns leisten, und wie viel Verantwortung wollen wir tragen?

Dass eine Reihe anderer Fragen beantwortet werden konnte, habe ich meinen zahlreichen Gesprächspartnern zu verdanken, die mit Namen nicht genannt werden möchten. Im Parlament, in der Regierung und vor allem in der Deutschen Bahn. Ohne sie wäre dieses Buch ebenso wenig möglich geworden, wie ohne das Verständnis von Reuters und ohne die Geduld meiner Tochter Svenja.

Anhang

Chronik – der lange Weg der Bahn zur Börse

1993/94: Bundestag und Bundesrat beschließen die Bahnreform; die Bundesbahn wandelt sich 1994 zur Deutschen Bahn Aktiengesellschaft (AG), Ziele: Haushalt entlasten und mehr Verkehr auf die Schiene.

1996: Die Länder organisieren den Nahverkehr von nun an in Eigenregie, sie bestellen Züge bei der DB oder deren Konkurrenten und erhalten dafür Zuschüsse in Milliardenhöhe vom Bund.

1999: Hartmut Mehdorn wird Bahnchef. Er will die DB sanieren und dann an die Börse bringen.

2002: Mehdorn kauft die Spedition Schenker und baut die Bahn zum weltweiten Logistikkonzern aus.

2003: Das mit großen Hoffnungen gestartete neue Preissystem der Bahn floppt, mehrere Manager müssen gehen, Mehdorn bleibt und bekommt einen neuen Vertrag bis 2008.

Sommer 2004: Der Bundestag spricht sich gegen eine schnelle Privatisierung aus.

September 2004: Die Bundesregierung sagt den für 2006 geplanten Börsengang ab.

2005: Union und SPD verankern eine Privatisierung in ihrem Koalitionsvertrag.

2006: Verkehrsminister Wolfgang Tiefensee und Mehdorn treiben ihre Börsenpläne gegen Widerstand im Parlament und in der Regierung voran.

Juni 2007: Mehdorns Vertrag wird bis 2011 verlängert.

Juli 2007: Die Bundesregierung billigt Tiefensees Privatisierungskonzept.

September 2007: Der Bundestag berät den Entwurf erstmals, bis Jahresende soll er Gesetz werden.

Oktober 2007: Der SPD-Parteitag stoppt in letzter Minute die Pläne, der Gesetzentwurf wird vorerst nicht weiter verfolgt.

Literaturverzeichnis

Aberle, Gerd; Zeike, Olaf: Die Bahnstrukturreform 1994, Erfolg oder Misserfolg?, München 2001

Albach, Horst: Fortführung der Bahnreform, Materielle Privatisierung eines integrierten Konzerns, Heidelberg Mainz 2006

Gall, Lothar; Pohl, Manfred (Hrsg): Die Eisenbahn in Deutschland, Von den Anfängen bis zur Gegenwart, München 1999

Gies, Jürgen: Die Strategien der deutschen Bahnreform und Diskussionen um die Entwicklungstendenzen des liberalisierten Eisenbahnsektors – Eine Untersuchung aus diskursanalytischer Perspektive (Dissertation), Heidelberg 2006

Hedderich, Alexander: Vertikale Desintegration im Schienenverkehr, Hamburg 1996

Knieps, Günter: Netzökonomie, Grundlagen-Strategien-Wettbewerbspolitik, Wiesbaden 2007

Ludewig, Johannes; Calthrop, Edward (Zusammenstellung): Eisenbahnreformen in Europa – Eine Standortbestimmung, Brüssel 2005

Mehdorn, Hartmut: „Diplomat wollte ich nie werden“, Ein Gespräch mit Hugo Müller-Vogg, Hamburg 2007

Monheim, Heiner; Nagorni, Klaus (Hrsg): Die Zukunft der Bahn, Zwischen Bürgernähe und Börsengang, Karlsruhe 2004

Müller, Hans-Peter; Wilke, Manfred: „Gestaltend Einfluß nehmen“ – Bahngewerkschaft und Bahnreform 1993–2005, Berlin 2006

Preuß, Erich: Bahn im Umbruch, Tatsachen – Hintergründe – Konsequenzen, Stuttgart 2004

Ritzau, Hans-Joachim; Oettle, Karl; Pachl, Jörn; Stoffels, Wolfgang: Die Bahnreform – Eine kritische Sichtung, Pürgen 2003

Studien und Gutachten

Bundesministerium für Verkehr, Bau und Stadtentwicklung; Bundesministerium für Finanzen: Privatisierungsvarianten der Deutschen Bahn AG „mit und ohne Netz“ (Primon), Booz Allen Hamilton, 2006

Bundesministerium für Verkehr; Bundesministerium der Finanzen: Kapitalmarktfähigkeit der Deutsche Bahn AG, Morgan Stanley, 2004

Bundesverband der Deutschen Industrie (BDI): Privatisierung der integrierten Deutschen Bahn AG – Auswirkungen und Alternativen, 2006

MehrBahnen!: Wettbewerb im Schienenverkehr – Kaum gewonnen, schon zerronnen?, 2004

Sonder-Verkehrsministerkonferenz der Länder: Entwurf eines Gesetzes zur Neuorganisation der Eisenbahnen des Bundes (EBNeuOG), Verfassungsrechtliche und ökonomische Bewertung, Prof. Dirk Ehlers, kcw, 2007

Über den Autor

Markus Wacket ist Absolvent der Henri-Nannen-Schule und arbeitet seit Mehdorns Amtsantritt als wirtschafts- und verkehrspolitischer Korrespondent für die Nachrichtenagentur Reuters in Berlin. Zuvor war er mehrere Jahre Reporter für das Fernsehen der Deutschen Welle. Wacket schrieb u.a. schon für DIE ZEIT und DIE WOCHE.